智能与涌现

智能传播时代的新媒介、新关系、新生存

彭兰◎著

电子工业出版社
Publishing House of Electronics Industry
北京·BEIJING

内容简介

人工智能的发展,把我们带入了一个智能传播时代。智能传播是人工智能技术与传播这两大系统的融合,也是人与机器两大系统的融合,但这种融合不是简单相加,而是会形成很多原有系统不存在的"涌现性",呈现出全新而繁杂的传播图景、传播机理。本书从智能传播时代媒介的新表现形态及影响、媒介内容生产的新机制、人与机器的新关系、人的新生存状态等视角,对这种涌现性进行探究。无论是传媒从业者、研究者,还是对智能传播时代感兴趣的读者,都能从本书中获得启发和思考。

未经许可,不得以任何方式复制或抄袭本书之部分或全部内容。
版权所有,侵权必究。

图书在版编目(CIP)数据

智能与涌现:智能传播时代的新媒介、新关系、新生存/彭兰著.—北京:电子工业出版社,2023.10(2025.8重印).
ISBN 978-7-121-46320-4

Ⅰ.①智… Ⅱ.①彭… Ⅲ.①传播媒介—研究 Ⅳ.①G206.2

中国国家版本馆CIP数据核字(2023)第173878号

责任编辑:官 杨
印　　刷:北京捷迅佳彩印刷有限公司
装　　订:北京捷迅佳彩印刷有限公司
出版发行:电子工业出版社
　　　　　北京市海淀区万寿路173信箱　邮编:100036
开　　本:880×1230　1/32　印张:12　字数:269千字
版　　次:2023年10月第1版
印　　次:2025年8月第5次印刷
定　　价:79.00元

凡所购买电子工业出版社图书有缺损问题,请向购买书店调换。若书店售缺,请与本社发行部联系,联系及邮购电话:(010)88254888,88258888。
质量投诉请发邮件至zlts@phei.com.cn,盗版侵权举报请发邮件至dbqq@phei.com.cn。
本书咨询联系方式:faq@phei.com.cn。

序：一切都是新的

一切都是新的。彭兰教授的《智能与涌现：智能传播时代的新媒介、新关系、新生存》即将付梓，我有幸成为第一批读者，也因此有幸得以领略这一道全新的思想风景。

以我之见，这本书蒐集了作者近年来最好的一批思想成果，其主题是智能传播，而其聚焦点则在新媒介、新关系、新生存这三个逐级跃升的向度上。全书从智能媒介的新表现形态及影响、媒介内容生产的新机制、人与机器的新关系、人的新生存状态等核心议题着手，探究了既往学术体系未及预料的传播图景、传播机理。

的确，一切都是新的。一切都是挑战，一切都是机遇。无论是对数字实践而言，还是对数字传播理论而言，都给了我们太多的震动。无论是人工智能技术与传播这两大系统的融合，还是人与机器两大系统的融合，都给了我们太多的新奇。"智能与涌现"，与其说是全新的，不如说是超越想象的，与其说是繁杂的，不如说它深不见底。看得出来，书名中"涌现"二字的出现，是因为作者将新的传播学理论迸发视为一种技术现象学意义上的"涌现性"。我很赞同这样的定义。

我注意到，作者借对 AIGC 技术的分析，讨论了三种新的人机关系：人机协同、人机交流与人机共生。或许，在交流模式与交流观的讨论之外，本书最重要的思想线索是在这里：人机协同中，人需要重新定义自身的角色。至于那种数字人类的新"人设"，是否会基于人机共生的新身体——赛博格，历史的结论还在犹疑。毫无

IV 智能与涌现：智能传播时代的新媒介、新关系、新生存

疑问，人类将大幅度地迭代自己，那"基于这种新的身体的自我传播"，也势必将对人类文明的演进产生深远影响。但我和作者一样，仍笃信"人机传播不能替代人际传播"。

我也注意到，作者曾在国内学界首次提出智媒和智媒化的概念。难能可贵的是，即便意识到未来传媒生态将在用户系统、新闻生产系统、新闻分发系统、信息终端等方面实现无边界重构，作者也再三强调，人在机器和算法流行的时代更需要坚守自己的价值，作者也再三呼吁，人的价值判断应引导机器的价值判断，要处理好人文精神与机器的效率的平衡，在人机博弈中，也始终要把人文关照放在首位。我以为，作者与我在人本主义的价值观上是高度接近的。

我还注意到，作者超越了一般的纯理论研究，就如何实现"与算法共存"等一系列数字交往实践给出了详尽的指导意见，这使本书具有走出书斋、直面现实的德性。尤其令我印象深刻的，是作者所指引的数字生存法则：面对机器的进入，人需要保持自身在主观观察与描述、观点表达、意义创造、经验与直觉等方面的优势，保持人的内驱性表达动力及共情性交流能力。

对此，我毫无保留地同意。以我之见，上述法则正是我们人在以 AI 崛起为象征的"数字人类世"中，得以成功驾驭跨物种交流和多项式生存的思想秘辛。

杜骏飞

南京大学传播学教授

2023 年 9 月 7 日于南京大学

目 录
contents

第1章 智能传播时代的到来 | 1

1.1 智能传播及其本质特征 | 2
1.2 智能传播中的新媒介 | 6
    1.2.1 万物皆媒的媒介景观 | 7
    1.2.2 成为媒介的算法与数据 | 10
    1.2.3 成为"人肉终端"的人 | 15
1.3 智能传播建构的新人机关系 | 16
    1.3.1 智能传播中三种重要的人机关系模式 | 16
    1.3.2 人机关系下人的角色调适 | 20
1.4 智能传播背景下的新生存 | 22
1.5 涌现：人工智能与传播的融合将走向何方 | 27

第2章 智能传播时代的内容产业变革 | 31

2.1 智媒化：涌动的新技术浪潮 | 31
    2.1.1 智媒来临：万物皆媒、人机共生、共同演化 | 32

  2.1.2 新闻+机器：五种新模式｜35

  2.1.3 智媒生态：无边界重构｜50

  2.1.4 人机博弈：以何为本｜60

 2.2 智媒趋势下内容生产中的人机关系｜90

  2.2.1 人机协同：智能化内容生产的常态机制｜90

  2.2.2 各守一端：内容生产中机器与人的不同能力偏向｜101

  2.2.3 谁主沉浮：人机关系中的"主"与"从"｜110

 2.3 智能传播时代的新内容革命｜119

  2.3.1 内容生产2.0：一场智能化驱动的底层革命｜120

  2.3.2 内容分发2.0：用算法寻求"落点"｜130

  2.3.3 内容消费2.0：个性化与社交化交织，消费与生产一体｜139

  2.3.4 平台：决定内容生态的关键｜143

  2.3.5 市场重构与关系重构：内容变革的深层影响｜153

  2.3.6 伦理考察与权力约束：内容产业智能应用风险的防范｜157

第3章 智能传播时代算法对人的形塑｜162

 3.1 算法将如何改变我们｜162

  3.1.1 算法对生存的影响｜162

  3.1.2 作为媒介的算法建构的认知｜170

  3.1.3 作为媒介的算法建构的关系｜174

  3.1.4 算法对共同体的强化或促成｜177

  3.1.5 算法权力及其约束｜179

3.2 算法社会的"囚徒"风险 | 184
　　3.2.1 人的认知、判断与决策是否会受制于算法？| 184
　　3.2.2 人的社会位置是否会被算法禁锢？| 193
　　3.2.3 人的劳动是否会被算法隐性控制？| 196
　　3.2.4 算法社会对人的监控会强化吗？| 201

3.3 "与算法共存"背景下的算法素养 | 206
　　3.3.1 算法素养：媒介素养发展的新阶段 | 207
　　3.3.2 算法开发者的算法素养 | 209
　　3.3.3 算法使用者的算法素养 | 212

第4章 智能传播中的人机关系及新生存图景 | 219

4.1 数据化生存：被机器量化与外化的人与人生 | 219
　　4.1.1 从"数字化生存"到"数据化生存" | 220
　　4.1.2 正在被"全息"数据化的人 | 222
　　4.1.3 数据化如何影响人的生存？| 235

4.2 "赛博格化"生存：人机一体的"后人类"生存 | 247
　　4.2.1 智能趋势、赛博格与后人类 | 248
　　4.2.2 智能设备促进的赛博格化 | 252
　　4.2.3 人的虚拟实体化与元件化 | 258
　　4.2.4 虚拟空间中并没消失的"具身性" | 263

4.3 艺术化生存：人机协同的 AIGC 与新的生存走向 | 273
　　4.3.1 艺术创作渗透的日常空间与平民的"艺术化生存" | 274
　　4.3.2 走向虚构化的视觉空间与幻象化的人 | 280

4.4 人机交流：人机共存空间中的新交流 | 283

4.4.1 正在形成的人机共存空间与人机交流 | 283

4.4.2 为什么人类需要人机交流？| 286

4.4.3 人机交流能否达成有效"交流"？| 293

4.4.4 人机交流中机器对人的反射与驯化 | 308

4.4.5 人机交流如何影响交流的未来走向？| 311

第 5 章　元宇宙构想下的未来生存 | 321

5.1 元宇宙构想中的空间与身体 | 322

5.1.1 虚拟空间与现实空间的新关系 | 322

5.1.2 虚拟空间中现实身体的凸显 | 338

5.1.3 虚拟空间中虚拟身体的两种走向 | 346

5.2 元宇宙之路的近虑与远忧 | 352

5.2.1 元宇宙应用将如何争夺有限的"生理带宽"？| 353

5.2.2 元宇宙社交能否兼顾连接与反连接的需求？| 356

5.2.3 人能否与数字化身长期共存？| 360

5.2.4 沉浸式体验是否会成为元宇宙"黑洞"？| 363

结语：从涌现的智能传播到不确定的人机文明 | 369

后记 | 375

第1章
智能传播时代的到来

2022年年底ChatGPT的问世，不仅引发了业内人士的惊叹，也迅速漫延成一个全民话题。

从传播领域的技术发展脉络来看，ChatGPT并非"横空出世"，而是早就埋下伏笔。2015年起传媒业开始的"智媒"实践，核心应用线索之一就是智能化内容生产，从机器自动写作新闻稿件，到智能化的视频拍摄、剪辑、加工。在创意内容生产领域，机器作诗、写小说、创作音乐与绘画，也并不罕见。而近年已经渗透到人们日常生活中的推荐算法，使得智能分发技术被人们广泛接受。Siri、小冰、小度、机器客服等语音助手或社交机器人，开启了人们与各类机器的对话，虽然人们面对一些机器的答非所问难免发出"人工智障"的调侃，但人机交流正是在这样磕磕巴巴的开场中逐渐扩散到各种生活场景的。

任何新技术的出现，无论其生命周期的长短，都有着历史的逻辑，反映着技术演变的某些规律。ChatGPT的背后是智能传播这个大背景，它的出现也让我们有了一个描画智能传播全面图景、认识智能传播前景的新契机。

1.1 智能传播及其本质特征

智能传播这个词虽然在近几年被不少研究者使用，但多数时候，研究者并没有做出明确界定。有些研究将智能传播窄化为算法分发，这无疑会局限我们的视野。也有些研究是将人工智能时代的传播默认为智能传播，但这种默认也会带来概念泛化的问题，人工智能时代仍有些传播是传统的，或非智能的。

周葆华等人对智能传播的定义则更为明晰，他们认为，"智能传播"即指人工智能技术介入和参与的传播活动：可以发生于生产环节（如机器新闻生产），也可以发生在分发、使用环节（如算法推荐）；不仅包括以智能技术为中介的人类交往过程（不限于人际范围）及其影响[1]，也包括人类与智能技术交往的人机传播过程（HMC）及其影响。这个定义不仅明确了人工智能在智能传播中的角色，也指出了人机传播这样的新的智能传播形态。

与智能传播一样，人机传播这一概念虽然近年已经出现，但学

---

[1] 周葆华,苗榕.智能传播研究的知识地图：主要领域、核心概念与知识基础[J].现代传播（中国传媒大学学报），2021（12）：25-34.

界并没有达成统一认识。有学者强调人机传播的特征是,机器并非传播的渠道,而是信源或信宿[1]。对这一特征,研究者容易达成共识,但如何理解人机传播与此前已经出现的人机交互这一概念的关系?有人将人机交互与人机传播视为同义词,或者将人机传播作为人机交互的新阶段。但人机交互(Human-Computer Interaction,HCI)是研究人、计算机之间相互影响的技术,其研究重点是用户界面,即人与计算机之间传递、交换信息的媒介和对话接口,主要涉及的是人与各种输入、输出设备之间的交互。而今天我们谈论人机传播时,机器已经变成了与人一样的交流主体,人与机器的交互,已经从界面的交互转向信息,甚至情绪、情感的交互,这种交互也在对人类行为产生影响。因此,将人机传播与人机交互"切割"开来,是有必要的。

从广义来说,机器作为主体参与的各种能触及人的智能传播活动都可以算作人机传播,机器自动化新闻生产、算法分发等也可以包括在内。而从狭义来看,人机传播是指同为传播主体的人与机器之间的直接互动,这样的人机传播更多地类似于人际传播,为了避免与广义的人机传播产生混淆,狭义的人机传播也可以称为人机交流。

除了人机交流,在机器新闻生产、算法推荐等其他智能传播活动中,智能机器也是一种新的主体,而不仅是工具或渠道。智能机

---

[1] 牟怡,许坤.什么是人机传播?——一个新兴传播学领域之国际视域考察[J].江淮论坛,2018(02):149-154.

4 智能与涌现：智能传播时代的新媒介、新关系、新生存

器在传播活动中成为一种具有能动性的主体，可以视为智能传播最本质的特征。

在智能传播语境下的机器，既包括相关的硬件，也包括数据、相关的算法或其他智能处理技术，我们可以将其统称为"智能机器"（本书中也常简称为"机器"）。

即使在某些时候，机器似乎是以中介的角色出现的，如进行内容分发的算法扮演着内容与人之间的中介角色，但这一中介也并非被动的搬运工，而是行动者网络理论视角下的行动者。

行动者网络理论的提出者法国学者布鲁诺·拉图尔（Bruno Latour）指出，要从行动者的行动中去洞察社会的运转过程，其中的行动者（agency）不仅指行为人（actor），还包括观念、技术、生物等许多非人的物体（object），任何通过制造差别而改变了事物状态的东西都可以被称为"行动者"。所有的行动者都是成熟的转义者，他们在行动，也就是在不断地产生运转的效果。转义者会改变（transformation）、转译（translation）、扭曲（distort）和修改（modify）他们本应表达的意义或元素。[1]

不同于以往作为内容生产或交流工具的机器，也不同于被动的"中介者"，作为行动者的智能机器，在内容生产、分发中也会产

---

1 吴莹，卢雨霞，陈家建，等.跟随行动者重组社会——读拉图尔的《重组社会：行动者网络理论》[J].社会学研究，2008（02）：218-234.

生各种"转义"作用,它们会放大或削弱某些内容的价值,改变某些内容的意义,它们也会在某些方面改变人类生产者与消费者的行为模式。

行动者网络理论还认为,要完全对称地处理自然世界与社会世界、认识因素与存在因素、宏观结构与微观行动等这些二分事物,要保持人与非人的对称。[1] 在智能机器普遍进入社会生活的今天,用对称的关系看待"非人"的机器与人,就变得更为重要了。在智能传播中,像机器这样的行动者与人类行动者的作用是一样的。因此,同样可以看作是一种传播主体。

当然,这种新的行动者在行动中引发的一些问题,也在引起人们的关注。

智能传播涉及两大领域:其一是传媒产业的智能化应用,即专业化内容生产者利用智能技术进行内容生产与分发手段的创新,在国内,这样的实践通常也被称为智能化媒体或智媒;其二是人们日常生活中的智能传播实践,包括算法与数据在人们日常生活中的普遍渗透,人们用智能工具辅助学习、工作、创作,以及人机交流等。

智能传播的发展,正在使媒介、关系(特别是人机关系)、生存这些人们所熟悉的事物发生变化。本章将对这些变化做出总体概

---

[1] 郭俊立.巴黎学派的行动者网络理论及其哲学意蕴评析[J].自然辩证法研究,2007,228(02):104-108.

括,而后面的章节则从不同的角度进一步阐释在不同传播实践中变革的具体表现、机制及影响。

1.2 智能传播中的新媒介

要理解智能传播,首先我们需要理解在这一新的传播方向下媒介的新表现,以及对人发生作用的新方式。

以往我们关注媒介时,主要关注它在信息传播方面的特性及作用。但今天的媒介特别是互联网,已经成为我们生活中的基础设施,从信息传播到交流互动,再到衣、食、住、行,人们的日常生活大都依赖互联网这个媒介。随着互联网的发展,尤其是近年来智能传播相关的技术发展,甚至促使我们重新理解与定义媒介。

为了表达更精准,我们有必要先对"媒介"与"媒体"这两个概念进行区分。尽管这两个常常被混用,但是它们的含义还是各有侧重。传播学意义上,"媒介"一词通常强调传播介质这一属性,媒介既涉及信息流动的渠道或接收终端,也涉及从人际传播到大众传播的各种不同的传播形态。广义的媒介则是不同主体之间的连接者或纽带。而"媒体"一词通常有两个侧重点:一是强调生产或传播主体,以往主要就是指传媒机构;二是强调大众传播属性。在本书中,也基本沿用这样的区分。但要注意的是,互联网带来了"媒体"一词含义的扩展,当我们说"自媒体"时,涉及的就是传媒机构之外的个人,而智能时代机器也正在成为内容的生产者,从发展趋势看,机器也可以成为"媒体"。

1.2.1 万物皆媒的媒介景观

美国学者约翰·杜海姆·彼得斯(John Durham Peters)指出,媒介是我们"存有"的基础设施,是我们行动和存有的栖居之地和凭借之物。[1] 媒介不仅仅是"关于"这个世界的,而且"就是"我们这个世界。[2] 他强调了元素型媒介哲学——在这个意义上,海洋、地球、火、天空等都可以视为媒介[3],并从基础设施型媒介(如机场、公路、互联网等)、后勤型媒介(如货币、地图、历法、钟表、塔楼等)、铭刻型媒介(如身体与书写)等视角,拓展了关于媒介的认识。在他的角度看,万物都是媒介。虽然绝大多数人不像他这样对媒介有着天马行空的认识,但媒介的含义的确比我们想象得更广。

当今,除了报刊、广播、电视、电话这些传统媒介,以及互联网(包括移动互联网)及其终端(如电脑、手机)等我们所说的新媒介,智能设备、传感器也成了媒介,成为信息传播的渠道与信息

---

1 彼得斯. 奇云:媒介即存有 [M]. 邓建国,译. 上海:复旦大学出版社, 2020:17.

2 彼得斯. 奇云:媒介即存有 [M]. 邓建国,译. 上海:复旦大学出版社, 2020:24.

3 彼得斯. 奇云:媒介即存有 [M]. 邓建国,译. 上海:复旦大学出版社, 2020:4.

接收的终端。但与以往传统媒介不同的是，它们还可以自动进行信息的采集，甚至发送与传播，例如，装有传感器的空气净化器可以将有关空气质量的一些数据传送给手机，智能手表、手环可以将人的睡眠状况、运动状况及心率等身体数据记录下来，并分享到手机App里。

很多传统家电也在智能化，智能电视便是其中的代表。像智能手机一样，智能电视具有一定的"电脑"属性，有操作系统，可以安装各种应用，它不必再通过广电网络来收看电视节目，而是通过互联网来获得各种内容及服务。而冰箱、空调等，同样会向智能方向发展，它们不只是接收信息的终端，也会成为信息采集的终端。例如，可以自动监测冰箱内食物的数量与状态，监测房间内的空气质量等，而传感器是提高其智能水平的重要基础。

智能音箱也正在成为家庭中的新媒介，人们可以通过与智能音箱的对话完成信息查询，以及新闻、娱乐等各类内容的收听，还可以通过智能音箱进行网络购物等。虽然因为种种原因目前智能音箱的智能化水平还有限，但对于老人、幼儿等群体来说，智能音箱有其独特价值。未来智能化程度更高的智能音箱也会成为人们家庭中的新伴侣。

一些新的具有智能成分的交通工具也成了媒介，如与手机绑定的电动车、网约车、共享单车及智能汽车等。

在研究者看来，作为交通工具的电动车与外卖送餐员绑定在一起，共同组成了平台经济下的"媒介"，形塑了现代数字经济的物流网和关系网。[1] 当然，只有电动车还不能实现这些功能，电动车还需要与骑手的手机捆绑，才能共同构成流动的媒介，这不仅是将外卖骑手与平台、用户连接在一起的媒介，也是同时包含了物流（车与外卖的流动）与信息流（平台上的数据）的媒介。这种媒介既会受到来自平台的控制，包括路线与时间的控制等，又会受到现实空间中的交通状况或其他环境系统的制约。在当下，这种物流与信息流合一的媒介并没有很好地兼顾现实与虚拟空间中的具体情境，反而会放大两者之间的矛盾与冲突，让骑手陷入困境。而未来的技术应该会更好地解决这样的矛盾与冲突。

与手机绑定的网约车同样是类似的媒介，也同时承载着信息流和物流，外卖骑手所遭遇的很多问题，网约车司机也会碰到。但网约车还是人与人（司机与乘客）的连接媒介，司机与乘客会出现在同一空间里，也可能产生人际互动。因此，产生的问题也会更为复杂。

与数字平台时刻连接的共享单车，也可以视作媒介，虽然它不像骑手的电动车或网约车系统那样复杂，但它同样记录与传递着车与骑车人的位置数据。

---

1 孙萍.媒介作为一种研究方法：传播，物质性与数字劳动 [J]. 国际新闻界，2020（11）：39-53.

在各类汽车上普遍安装的定位设备也成了媒介,它们可以将相关数据汇聚到打车软件、地图类软件中,或者传送到汽车调度、电子公交站牌等系统中。车的位置、车流量等数据的获取变得方便,在此基础上也可以形成深度的数据分析并加以利用。

智能汽车将进一步开启作为交通工具的媒介的应用想象,与当今一些离不开手机的交通工具不同,未来的智能汽车本身就具有联网功能。因此,它可以脱离手机存在。在某种意义上,它是一个"放大的手机",它既可以延续时下手机具有的功能,也可以针对汽车行驶等相关场景进行功能的定制,以智能汽车为中心构建一个完整的、全新的信息系统,实现车与人的信息互动、车与车的信息互动、车与环境及关联信息系统的互动、车与公共信息系统的互动等。

进一步,未来各种物体(特别是家居物体)都可能被智能化,成为信息的采集者或传播者。在智能技术的前景下"万物皆媒"将有新的含义。这也是智能传播得以实现的基础之一。当然,它们对个体的隐私、安全风险也会不断加大。

1.2.2 成为媒介的算法与数据

在智能传播实践中,算法与数据同样具有媒介的意义。它们是帮助我们理解智能传播的两条重要线索。

在计算机专家看来,算法是"一种有限、确定、有效并适合用计算机程序来实现的解决问题的方法,是计算机科学的基础"。[1]通俗地说,今天的算法可以看作是用计算机程序实现的、基于数据分析、面向特定目标的一套指令或方案。

算法是规则,它不仅确立了机器试图实现的目标,同时也指出了实现目标的路径与方法[2]。同时算法也是一种新的媒介。

内容推荐算法连接着人与内容,其他一些算法则实现了人与人、人与商品、人与服务等的连接。连接即是媒介。但算法并非被动的连接者,而是在主动建构关系的连接者。它可以通过分析、计算来创建新的关系,也可以揭示那些隐藏的甚至人自己都没有意识到的关系,并进行关系的开拓与延伸。

算法不仅实现了个体与个体间的关系连接,也成为连接共同体的一种纽带,它可以发现在兴趣爱好或其他方面有相似性的人群,并可以通过内容推荐等方式将这些人群连接在一起。

算法不仅完成了连接,还起着调节、控制等作用。例如,在搜索引擎或信息分发平台,算法分发既对每个个体获得的内容起作用,也对整个平台的内容传播的流向、流量起作用,甚至反过来会影响到内容生产者的生产取向。这也是作为"行动者"的算法的"转义"

---

[1] Sedgewick R, Wayne K. 算法 [M]. 谢路云, 译. 4 版. 北京:人民邮电出版社, 2012:1.

[2] 贾开, 蒋余浩. 人工智能治理的三个基本问题:技术逻辑、风险挑战与公共政策选择 [J]. 中国行政管理, 2017 (10):17-22.

作用的表现。

算法也在成为人与客观世界之间的媒介，算法将世界的各种对象映射为一定的数据及模型，也就是在人与这些对象之间提供了一个数据化的媒介。在智能传播环境中，很多时候，人们对现实世界的认识不是直接用自己的眼睛，而是通过算法这个媒介。虽然算法作为一种模型在某些方面可以更好地呈现客观世界的特征与规律，但是，它也在某种程度上抹去了客观世界的复杂性。过分依赖算法媒介会使人们看到的世界走向片面、单一。

从更深层面看，算法也是继承与传递文化的媒介。算法或多或少蕴含着一定的价值观及相应的价值判断。例如，向人们推荐什么样的内容、包含什么样的价值判断，向人们以什么样的价格，推荐什么样的商品同样也包含着价值观。人们常说的"大数据杀熟"就是算法体现的价值导向。在控制数字劳动者的算法里、在对人进行各种评价与管理的算法里同样如此。而在今天，当越来越多的智能助理、数字人出现在我们面前时，设计者对其形象、声音、性格等的设置也反映着人们的某些固有成见，例如，绝大多数智能助理或数字人都会被设计成女性形象。这些服务者或被凝视的对象总是以"她们"的方式出现。这正是人类长久以来不平等的性别文化的延续。算法继承着人们已往的价值观，包含偏见、歧视，同时又通过它的强制作用使人们屈从于其价值框架。

掌握算法设计技术的人无疑拥有表达自己价值观的权力，而一般用户，可能在不知不觉中接受着算法的价值导向，或者想反抗却有心无力，算法成为新的规训力量。

当我们从媒介的角度来看待算法时，我们就会看到算法所承载与影响的现实社会的关系、结构与文化。

除了算法等技术，数据也是智能传播中的一个核心要素。如方兴东等指出，数据驱动的信息生产和传播方式，是智能传播的本质。[1] 无论是哪种类型的智能传播，都是以数据为基础的，数据是智能成长的"营养"，是技术推进的"燃料"。没有数据，就没有智能。若数据不准确、不完备，就不会带来足够的智能。ChatGPT 在回答中文领域的一些问题时会产生偏差，甚至胡言乱语，这正是因为对其进行训练的中文语料库的限制。智能传播的深化，不仅基于互联网上难以数计的各种内容数据，也基于人本身全方位的数据化。未来，物联网中生成的"物"的数据，也会成为智能传播的"新能源"。

同样，在一定意义上，数据也是一种媒介。数据可以连接起实体与它的虚拟映射对象，数据不仅是实体的虚拟化结果，也体现着实体与虚拟对象的具体映射维度或模式。数字孪生便是实体数据化的极致。起源于制造业的数字孪生技术是指利用数字技术对物理实体对象的特征、行为、形成过程和性能等进行描述和建模的过程和方法，它可以构建一个数字孪生体，即与现实世界中的物理实体完

---

[1] 方兴东，钟祥铭. 智能媒体和智能传播概念辨析——路径依赖和技术迷思双重困境下的传播学范式转变 [J]. 现代出版，2022（03）：42-56.

全对应和一致的虚拟模型，实时模拟自身在现实环境中的行为和性能。[1] 数字孪生技术可以通过虚实交互反馈、数据融合分析、决策迭代优化等手段，为物理实体增加或扩展新的能力。[2] 空间、建筑也可以实现数字孪生。在数字孪生过程中，数据便是一种媒介。它映射着实体，又通过虚拟孪生体上的数据分析与模拟找到优化或控制实体的方案，而对实体的控制，也是通过数据来实现的。

虽然人的身体现在还不能完全"数字孪生化"，但物质的身体与虚拟化的身体也存在着多种数据映射。不同维度的数据在物质身体与虚拟身体之间建构了不同的关系。

除了数字孪生中的实体和人的身体，数据还可以将更广泛的现实世界对象映射到虚拟世界里，包括各种社会事件、社会意见与情绪、文化形态等。因此，这是现实世界与虚拟世界之间的媒介。

数据也标识着各种对象的属性并以此"归类"，相同属性的对象被连接为"同类"，对于人群也是如此。因此，数据在人群的连接中也起着重要作用，某些时候这种"连接"意味着"区隔"。

数据勾连并外化各种关系，这种外化使得各种关系原来具有的丰富内涵被简化。而关系的连接逻辑，在某些时候只有数据的采集

---

1 庄存波，刘检华，熊辉，等．产品数字孪生体的内涵、体系结构及其发展趋势[J]．计算机集成制造系统，2017（04）：753-768．

2 陶飞，刘蔚然，刘检华，等．数字孪生及其应用探索[J]．计算机集成制造系统，2018（01）：1-18．

者、分析者才能把握，通过对数据的控制实现对关系的控制，这也是一种新的媒介权力。

1.2.3 成为"人肉终端"的人

人本身也是一种媒介。

在传统时代，"人"便是信息的传递者，也就是媒介。所谓"口耳相传"就是指"人"这一媒介承载、延续的传播。进入大众传播时代后，人构成的媒介网络即人际传播网络也一直是大众传播网络的延展与补充。而在互联网的 Web2.0 时代，当人们聚集在各种社交媒体中进行信息分享与社交互动时，"以人为媒"的传播模式再次成为公共信息传播的主流模式，人的关系网络成了公共信息传播网络，每个网络用户成了传播网络中的节点和内容流动的媒介。

智能技术将进一步强化"人"作为"媒介"的属性。"人"这一媒介在传播中的作用也将变得更为丰富。

当下的移动设备、各种交通工具，以及未来的各种可穿戴设备，会与人形成如影随形的关系，人的行为会越来越多地通过这些设施被映射成数据，并与外界进行交互。人的身体成为"人肉终端"。它不仅参与外部网络中的信息传递，也将人本身的各种数据向外部传送，使之成为某些服务商分析的信息或利用的资源。在"人肉终端"发生作用的过程中，不仅兴趣、诉求等心理性变量会产生影响，与身体相关的物理性变量（如空间位置）、生理性变量（如视线、大脑的兴奋程度等）与传播的互动也会增加。

人与手机共存下的身体构成了公共信息传播网络中的节点。它们会影响网络信息的流动，手机的断连会使某一个节点停止工作。而手机是处于连通还是断开状态，既取决于手机本身（如是否有电、能否上网），也取决于人的身体对它的控制，因此每个节点都是人-机共生体。身体本身的状态、位置数据等，通过手机时时汇入信息网络。

作为"人肉终端"的人，也是一种被技术增强的人，是后人类语境下的一种"赛博格"。本书的后面章节（4.2节）将从不同角度对作为"赛博格"的人进行分析。

1.3 智能传播建构的新人机关系

智能传播研究不仅要关注传播活动，更要关注新的人机关系。

1.3.1 智能传播中三种重要的人机关系模式

智能传播带来了三种重要的人机关系：人机协同、人机交流、人机共生。

人工智能技术发展的初衷,并非让机器成为人的敌人,而是成为人的辅助者,人机协同本来就是人工智能的核心目标。人机协同既是未来媒体行业的一种常态,也是普通人与机器的一种基本关系。

在智媒实践中,媒体人所面对的基本问题,是如何利用机器的信息采集、加工、整合等能力,提高内容生产的质量与效率。这需要人对机器的特长有充分认识,也需要人在一定程度上理解与适应机器的思维,特别是数据与算法这样的新思维。但人机协同并非意味着把一切交给机器,在机器承担了部分工作的情况下,人更需要重新寻找自身在内容生产中的定位、特长,在与机器的协作中继续发挥自身的强项。

同样,对普通人来说,利用智能工具工作、学习,也并非是想让机器夺走自己的饭碗,而是希望机器成为自己的帮手。智能机器可以帮助人们开阔视野,提高人们获取信息的效率,提高信息整合乃至信息加工的效率。在某些时候,机器也可以突破人们工作、学习中的既有套路,带来新的思路与模式。

曾经与人工智能"阿尔法狗"进行对弈的围棋棋手柯洁认为:"自从 AI 进入围棋界后,大部分棋手得到了非常大的提升,从技术上大家变得无比接近,这个行业已经没有秘密和壁垒了,就看谁更用功,谁对 AI 的理解更深。"[1]或许在很多行业,未来人们也会

---

1 来自报道"人类是否终将败于 AI?——专访'最懂 AI 的体育人'柯洁"。

发出同样的感慨。

当然，未来人们既有可能与机器共舞，也有可能被机器碾压，最终结果取决于人们对机器的理解与应用能力，人机协同不意味着人们可以躺平，人们需要提升自己的能力，才能具备与机器协同工作的基础。

人与机器的交流也会成为未来生活中的一部分。未来可以进行人机交流的"机"，包括智能手机、智能助理、智能家居设备、社交机器人（包括虚拟与实体机器人）、服务性机器人等。人对人机交流的需要会从功能性对话走向情感性交流。

人机交流与人际交流之间必然会有一些本质差异，但人们并不一定要求人机交流与人际交流达到一样的效果，甚至可能有意要利用两者之间的差异。与人际交流中总是混合着交流各方不同性格、不同动机、不同诉求的情形不同的是，人机交流可以设计成更为单纯的情境化使用，甚至不同方向的工具性使用。这也意味着人机交流有一定的可"定制性"，人们可以在不同情境下选择不同功能、不同性格，甚至不同对话基调的交流机器。人们愿意与机器交流，也是因为人本身可以成为交流中更好的控制者。

但在人机交流中，人们更多是以自我为中心的，机器则成了人的"仆人"。如果人们可以从这样的交流中以较小的成本获得较大的收益，那么人们是否还有人际交流的欲望？即使人们还需要进行人际交流，他们在交流中的控制欲是否会增强？对他人的关注、感同身受能力是否会下降？在未来的人际交流中，是否会因此出现更多障碍？这些都是我们将要面对的问题。

对普通人来说，智能技术还有另一种介入传播的方式，那就是智能化的传播终端与人的共生。当今手机在实质上已经成了人身体的一个新器官，未来与人共生的机器还会更多。它们与人的身体共同构成前文所说的"人肉终端"。但仅有智能终端并不等于拥有了智能传播。智能终端需要与其他应用技术结合，才能实现数据与算法驱动的智能传播。

人机共生不仅会改变人的信息获取能力，还会改变人对自身的认知方式，身体数据将成为人与身体对话、人对身体进行控制的基础。而这些数据也同样会被外部力量获得，人也因此会受到更多来自外部的监测甚至控制。

智能传播的发展是"人机协同""人机交流""人机共生"这三种人机关系不断深化，特别是向人们日常生活渗透的过程。理解这三种关系可以更好地认识智能传播及其影响，后面的章节将做进一步分析。

在这三种关系中都存在着人机博弈。首先是控制权力的博弈，是人利用与控制机器，还是机器控制人。其次是思维博弈，是用人的思维来改造机器，还是让人适应机器的思维。最后人机博弈还会体现为价值观的博弈，包括价值理性与工具理性的博弈、人文精神与机器效率的博弈等。

1.3.2 人机关系下人的角色调适

面对新的人机关系，人们在利用机器的同时，如何不被机器误导，如何避免成为另一种机器，甚至被机器所淘汰？

这不仅取决于人们的认识与能力，也取决于人们对自己在机器面前的角色的认识。

即使在智能时代，人也是机器的学习模板。机器的智能来自对人类的信息、知识与思维的学习，它们离不开人类提供的信息、语料与行为模板。当下各种社交媒体中人们发布的内容也是机器学习的重要对象。一定程度上，人提供什么样的模板，机器就会向什么方向成长。机器也是人类的一面镜子，反映出人类的优缺点。如果我们期待机器向善，那么人需要为机器做好榜样。

在机器面前，人要学会提出问题、下达指令、设定目标。智能技术只是创作工具，自身没有创作目标，它们的力量能否激发，在多大程度上激发，取决于人们为它设置的问题、任务与目标。ChatGPT更是如此。人们的问题，首先来自生活、工作、学习等需要，但在解决这些需要之外，人们能不能提出有想象力的问题，挖掘自己与机器的潜力，给生活带来新的乐趣，则是对人的新考验。如果人们不想将自己变成机器面前的另一台机器，那么对自身想象力的开发也是必须的。

人要学会对机器提供的答案或结果进行判断。智能机器以人类的知识与信息为处理对象，这其中隐含着大量的错误与纰漏，机器虽然有一定的核查能力，但未必能识别一切谬误。机器本身，也可能存在系统性偏差或偶然性失误。面对着机器提供的看上去条理清晰、引经据典的答案，人需要有更强的判断能力。这种判断过程也是人的学习过程。

人还需要面对机器所营造的整体信息环境做出判断。机器究竟是拓展还是缩小了我们的信息视野？机器构建的拟态环境与现实环境究竟有多大差距？对这些问题的判断决定了人们的生存与发展，也决定了社会的整合。虽然这种判断比单一问题答案的判断要复杂得多，但是未来人们必须面对的。

在提问和判断的基础上，人还要进一步成为机器的调教者。当下一些用户已经开始了对算法的抵抗或反向利用，这便是一种调教，当然未来调教的意涵与手段会更为多样。人们是否具有调教的意识和能力，会影响到信息获取，以及工作和生存的质量。

智能技术应用的深层问题与风险将在全民实践中不断显露，人既要掌握智能技术发展的大方向，也要及早为智能技术应用制定周全、有效的规则并执行这些规则。虽然普通人不能参与规则的制定等工作,但普通人的共同意识会影响到规则的形成,人们的行动也会决定规则执行的效果。

1.4 智能传播背景下的新生存

1995年,美国学者尼古拉斯·尼葛洛庞帝(Nicholas Negroponte)出版了《数字化生存》一书,在书中他提到,"计算不再只和计算机有关,它决定我们的生存"[1]。同样,智能媒介、智能传播也不只是与传播有关,它们既决定着我们周遭的信息环境,也决定着我们的生存。

当下,人们的生存已经是一种"媒介化"生存:人们的生存时空被媒介侵蚀,被媒介逻辑所塑造。人们的现实行为与媒介行为两者相互映射、相互促成或转换。对媒介(特别是社交媒介)中的存在感、影响力的追求深刻影响着人们现实中的行为。而智能媒介与智能传播的兴起,意味着人们的媒介化生存的前面还要加上一个新的修饰词:智能。

数据化生存成为人的智能媒介化生存的底色。当下人已经被全程、全息数据化。数据不仅支持着人们的虚拟化生存,也成了被计

---

[1] 尼葛洛庞帝. 数字化生存 [M]. 胡泳,范海燕,译. 海口:海南出版社,1997:15.

算、分析的对象，变成被各种服务商算计、利用的资源，也有可能成为被管理、操控的对象。数据化的控制与反控制（无论是来自自我的，还是来自外界的）会不断加深。

在数据化基础上，算法成为影响人的媒介化生存的新变量。从信息获取、社会关系建构到衣、食、住、行这些日常生活，一切都可能被算法左右。在算法这样的智能技术面前，人们大多是被动的。

不少人已经意识到算法带来的影响，也开始了对算法的抵抗或反向利用，但这还只是人对智能技术驯化的开始。当ChatGPT等AIGC（AI Generated Content）技术进入人们的生活，人们对智能技术有了积极应用的可能，也就会形成对其驯化的新方式。

在英国学者罗杰·西尔弗斯通（Roger Silverstone）看来，人对技术的驯化，既包括个人合理地利用技术满足自身的私人目的，同时也意味技术对人机能的拓展使得个体能够更好地参与到公共空间活动之中。人对媒介技术的驯化体现为四个阶段：占有（appropriation），即消费购买；物化（objectification），对其进行实际处理；融入（incorporation），技术在被使用的过程中逐渐融入个体的日常生活，成为日常生活实践的一部分；转化（conversion），技术脱离私人生活范畴，重新"转化"进入公共空间[1]。个体对各种智能技术的驯化大致也会分为这四个阶段。

---

1 戴宇辰."旧相识"和"新重逢"：行动者网络理论与媒介（化）研究的未来——一个理论史视角[J].国际新闻界，2019（04）：68-88.

从"占有"来看，当下人们能利用的 AIGC 技术有些是免费的，但人们也需要通过一定的手段才能获得它们，另一些技术则已经或正在走向收费，占有智能技术或工具仍需一定的代价或成本。但可以预计的是，这样的代价和成本不会太高，当人们获得的收益越来越大时，人们也会愿意付出相应的代价与成本。

人们对智能技术的"物化"会表现出不同的形式，我们至少可以预见以下可能：

（1）将智能技术收编，成为工作中的助手。虽然现在对于 AIGC 等技术在工作中合理应用的边界还存在争议，甚至一些机构明确禁止类似 ChatGPT 类应用，但在智能化大趋势下，AIGC 应用恐怕很难由一纸禁令阻挡。随着微软 Office 365 Copilot 的推出，AIGC 应用会进入更多工作领域。在机器可以带来更高的效率且不降低质量（甚至某些情况下还能提高质量）的前提下，从产出角度看，未来越来越多的领域或行业接受、认可 AIGC 技术及其生产的内容，是可以想象的。

AIGC 应用及未来的智能技术会使得那些程式化的工作，或可有可无的形式主义的工作被机器接管。人们在从这些工作中解放出来时，也开始担忧自己面临的被淘汰风险。

但 AIGC 本质上仍是人机协同的应用，如果人能在与机器的协同中找到自己的新角色、新任务、新价值，就能实现与机器的和谐共处。其中,学会向机器提问题或者向机器下指令,是利用好机器的前提,好的问题和指令不仅可以从机器那里获得好的产出,也可以帮助机器进步。

(2)在智能技术的应用中学习知识。这里提到的学习既包括狭义的在学校里的课程学习,也包含广义的学习。相比由教师引导的系统性知识学习,通过诸如 ChatGPT 这样的工具进行的知识学习,直接针对人们的某些疑问或目标,目的性更强。

ChatGPT 工具本身包含了知识的收集与整理过程,而以往这样的过程需要人自身来进行。知识的整理过程在人的知识学习过程中的淡化甚至消失,看上去提高了学习的效率,但这也意味着人们更多是被动地接受答案。ChatGPT 可以帮助人们快速获得知识,但并不能给人们带来足够的思维训练。答案式的信息获取,让人们通过捷径到达某个目的地,但这也使得人们缺少了"在路上"的过程,因此会错过很多路上的"风景"与"奇遇"。

过分依赖 AIGC 工具进行学习,只会让人们获得越来越多的未经自己消化的知识,知其然而不知其所以然,人的思维能力会退化。面对 AIGC 的影响,学校的教育需要设置新的目标。

(3)利用智能技术完成一些仅靠自身能力不能完成的创作。特别是在绘画、音乐等需要长时间训练的创作领域,虽然这些创作未必能产生精品,甚至大多都不能被称为艺术作品,但它们可以满足人们的自我表达欲望。人们会期待通过这种表达在社交空间中获得更多的存在感和关注度,润滑自己与他人的关系。同时,智能技术降低了艺术创作的门槛,使人们的日常生活更加艺术化。

这样的创作工具也为人们在元宇宙中的化身生成或其他内容创作提供了支持。虽然当下 ChatGPT 的出现大大冲淡了元宇宙的关注度,甚至有人认为 ChatGPT 的出现意味着元宇宙概念的破产,但是两者之间并非后者替代前者的关系。元宇宙所昭示的虚拟与现实世界的关系,AIGC 所代表的人与机器的关系,都是智能时代重要的发展线索。当下对人机关系的热议,并不代表对虚实融合关系的抛弃。事实上,AIGC 与元宇宙的发展是相互交织的,AIGC 的发展给元宇宙方向下的应用提供了新动力。

(4)将智能机器作为聊天对象,作为日常生活的技术伴侣,这也会推动人机交流的常态化。

可以预见的是,大众对人工智能技术物化的结果,并非只是产生了各种各样的内容产品,更重要的是丰富了人们的自我表达与社会互动模式,改变了人们的工作与学习模式,在一定程度上改变了人们日常生活的底色。正是在人们对人工智能多样化的物化过程中,人工智能与日常生活不断融合,人们的思维方式被智能技术思维浸染,行为模式越来越多地被打上机器的烙印,这就是智能媒介化生存的更深含义。

用户利用智能技术生产的内容向公共空间的"转化"过程，会带来内容生态的进一步丰富与复杂化，带来生态格局的调整，人机协同的创作甚至可能迫使一些低质量的单纯由人生产的内容退出，当然也可能进一步造成机械、重复、低质量内容的泛滥。

智能技术会成为社区发展的新土壤，成为社会关系重组的新纽带，但同时也会带来新的智能鸿沟。这既体现在智能技术的可获得性方面产生的差距，也体现为对智能技术的驯化过程中的差距，后者在未来会表现得更突出，影响也更深刻。进一步，人们所处的社会阶层也会受到智能技术掌握能力的影响。

基于智能技术的创作会使虚构又逼真的人物、场景、事件等充斥着人们的生活，现实世界与虚构世界难以分辨，人们将在这样的虚实混融的世界里探索新的生活方式。

而不容忽视的是，在人对智能技术的驯化过程中，智能技术也在对人进行驯化，这种双向驯化，塑造着人的智能媒介化生存的新状态与新特征。

1.5 涌现：人工智能与传播的融合将走向何方

智能传播不只是人工智能技术与传播两者的简单相加，而是两者融合之后形成的一个"涌现"。

1875年，哲学家路易斯（L. H. Lewes）首次提出"涌现"（Emergence，也常常译为"突现"）概念，此后关于涌现的研究经历了从英国涌现主义学派的经典涌现论到以复杂性科学为标志的复杂系统涌现研究的发展。涌现研究重点关注的是由小的部分结合成的大系统（复杂系统）形成的整体现象，"总体大于部分之和"是其通俗的表述。

复杂性科学的代表性学者、复杂适应系统理论的提出者约翰·霍兰德（John H. Holland）指出，我们生活中每一个角落都会遇到复杂适应系统的涌现现象，如蚁群、神经元网络、人体免疫系统、互联网等。在这些复杂系统中，整体的行为要比各个组成部分的行为复杂得多。[1]

在复杂系统视角下，"涌现性"是复杂系统表现出来的一种现象和性质，是在复杂系统的自组织过程中出现的、新颖的和连贯的结构、模式和性质。[2]

整体性、新颖性、不可预测性、不可还原性等是涌现性的重要特征。（1）整体性的含义是，复杂系统具有其组成部分或行动主体所不具有的一种整体性质。（2）新颖性包含两个方面：一方面是指复杂系统整体相对于其组成部分来说，具有一种新颖性；

---

1 霍兰德. 涌现：从混沌到有序 [M]. 陈禹, 方美琪, 译. 杭州：浙江教育出版社, 2022：5.

2 范冬萍. 复杂性科学哲学视野中的突现性 [J]. 哲学研究, 2010（11）：102-107+129.

另一方面是指在进化过程中"真正新事物"的范例会不断出现。（3）涌现性在原则上是不可预测的，但复杂性科学可以通过建模和计算机模拟，展示微观的、局部的因果相互作用的聚集和迭代过程，进而揭示宏观的涌现现象产生的机理及其特征。（4）不可还原性指的是，复杂系统的高层次的性质和行为不能通过对它的低层次的组成部分及其相互关系的规律和条件的理解而得到完全的解释。因此，对涌现性的解释就需要宏观层次的行为规律。[1]

作为智能技术与传播这两个系统结合后形成的一个新的系统，智能传播必然会形成很多原有系统不存在的"涌现性"。尽管目前要完整认识这种"涌现性"还不太现实，但至少我们可以借鉴"涌现"理论的思维去理解智能传播的现在与未来。本书重点研究的新媒介、新关系、新生存或许只是智能传播的"整体性"的冰山一角。虽然作为涌现性的智能传播具有不可预测的未来图景，但当下我们所看到的各种端倪，以及一些局部的变化机制，有助于我们逐步认识未来智能传播新景观形成的机理。

智能传播是人与机器这两大系统融合而形成的。因此，要理解智能传播的涌现性，就要理解人与机器的原有特质在新的系统中是如何发生变化的。

在传播的领域，人与机器是如何适应对方的，如何在互动中调

---

[1] 范冬萍.复杂性科学哲学视野中的突现性[J].哲学研究，2010（11）：102-107+129.

整原有的角色与思维的？

人和机器能力的相融是否会产生能力的突变？

这种新能力又会带来什么风险？

在机器的作用下，人与人的关系会发生哪些变化？

而最终，人与机器的新关系，是会导致机器向人靠拢，还是人会变得机器化？

这些问题需要我们在未来一步步去面对与回答。这些回答不只来自智能传播应用的开发者，或智能传播的研究者，更来自每一个普通人。

而对这些问题做出的回答，不仅决定着我们能否创造一个好的内容生态与生存环境，也决定着我们的生存状态与质量。

第 2 章
智能传播时代的内容产业变革

传媒产业是人工智能较早进入的领域之一,这既是因为传媒产业的核心工作(信息处理)正是人工智能技术的强项,也是因为这一产业中海量的内容加工与分发更需要依赖智能化机器的效率。

2015年开始,国内一些媒体及新媒体平台就开始了"智媒化"探索,这种探索既涉及内容生产与分发环节的新技术应用,又涉及媒介生态系统的变革,以及内容产业人机关系的变革。虽然目前这种探索的范围与程度还有限,但它在当下激起的波澜会不断累积,形成大的浪潮。这一浪潮也会向媒体之外的其他内容领域扩散,引发整个内容产业的革命。

2.1 智媒化:涌动的新技术浪潮

从技术来看,智媒化是互联网与人工智能等技术共同发展的必然产物,理解技术本身的发展逻辑与走向,是理解传媒业未来变革的基础。

2.1.1 智媒来临:万物皆媒、人机共生、共同演化

互联网的本质是"连接",互联网的发展也是"连接"不断演进的过程,如图2-1所示。

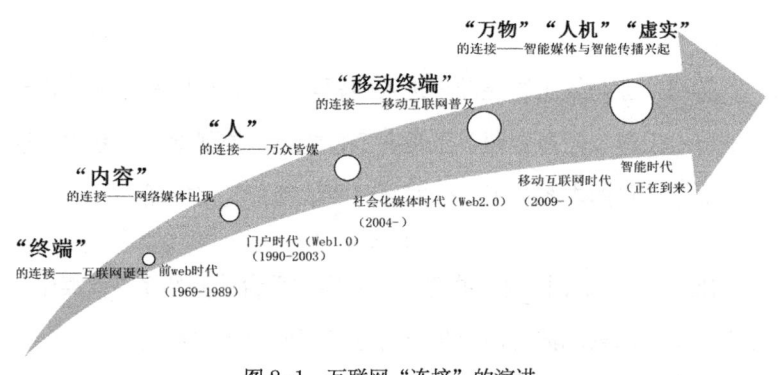

图2-1 互联网"连接"的演进

互联网发展初期即前Web时代,解决了机器的"连接"问题。这是全球性网络形成的基础。Web1.0时代,WWW(World Wide Web,万维网)技术成为主流,其中的超链接实现了内容的连接,各类Web网站兴起,互联网开始承担起公共信息传播的功能,成为"第四媒体";Web2.0时代,社交媒体应用不断普及,这促成了人与人的广泛连接,同时,人的关系网络成为公共信息传播网络,每个个体也成了信息的生产者、传播者;移动互联网时代,无所不在的移动终端的广泛连接,带来了随时、随地的传播;而今天包括物联网、人工智能、大数据、云计算、VR、AR等在内的技术正

在促成万物的连接、人与机器的连接、虚实世界的连接。这为智能传播奠定了基础,媒体行业的智媒化也在逐步形成并不断升级。

智媒化意味着,人工智能及相关技术全面渗透到内容生产、传播的各个环节,带来新的内容生产方式、内容表现形式、内容分发方式,并引发媒体内部及整个传媒产业的深刻变革。

智媒化的主要特征包括三个方面:万物皆媒、人机共生、共同演化。

(1)万物皆媒

万物皆媒,可以解读为"万物皆媒介",即智能化的万物成为信息传播的渠道与终端。对此,第1章已经进行了解释。同时,也可以解读为"万物皆媒体",即成为信息的生产者。过去大众媒体的内容生产是以人为主导、基于人的力量的。而未来,机器及各种智能物体甚至万物都有媒体化可能,即成为信息的采集者、加工者、传播者,甚至直接的发布者。

(2)人机共生

智能化机器、智能物体将与人的智能融合,共同作用,构建新的传播模式及媒体业务模式。从用户端看,一些智能化机器或物体将与人的身体形成共生关系,这也会使得用户呈现出新的特质。从宏观层面看,无论是在数字世界还是现实世界,机器与人的共同生存是大势所趋。

(3)共同演化

人机协同下的智能媒介将不断演化,机器对人的模仿能力、人对机器的驾驭能力互为推动。但这种演化未必总是"进化"的,我们也需要警惕它可能带来的人的"退化"风险。

从信息生产角度看,智媒化将带来以下几个方面的可能:

用户分析与匹配的智能化与精准化。智能化的媒体将更好地洞察每个个体用户在特定场景下的行为与需求,并智能推荐其所需要的信息与服务。

新闻生产的机器化、智能化与分布式。一方面,智能化机器进入新闻信息的采集、分析、加工等环节,改变现有的生产模式。另一方面,由人类或机器的多个主体在去中心化的模式下完成的协作式报道,在未来将更为普遍。

新闻传播的场景化、智能化与新闻体验的临场化。各种智能物体将在不同场景中成为新闻接收的终端,为用户提供与相应场景适配的新闻信息及关联服务,而 VR、AR 等技术将为人们塑造全新的新闻临场感。

互动反馈的传感化与智能化。用户在信息消费过程中的生理反应将通过传感器直接呈现，用户反馈将进入生理信号层面，而基于这些反馈信息的内容优化也将更为智能。

2.1.2　新闻+机器：五种新模式

智能机器和相关技术进入新闻生产领域，会带来新闻业务发展的五种新模式。它们有些已经成为普遍的现实，有些还只初露端倪，而有些趋向也显现出某些令人担忧的问题。我们既不能把现在的缺陷和问题作为预测未来的唯一依据，也不能在对技术抱着更多期待的同时忽视技术的陷阱。

1. 个性化新闻

所谓个性化新闻，指的是根据用户的个性化需求，为其进行新闻的推荐，甚至"量身定制"相关新闻。个性化新闻主要体现在三个层面：

个性化推荐。个性化推荐凸显了"算法"对于新闻分发的意义，算法的水平决定了个性化匹配的精准程度。但算法推荐如何兼顾人们对个性化内容及公共性内容的需要？如何兼顾人们静态与动态的需要？如何提供更人性化的服务？都需要在实践中进一步探索，后文也将对算法推荐做进一步的分析。

对话式呈现。一些媒体在探索社交机器人在新闻传播中的应用时,将某些新闻的获取和阅读过程变成了一个互动对话过程。通过机器人与用户的对话,了解用户的阅读偏好,进而推荐相关内容。但用户是否愿意承受这种对话的成本,仍需观察。

定制化生产。定制化内容生产即基于大数据与智能技术等,了解个人或机构的特定需求并进行内容定制。美国学者尼葛洛庞帝曾在《数字化生存》一书中提出了"个人日报"的概念[1],这也是对定制化新闻生产的比喻。定制化生产是个性化新闻中要达到的较高目标,它的成熟与普及取决于更深层的用户洞察能力。场景分析是理解用户在特定环境下需求的一把钥匙。除了面向个人进行定制化生产,面向企业或其他机构进行定制化内容的生产也会越来越普遍。当下很多媒体为企业生产的"舆情产品",事实上就是定制化产品。未来的技术会带来更多元的定制化内容生产,包括与之相应的内容分发。

目前的个性化新闻主要体现在第一个层面,但 ChatGPT 以及其他技术的兴起,将为后两种个性化新闻提供技术基础。

尽管满足个性化需求是提高新闻生产和信息服务水平的一个标志,但无论是内容生产的媒体,还是内容分发的平台,都不能只以满足个性化需求为终点。媒体的一个重要功能是实现社会的整合,这也意味着要让人们关注一些公共话题,并就这些话题进行交流、

---

1 尼葛洛庞帝. 数字化生存 [M]. 胡泳,范海燕,译. 海口: 海南出版社,1997:182.

讨论。如果所有人都躲在自己的小天地里，那么这种公共交流会不断减少。因此，保持个性化新闻与公共性新闻的平衡，在未来就会变得更为重要。推荐算法也不能只有个性化这一种取向。

2. 机器人新闻

早在多年前，美国 Narrative 公司便开启了机器写作新闻的探索，它的软件系统 Narrative Science 可以收集社交媒体等来源的相关信息，再利用已有的报道模板将这些信息变成新闻稿，大约每 30 秒就可以撰写出一篇新闻报道。此后，美联社、华盛顿邮报、路透社、Facebook，以及国内的腾讯、新华社、封面新闻、今日头条等，也先后开发了自动新闻写作工具，机器写作的新闻在今天已不少见，机器写作的速度也有了很大提升。机器写作的新闻，有时也被人们称为"算法新闻"。

机器写作的新闻在特定内容的"批处理"生产方面显现了它的力量。对于某些专业领域（如财经、体育等）的一些程式化的内容，基于机器的生产效率，可以实现全范围、全时化的自动内容生产，同时兼顾大众与小众需求，机器也可以自动实现相关信息的关联，丰富与拓展稿件内容。

在图片方面，智能拍摄、智能优化，甚至图片的智能化合成等，都已经在实践中得到应用。音频的智能化生成、编辑、识别等应用，在市场需求的促进下，其技术也越来越成熟。

视频的智能化生产技术，近年来也在快速发展。当下主要解决的应用包括图片的短视频化、同主题视频集锦生成、长视频的短视频化处理、自动拆条、智能化导播、自动字幕生成、视频封面的智能化生成、智能编目等。新华社与阿里巴巴合作成立的新华智云公司开发的"媒体大脑"在会议报道、体育赛事报道等领域，已经可以完成视频的自动拍摄、剪辑等。

多媒体内容的智能组合，同样是智能内容生产的一个重要方面，智能图文组合的应用越来越广泛，可以预期的是，除图文外，其他多媒体的智能组合技术也将在未来日趋成熟。

从实践的需要来看，新闻专题的智能化生产也应是一个发展方向。专题是应对信息碎片化的一种重要模式，一度成为新闻网站竞争的重要手段，随着社交化、移动化的普及，专题这一形式在 PC 端网站日渐衰落，而在移动端，专题虽然还存在，但还没有找到适配移动端的最优模式。而对用户来说，专题对他们完整了解一个新闻事件或主题仍是必要的，智能化技术应为专题的生产提供更高效、低成本的方式。

智能主播，可以看作自动化内容生产的一种"另类"表现形式。新华社、人民日报社、中央广播电视总台、光明日报，以及大批地方媒体先后推出了人工智能主播。虽然目前的智能主播在很多方面还不能与真人主播相提并论，但它在准确传达信息、自动核实信息、快速搜索相关信息等方面具有优势。未来智能主播技术的进一步发展,有助于将人类主播从"劳动密集型"工作中解放出来,去寻求新的价值空间。

当机器生产的新闻越来越多地进入人们的生活时,用户如何评价这些新闻?一些研究也进行了分析。

有研究者采用控制实验法探讨了用户对算法新闻可信度的感知,并对其中的各项影响要素进行了分析。研究发现:受试者对署名作者为算法的新闻可信度的感知值要显著高于署名为人类记者的新闻可信度的感知值,内在原因是受试者普遍认为算法新闻有较少的偏见[1]。但这一研究只是面向大学生群体,选取的文本主要是体育新闻、社会新闻,因此存在一定局限。

另一项研究则指出:受众普遍认为网络媒体上机器人生成的新闻比人类记者编写的新闻质量高。但在传统媒体中,人类记者编写的新闻报道比机器人生成的新闻报道质量要高;受众认为在网络媒体中由机器人生成的新闻更加有趣,而在传统媒体中人类记者的新闻报道更受欢迎;在新闻可信度方面,受众认为网络或传统媒体上的新闻可信度并没有显著差别。[2]

在国外,有研究者曾研究了新闻受众在看待机器人新闻和人类

---

[1] 蒋忠波,师雪梅,张宏博.人机传播视域下算法新闻可信度的感知研究——基于一项对大学生的控制实验分析[J].国际新闻界,2022,44(03):34-52.

[2] 郑越,杨帆.记者和算法谁更值得信任:"机器人新闻"可信度的影响因素探析[J].现代传播(中国传媒大学学报),2019,41(06):63-67.

记者写的新闻方面是否有差异,其结果是,受众认为两种类型的新闻报道在可信度上没有显著差异。[1] 其他一些研究也有类似结论。

目前的实证研究得到的结论未必具有普适性,在研究人对机器及算法的信任度与接受度方面,还需要进一步分析任务类型、文本类型、用户群体、技术与社会所处阶段等因素在其中所起的作用及其机制。但是至少从目前来看,用户对机器创作的新闻,并没有太多抵触。

即使未来机器创作的新闻可以达到很高水准,但也并不意味着人要放弃自己的新闻创作。人类在新闻生产中的主观观察、判断与分析,仍是机器无法替代的,机器模拟出来的情感,与人面对各种情境、发自内心的情感也会有所差异。

3. 传感器新闻

传感器新闻是指将传感器作为新闻信息的主要采集工具,利用传感器的数据来发现报道对象的特征、异动或内在规律等。

从新闻生产角度看,传感器扮演着以下两个方面的角色。

(1)作为信息采集工具的传感器。

在这个层面上的传感器是人的感官延伸,它们可以见人未见,

---

[1] Clerwall C. Enter the Robot Journalist: Users' Perceptions of Automated Content[J]. Journalism Practice, 2014, 8(5): 519-531.

知人未知。可以在一定程度上帮助人突破自身的局限,从更多空间、更多维度获得与解读信息。通过传感器获得的大规模环境信息、地理信息、人流信息、物流信息、自然界信息等,可为专业媒体的报道提供更为丰富、可靠的数据,甚至可以为选题的发现提供线索。传感器对某些特定对象或环境的监测能力,也使得它们可以更灵敏地感知未来动向,为预测性报道提供依据。传感器在新闻报道中的应用也带来了"传感器新闻"这一新的新闻样态。

在各类空间中布置的摄像头也可以看作传感器,它们可以全天候采集视频信息,一些新闻事件的真相发现也依赖这类视频。

如果在无人机上搭载除摄像头外的其他传感器,如红外成像仪、气体传感器等,就可以获得除影像外的多维度数据。这将进一步提升无人机的信息采集能力,给传感器新闻实践带来新可能。虽然这个方向上的应用普及还依赖于轻型传感器的发展,但从技术发展趋势来看,这是完全可以期待的。

(2)作为用户反馈采集工具的传感器。

作为反馈机制的传感器,可以将用户反馈深化到生理层面。

传感器可以采集用户的心跳、脑电波状态、眼动轨迹等身体数据,准确测量用户对于某些信息的反应状态。这样一个层面的反馈,不仅可以更真实、精确地反映信息在每个个体端的传播效果,也可以为信息生产的实时调节、个性化定制或长远规划提供可靠依据。

来自用户的数据，在某些情况下也可以成为新闻报道中的素材。新华网影视传感评测实验室曾经进行了这样一个探索，当总理在两会开幕式上做政府工作报告时，研究人员通过皮电传感设备实时收集收看报告的 30 位观众的情绪生理变化，描绘出他们的"情绪曲线"，并生成了一条新闻。从中可以看到人们对总理报告中的哪些话题更感兴趣。

随着对传感器新闻的探索进入深层，一些新的问题成为媒体的新挑战。

（1）传感器的数据能否为媒体获得？由于很多媒体没有自己的传感器网络，并且缺乏与物联网相关的技术平台，因此，如果要利用物联网、传感器数据来完成新闻，就需要借助专业力量与平台。但是，在平台和数据成为一种权力的今天，平台和数据的拥有者未必会愿意向媒体开放它们的数据，即使开放，也可能会是有选择的开放。这些都会影响到媒体获得数据的完整性、客观性。如何获得完整、充分的传感器数据，是传感器新闻实践中的一个重要障碍。除媒体自身寻求与物联网服务商的合作外，相关的政策也应该保障在公共服务目标下媒体获得传感器数据的权利。

（2）物联网的数据如何转化为特定新闻角度下的新闻素材？目前在现实环境中布置的物联网的传感器，主要是基于智慧城市、智能制造、智慧农业等需要设置的。它们采集的数据如何转化为新闻素材,将是对媒体人的思维的挑战。

(3)传感器采集的信息与数据如何与媒体记者的调查、采访配合?传感器新闻并不一定是一种独立的新闻报道类型,很多时候它是与媒体记者的调查、采访相配合,并成为人的主观判断的客观性证据的。只依赖传感器的数据,而放弃记者的现场观察和其他调查,或许会将传感器应用带入误区。对记者来说,如何通过传感器数据发现新线索延展自己的采访调查;如何寻找能支撑自己观点、判断的传感器数据;如何将自己的观察、分析与传感器数据相结合,也是一个新的课题。

(4)传感器新闻的准确性、客观性如何保证与评估?尽管相比人的观察,传感器采集的信息看上去更为客观,但这种客观性需要建立在一个基本前提上,那就是数据的准确性。这既取决于传感器本身的数据采集质量,也取决于数据的应用质量。要保证这种质量,需要很多新的手段与机制。即使数据是准确的,基于数据的传感器新闻是否真的可以做到完全客观、完整、全面地反映现实世界?以往媒体的"拟态环境",主要是由人的选择建构的,而未来当传感器成为一种重要的信息采集者时,它们被安置的位置、工作状态、系统设置等,也是具有选择性的。因此,它们可能以自己的方式构建一种拟态环境。进一步分析,有国外学者指出,人工智能、自动化等技术有可能成为具有自主性的"物"的力量,参与媒介化的现实建构。[1]而在物的背后,仍然有人的力量的控制。例如,在以往的一些案例中,我们能看到一些本来是作为全天候的环境监测设备的摄像头,可能会在一些关键时候"失灵"。这里面有巧合的情形,也有人为因素的作用。要识别、排除那些可能干扰传感器新闻客观性的因素,也是一种挑战。

传感器新闻的价值取决于它的质量,而这需要一系列的制度保障。对传感器新闻也需要建立一套相应的质量评估体系,对数据采集、加工、呈现等各个环节的准确性、完备性、恰当性等进行评估。

4. 临场化新闻

智能技术不仅会改变新闻生产的方式,也会改变人与新闻作品的关系,以往人们是基于阅读文字、观看视频等方式来了解新闻的,而在智能化的背景下,用户可以有更多临场化的体验,也就是可以获得"进入"现场的感受。

当下的网络视频直播已经提供了一定的临场化体验,虽然并非完整意义的"进入现场"。但它可以在一定意义上将当事人体验传递给观看者,使观看者身临其境。

网络视频直播并不是电视直播的简单小屏化,直播的主体、直

---

1 丁方舟.论传播的物质性:一种媒介理论演化的视角[J].新闻界,2019(01):71-78.

播的题材、直播的方式、直播的视角与机位,以及体验等都会有大的变化。如表2-1所示,电视新闻直播与网络视频新闻直播有所区别,我们需要通过PGC(专业生产内容)+UGC(用户生产内容)的方式实现突破。

表2-1 电视新闻直播与网络视频新闻直播的区别

电视新闻直播	网络视频新闻直播
专业电视机构	专业电视机构、当事者、普通目击者等
通常用于重大活动或突发事件	除重大题材外,趋向日常化的生活
通常有统一调度的多机位,观众最终看到的是被导演、被编辑的现场	普通直播者通常只有单一机位,但多个直播者可以相互补充,通常观众更能从中看到"原生态"的现场
直播主要展现"台前"	直播有助于更多展现"幕后"
追求客观的视角	较多当事者或目击者的主观视角
有较成熟、稳定的表现手法	普通人的直播多数时候表现形式粗糙
"互动"在多数时候只是装饰性手段	"互动"成为必要元素,在某些时候直接影响进程

近几年,随着智能手机、4G及5G技术等的应用,"慢直播"这一形式也在国内兴起。

从新闻直播角度看,在慢直播过程中,虽然没有导播等人工控制方式,只有几个固定机位,但它可以完整呈现新闻现场与新闻的发展过程,让用户成为新闻事件全程的目击者、在场者,使他们深入新闻事件的"后台",由此有了更多的进入感、参与感。而围绕直播的互动,使观看者之间形成了更强的连接,甚至可能形成临时的"共同体"。

同时，直播的景象也成为人们的一种陪伴。而营造陪伴感正是直播的一种重要功能。对于长年处于快节奏、高压力生活中的人们来说，这种陪伴是一种放松与调剂。

对慢直播而言，"无叙事结构"成为一种新的叙事模式，这使得用户可以自主地观看、解读直播对象与过程。

慢直播与观看者形成了双向的一直在现场的感觉：用户在持续观看中不知不觉地进入直播现场，产生"临场感"；而直播的现场景象也逐渐进入人们的生活中，成为生活的在场者，或者说生活的一部分。

未来在人工智能技术的推动下，机器人会成为直播中的重要辅助手段，使固定机位变成流动机位，展示现场更丰富的细节，提供更多的观看视角，进一步提高人们的临场感。

新华智云已经尝试在一些会议报道中全程采用智能系统，它开发的"云上新闻中心"，集成了新华智云"媒体大脑"（MAGIC）的30多款AI媒体机器人，全天候在线处理会议直播，分秒级生成剪辑视频和精彩片段，其制造的首台拥有7个智能摄像头的实体机器人，可以全程拍摄画面并同步上传到媒体大脑MAGIC进行云端处理。在会议直播、体育直播等方面，全流程智能化的视频直播，可以为用户带来更多具有临场感、沉浸感的新闻。这也将解放媒体记者，使他们从程式化的报道转向其他更具挑战性的深度报道。

智能系统也可以与记者的现场直播相结合，在记者拍摄的直播画面基础上进行快速加工，生成相关的短视频。人工智能技术可以对视频中的特定对象（如人物、地点、文本等）进行识别、解读，可以自动将音频信息转成文字信息，挖掘视频背后的深层信息，为用户提供视频之外的延伸性内容。

可以预见的是，未来基于人工智能技术的虚拟主播也会在直播中发挥一定的作用。

当 VR、AR 技术进一步成熟时，用户可以在三维空间里"到达"现场，360 度沉浸于现场，临场感变得更为真切。

这意味着，"你所见即是你所得"。也就是说，用户可以依据自己的主观视角，从现场发现更多的个人兴趣点，而较少受到传统电视直播的摄像、导播视角的限制。因为摄像、导播对于现场的理解与认知也是基于他们从现场观察中所获得的信息。

直播 + VR（AR）也会在大型活动及体育赛事报道中成为趋势。目前，全国"两会"、奥运会、NBA、超级碗、欧洲杯、世界职业棒球大赛、中国网球公开赛等多个重大会议和体育赛事都已尝试 VR 直播。可以看到，VR 直播在一些大型活动中开始应用，而 AR

与直播的结合则需要更多技术与想象力的支持。

但VR、AR新闻的未来发展也面临很多问题,主要包括以下四个方面。

(1)VR、AR设备的普及。VR、AR设备的普及还有待时日,目前媒体所做的VR新闻很多只能用拍摄360度照片的方式呈现,效果打了折扣,这会在一定程度上影响用户的体验。

(2)用户的生理限制。通过VR、AR进行观看时产生的晕眩感,是目前用户体验中最大的问题,而未来技术在多大程度上能克服这一问题,决定了未来应用的深度。此外,VR、AR观看不像手机使用那样可以一心多用,这种体验是排他的,用户的"生理带宽"有多少可以交给VR、AR,也会影响到VR、AR的应用前景。

(3)互动的创新。VR、AR新闻需要全新的互动模式,而这方面的想象力与创新能力决定着VR、AR新闻的发展前景。

(4)新闻真实性与伦理。VR、AR新闻会使新闻真实性受到新的挑战,一些过于刺激的场景是否适合用VR、AR来表现,同样也是一种新的新闻伦理考验。

5. 分布式新闻

智媒化的另一个含义是——用机器或智能机制集成人的智慧。

社交媒体的应用，使得新闻生产逐步趋向分布式，即多种主体在自组织模式下共同参与某一个话题的报道。人工智能等技术将进一步推动分布式新闻生产的普及，分布式生产的参与者也将扩展到智能机器。

分布式新闻是信息与知识生产领域共享经济思维的新应用，在此之前，维基百科在这方面已经树立了典范。在新闻领域，借助一些开放平台，人掌握的信息资源和认知能力与机器、物体的智能资源结合在一起，将有助于对一个特定的新闻主题建立起丰富的认知框架，以及推动人们在某些角度下的深入挖掘。

在分布式新闻模式中，需要发现各种主体拥有的资源。根据其资源分配任务，实现多个主体资源的整合及行动的协同。这类似于打车软件所进行的资源调度与匹配。在其中，机器智能或许将扮演越来越重要的角色。

"区块链"技术也会以另外的方式来推动分布式生产。区块链（Blockchain）是由多个独立节点参与的分布式数据库系统，也可以理解为分布式账簿技术（Distributed Ledger Technology, DLT），由这些节点共同维护。它的特点是不易篡改、很难伪造、可追溯。区块链记录所有发生交易的信息，过程高效透明，数据高度安全。凡是需要公正、公平、诚实的应用领域，都可以应用区块链技术。[1]

区块链技术的透明性与安全性建立在每个节点的贡献基础上，因而是分布式的。区块链的应用有很多方向，新闻传播研究者对于其在新闻生产中的应用也寄予了希望。喻国明等提出了以区块链技术构建新的新闻生产系统的设想——所有人共享一个新闻公告板，其汇聚了各个方面、各个视角的信息，有助于人们全面了解事实真相。当所有信息汇聚在公共的新闻公告板时，则所有人共同组成了一个全新的新闻机构。在这样的系统中，可以通过共识机制实现"技术把关"，从而取代过去的"价值把关"，以确保新闻公告板的事实的客观性。[2] 虽然这样的设想要落地还有很多障碍，但是这样的分布式生产思路值得探索。

2.1.3 智媒生态：无边界重构

智媒化技术在推动着媒体的业务模式、生产机制变化的同时，也在进一步影响着传媒业的整体生态。

用户平台、新闻生产系统、新闻分发平台及信息终端是构成智媒时代传媒业生态的几个关键维度，也是对智能技术发展十分敏感的领域。它们彼此关联，技术引起的每一个维度的每一个变化，都

---

1 蔡维德，郁莲，王荣，等.基于区块链的应用系统开发方法研究[J].软件学报，2017，28（06）：1474-1487.

2 喻国明，冯菲.区块链对后真相的重新建构："分散—聚合"模式的设想[J].现代传播（中国传媒大学学报），2019（5）：1-4+11.

意味着更多非媒体力量的进入。这也意味着传媒业原有边界的进一步消融，一个极大扩张的传媒业新版图将在新的角逐中形成，新的生态也是在这样无边界的大格局中重构的。

1. 用户平台的重构

从技术提供的可能性来看，未来"用户"的含义不仅指人这一要素，与人相关的物体（如手机、可穿戴设备、智能家电、汽车等），以及与人相关的环境系统（包括现实环境与虚拟环境）这两种要素将与人融合，形成一个整体意义上的用户，用户平台将融合这三种要素及其相关数据，用户分析也将是对三类数据的协同分析。

各种与人相关的物体的数据，是人的需求、行为及状态等的外化或映射，物可以提高人的"可量化度"与"可跟踪性"，通过物来了解人，是用户研究的另一种途径。今天的外卖骑手管理平台、打车软件平台等，实际上就将与人相关的物（手机、车）纳入了用户分析。

与人相关的环境包括两个方面：现实环境与虚拟环境。现实环境是用户场景的构成要素之一，把握用户环境有助于提供更精确的服务。虚拟环境是新媒体为用户提供内容和服务的基础，而基于VR、AR的临场化环境的构建，将给用户带来全新的体验。

2. 新闻生产系统的重构

未来的新闻生产系统会在信息资源、分析加工模式和生产者构成等方面发生一些重要变化，构成新的模式，如图2-2所示。

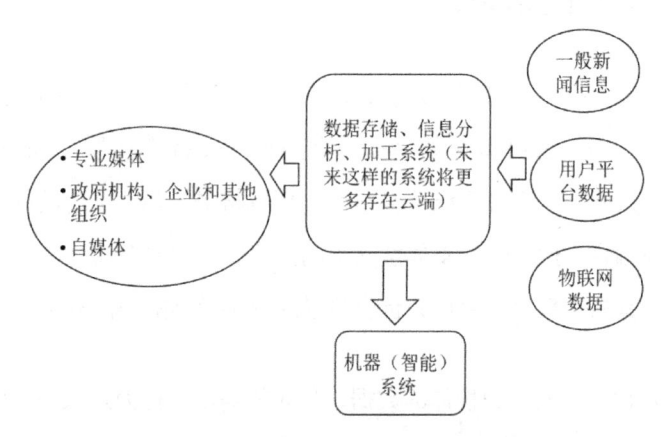

图 2-2　未来新闻生产系统的可能模式

在新闻生产系统的重构中，有两个动向尤为值得关注。

（1）机器成为新闻生产者。

在未来的新闻生产生态下，从信息的采集到加工各个环节，参与主体都不只是人，机器及万物都可能成为信息的采集者，而机器也可以完成信息的智能化加工。这意味着掌握着智能机器和传感数据的IT企业、物联网企业，也将成为新闻生产系统中的成员。

（2）新闻信息存储、分析、加工系统可能脱离专业媒体独立存在。

在传统媒体时代，新闻信息的存储、分析与加工系统都是嵌入在媒体内部的，是媒体生产流程的一个部分。但进入智媒时代，我们看到了一个新的动向，这样的系统正在开始脱离媒体，向外部转移。Facebook 发布的"即时新闻"系统、谷歌发布的"新闻实验室"系统，以及今日头条发布的"媒体实验室"都是非媒体平台提供的媒体化工具，虽然它们未必取得了成功，但其思路在一定程度上展现了未来的可能性。在大数据、云计算等技术的推动下，这样一种趋势可能会加剧，未来以数据为核心的新闻信息处理系统，甚至可能会存在于云端。

3. 新闻分发平台的延展与重构

进入新媒体时代以来，新闻生产与新闻分发这两者逐渐分离，成为两个独立系统，两者不再像传统媒体时代那样捆绑在一起。

20 世纪 90 年代，互联网进入大众传播领域之初，最先出现的公共传播渠道是门户网站，在此后十多年的时间里，门户网站一直独领风骚。但是在门户网站之后兴起的各种新类型的公共信息传播渠道（见图 2-3）逐步打破了门户网站的垄断地位，一些渠道也进化成了拥有巨大用户规模和强大话语权的分发平台。

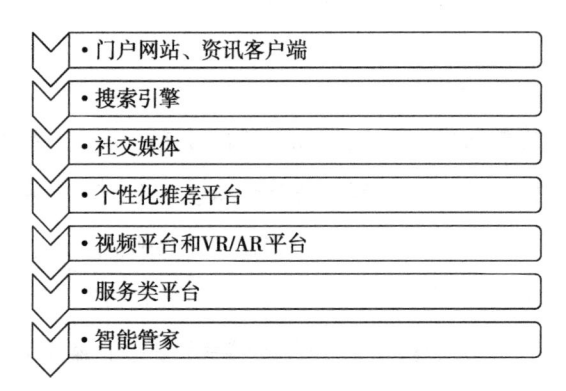

```
•门户网站、资讯客户端
•搜索引擎
•社交媒体
•个性化推荐平台
•视频平台和VR/AR平台
•服务类平台
•智能管家
```

图 2-3　新闻分发平台的延展

不同类型的公共信息传播渠道，对内容的聚合与分发逻辑不尽相同，用户在内容传播中扮演的角色也有所差异。

（1）门户网站、资讯客户端：编辑把关＋大众化推送

门户网站的兴起，对传统媒体渠道形成了第一轮冲击。门户网站作为内容的集成商，可以将多个媒体的内容聚合在一起，再以编辑的判断为基础进行内容筛选，将媒体的内容以无差异的方式推送给大规模用户，人工判断在内容分发中仍然起主要作用。移动时代的综合性资讯客户端扮演的作用也是类似的。

门户等整合类平台虽然拓展了信息传播的渠道，但从传播机制与模式来看，与传统媒体的点对面模式是完全一致的。从用户端来看，他们接收到的信息是同质化的，他们在内容生产与传播中的作用也是有限的。

（2）搜索引擎：多源搜索 + 算法调度

搜索引擎兴起后，它作为信息分发渠道的作用也凸显出来。搜索某个关键词后内容的排序，决定了相关内容及其生产者被用户点击的可能性高低，也就是内容在网络中二次、N 次分发的可能性高低。

搜索引擎同样是对广泛的信息来源进行搜索，但算法决定了搜索结果的排序，这种算法更多是对传播者及其内容的一种权重衡量。虽然搜索引擎自身并不生产内容，但是它们对于网站流量的调度作用是明显的。

可以看到，从搜索引擎开始，智能技术就已经对内容分发产生了影响，只是很多人并没有明确意识到算法的存在。

（3）社交媒体：人际网络 + 大众传播

在成为人们的社交空间的同时，社交媒体也成了新的内容集散与分发地。社交媒体对于整个新媒体新闻及其他公共信息传播的模式与结构影响都是深层的，它将公共信息传播带向了社交化传播。

在社交媒体里，由社交网络构成的人际传播渠道成为公共信息传播的"基础设施"。在这些平台上，媒体内容的再分发能力在很大程度上取决于它们激活的人际传播网络的规模。

这样的一种传播模式，也使得信息的筛选机制发生了变化，过去职业媒体人进行的信息"把关"，在社交媒体中变成了用户共同参与的"投票"，每个人的点击、分享等行为都是在进行信息筛选。

（4）个性化推荐平台：个性分析＋算法匹配

今日头条等客户端带来的内容传播的一个变化，是以"个性化"为卖点的，为内容与用户间的匹配提供了一个新维度的依据。换句话说，内容与其特定的接收者之间是由算法为"媒"进行匹配的。

个性化算法是搜索引擎算法的一个升级，它直接针对个体用户，把个性作为算法中的核心变量，凸显了个人偏好的意义。也正因为如此，这样的算法看上去"很懂"用户，人们逐渐意识到智能技术的存在及意义。

个性化算法在未来还会进一步优化，对用户需求的解读能力与匹配精确度还会不断提高，但是，显然用户的信息获取不能仅仅依靠个性化推荐。

（5）视频和 VR/AR 平台：临场体验＋社交传播

随着网络视频的发展和 VR/AR 应用的深化，视频和 VR/AR 平台正成为一种新的公共信息分发平台。

视频和 VR/AR 的优势在于直观的视觉感受和临场体验。在这些平台上,内容分发也会较多地借鉴社交媒体的模式。社交关系对于视频或 VR/AR 信息的传播,也会起着至关重要的作用。

(6)服务类平台:生活场景+资讯推送

除以内容生产与传播为核心的上述平台外,一些原来是以生活服务为核心的网络平台,也在某些领域里媒体化。如淘宝、高德地图、墨迹天气等已经整合了一定的新闻或资讯内容。它们的优势是与特定场景相关,容易成为某个方向上的"入口"。而要准确理解与应用场景,离不开智能技术。未来将有越来越多的垂直性的资讯内容可以通过这些服务类平台流向用户。

(7)智能管家:个性化+跨平台+对话

ChatGPT 向我们揭示了未来的智能分发的新可能。以往平台的个性化推荐算法是解决本平台的内容分发问题,而 ChatGPT 则是应用各种不同平台、不同来源的信息与语料。因此,是多平台内容的集成加工,提供的答案或推荐的信息也是个性化的。而基于 ChatGPT 类似技术的微软的搜索引擎"新必应",也体现了跨平台思路。未来这样的跨平台、个性化分发一定会更为普遍。

ChatGPT 的分发,采用人性化的对话方式进行,人在信息获取过程中有了更多参与。用户提出的问题决定了信息获取的方向。用户也可以对机器的回答进行反驳、质疑,这有助于机器不断提高回答质量,丰富信息整合的内容。

未来的智能分发技术,可能会在整体上构成一种智能管家模式,它可以嵌入各种不同的终端或渠道,包括手机、智能家居、智能汽车等不同空间中的各种智能设备,对用户的整体行为与需求进行综合分析,并根据不同场景进行信息推荐。

4. 信息终端与生态的重构

如前文指出,未来将是"万物皆媒"的时代,而信息终端未来发力的三个重点领域是:可穿戴设备、智能家居、智能汽车。

(1)可穿戴设备

可穿戴设备将使人体变成双向的"人肉终端"。人体终端化,不仅意味着人体向外界发送数据更丰富,也意味人对信息的获取与处理能力的增强。人体上的智能设备可以拓展人的感知、认识能力,以及人与物的信息交互能力。这也将带来人的一种"外化",人的思维活动、内部状态等隐秘信息,将成为可以被感知、存储、传输,甚至被处理的外在信息。另外,VR、AR 的普及也离不开可穿戴设备。

(2)智能家居

智能家居将重构家庭内的信息生态。智能家居使得围绕个人产生的信息变得丰富，人的行为、需求和环境被全方位信息化、数据化。个人化信息的传播，是人与物体、环境之间的"对话"过程，各种智能家居设施在其中扮演着媒介的角色。家庭成员间的信息传递与情感交流，将在更多场景中借助各种家庭设施展开。

（3）智能汽车

未来的智能汽车不仅是无人驾驶的，更是一个完整的信息系统，智能汽车的联网将实现：①车与人的信息互动。汽车驾驶、人在车内的信息接收等，都需要人与车的互动，而智能汽车可以带来更便利的人、车互动，包括远程互动；②车与车的信息互动。车与车的信息互动是无人驾驶的核心。但即使有人驾驶，车与车的互动也可以在更大程度上提高汽车行驶的安全性。③车与环境及关联信息系统的互动。车与公路交通管理系统（如红绿灯系统）的互动，可以为汽车寻找更为快捷的行驶路线。车与警察、医院、保险等相关信息系统的互动，可以为事故的处理提供更便利、更直接的手段。④车与公共信息系统的互动。如一些地图类应用生成的实时路况信息，数据的主要贡献者就是行驶在道路上的汽车。未来这样的思维将在更广泛的领域里应用。

在移动终端的方向发生变化时，移动终端的生态也必将发生变化。物联网厂商、智能家电厂商和汽车生产厂商等，都可能借助硬件进入到未来的传媒业生态中。

2.1.4 人机博弈：以何为本

智能技术是推动智媒化的基本动因，但技术发展会带来什么结果？技术走向如何把握？这并不只是技术人员的事，还需要技术开发者、应用者、管理者等各方的思考与行动。人工智能的发展，更是全人类要共同面对的一个漫长、复杂的人机博弈过程。

面对越来越聪明、不断进入社会生活各个层面的智能机器，人不仅要做出行为上的调适，还要寻找自己的新位置、新角色。人要对技术的发展方向做出准确判断，为可能脱缰的技术野马准备好缰绳。人更需要防范机器对人的权利的侵犯，甚至对人带来的异化。在智媒这一发展方向下，以下问题尤其值得关注。

1. 变革与坚守：媒体从业者如何面对智媒挑战

在智媒带来的挑战面前，媒体人首当其冲。与互联网刚刚兴起时一样，他们需要理解技术的作用与影响，并在观念上做出调整。

2020 年，中华全国新闻工作者协会面向国内媒体从业者组织了一次对我国主流媒体的融媒体建设情况的调查，其中就包括智媒相关的调查。1755 位分布在不同年龄段、不同级别媒体的媒体人的回答，可以在一定程度上反映国内媒体从业者对于智能化媒体的一些基本认识。

对于"您认为还有哪些技术对媒体发展是重要的"这一问题的回答,有83.82%的受访者选择了"大数据"、75.38%的受访者选择了"人工智能",64.9%的受访者选择了"云计算",55.5%的受访者选择了"物联网",51.34%的受访者选择了"区块链",如表2-2所示。可以看到,从总体来看,今天的媒体人对新的技术及其对传媒业的影响有所了解,但也有6.67%的人表示对这些技术都不太了解。尽管这个比例并不高,但也提醒我们,并非所有媒体从业者都了解今天的新技术,也并非所有媒体人对技术在媒体未来发展中的影响有深入认识,这也就难免会影响到他们对于未来媒体发展趋势的判断与行动了。

表2-2 媒体人认同的,对未来传媒业具有重要影响的技术

选项	小计	比例
人工智能	1323	75.38%
物联网	974	55.5%
大数据	1471	83.82%
云计算	1139	64.9%
区块链	901	51.34%
都不太了解	117	6.67%
其他	43	2.45%

在关于"媒体是否应该采用算法分发技术"的态度方面,63.25%的人表示"是",表示"否"的只占4.1%,但也有32.65%的人表示"说不清",如表2-3所示。这也反映了媒体人在智能技术应用方面的一些困惑与担忧。

表 2-3　媒体人对媒体是否应该采用算法分发技术的认同度

选项	小计	比例
是	1110	63.25%
否	72	4.1%
说不清	573	32.65%

对于机器写稿对内容生产的影响，认为"正面影响大于负面影响"的比例最高，为 31.91%，认为"负面影响大于正面影响"的比例为 23.42%，认为"两者差不多"的比例为 17.78%，而表示"说不清"的比例为 26.89%，如表 2-4 所示。四个选项的选择比例并没有出现太大的悬殊，但持积极、乐观态度的人更多一些。

表 2-4　有关机器写稿对内容生产的影响的评价

选项	小计	比例
正面影响大于负面影响	560	31.91%
负面影响大于正面影响	411	23.42%
两者差不多	312	17.78%
说不清	472	26.89%

对于"技术创新与媒体保持内容的专业性是冲突的吗？"这一问题的回答，87.41% 的人认为"两者不冲突"，9.34% 的人表示"说不清"，3.25% 的人认为"两者冲突"，如表 2-5 所示。

表 2-5 对"技术创新与媒体保持内容的专业性是冲突的吗?"的评价

选项	小计	比例
两者冲突	57	3.25%
两者不冲突	1534	87.41%
说不清	164	9.34%

从这次调查反映的情况来看,总体来说,媒体人对于智能化技术在媒体的应用及影响有了一定认识,且多数媒体人持乐观、肯定的态度。这说明智能化媒体的发展在媒体内部已经有了一定的观念基础。对智能技术应用持否定态度的媒体人,也并非一定是因为观念落后,更多的可能是出于对技术应用方向的担忧。对媒体如何应用技术的理性思考,对技术可能带来的风险的警觉,才是媒体人应有的态度。

在国内,另一项对 30 名新闻网站从业者的访谈研究发现,一方面,从业者诉诸"新闻专业性"话语来维护自身的职业权威;另一方面,他们在实际工作中接纳算法技术并将之定义为"创新性技术"以维护自身的职业生存。新闻网站从业者试图灵活调用"新闻专业性"话语与"创新性技术"话语进行专业角色调适,在坚守传统专业角色的同时适应算法技术的发展。这样的认知与态度或许在媒体从业者中具有一定的普遍性。[1]

---

[1] 王琪,朱巧燕.算法技术环境下新闻网站从业者的专业角色重塑[J].全球传媒学刊,2022(5):117-130.

在国外，有研究揭示了新闻业界与学界在对待 AI 新闻报道态度上的矛盾，尽管新兴技术在新闻业中的使用呈现出强劲的势头，但是当新兴技术应用于新闻实践时，也会与原本的价值观、职业习惯和社会文化体验相互碰撞[1]。另一项基于对 27 名专业新闻记者的访谈的研究表明，专为新闻研究过程设计的算法工具并未得到充分的利用，反而由算法驱动的搜索引擎与社交媒体成为记者搜集、选择与验证信息的重要来源[2]。但与此同时，记者们并未意识到算法在这个过程中可能给他们的专业性工作带来的影响，反而保持着一种强烈的专业权威感，认为自己能够不受影响地自主工作。

新闻业既有的专业性（包括专业原则与方法等）与智媒时代的技术可以在很多层面进行结合，但两者的矛盾与冲突也不可避免。媒体人需要在坚守新闻业的专业原则、理念的前提下，在思维方式、业务模式上做出相应的调整。

即使在观念层面媒体人已经有了一定的迎接智媒挑战的准备，但媒体中能胜任相应工作的人才却十分匮乏。媒体的智能化应用，既需要懂算法、懂数据的技术人才，又需要懂市场的产品策划与运营人才，也需要能够与技术、市场部门进行对话、合作的记者、编

---

[1] Lopez MG, Porlezza C, Cooper G, et al. A question of design: Strategies for embedding AI-driven tools into journalistic work routines[J]. Digital Journalism, 2022: 1-20.

[2] De Haan Y, Van Den Berg, E, Goutier N, et at. Invisible Friend or Foe? How Journalists Use and Perceive Algorithmic-Driven Tools in Their Research Process[J]. Digital Journalism, 2022: 1775-1793.

辑，这样各方面人才共同配合构成的团队。这些人才与团队的成长，不仅需要媒体机制的支持，还需要长期实践的磨合。

2. 织茧抑或破茧：推荐算法如何提供更人性化的服务

推荐算法进入内容分发领域时，一开始就被打上了"个性化"的标签，但个性化是算法的唯一取向吗？个性化是否等于人性化？

当前强调个性化的算法，其思路更多是迎合人们的兴趣，强化推荐信息的同质性。因此，"算法是否会带来信息茧房"则成为一个研究热点。

信息茧房（Information Cocoons）这个概念来自美国学者凯斯·桑斯坦（Cass Sunstein），他指出，信息茧房意味着，我们只听我们选择和愉悦我们的东西[1]。而他提出这一问题的主要背景是数字时代的个性化信息服务的逐步兴起。在算法应用普及后，对算法与信息茧房关系的研究成为热点。但研究者的判断却并不一致。虽然有很多研究者担忧算法会造成信息茧房，但也有研究者认为信息茧房还不是一种科学概念，目前也还不能证明算法与信息茧房之间存在确切的关系。

如果从桑斯坦对信息茧房的最初界定来看，实质上信息茧房来

---

1 桑斯坦. 信息乌托邦——众人如何生产知识[M]. 毕竞悦, 译. 北京：法律出版社, 2008：8.

源于人们的选择性心理。而"选择性心理"这一现象，在美国学者拉扎斯菲尔德等学者有关 1940 年美国大选的研究中，便已经被发现。研究发现人们原本的政治倾向在很大程度上影响着他们的媒介接触行为，受众更倾向于接触那些与自己原有立场、态度一致或接近的内容。选择性接触的结果不是导致原有态度的改变，而是有可能强化原有态度。[1] 后来的传播学者，将受众的选择性心理分为选择性接触（包括选择性注意）、选择性理解与选择性记忆等几个层面[2]，心理学领域的研究也证明了选择性心理的存在。因此，由选择性心理导致的信息茧房是客观存在的。桑斯坦主要担忧的是类似于尼葛洛庞帝所说的"我的日报"这样的个性化信息服务对信息茧房问题的强化。在个性化信息服务越来越盛行的今天，关注信息茧房问题及其影响也是有必要的。

但是信息茧房是否只是由算法导致的？个性化算法是否必然带来信息茧房？这些问题仍然值得我们深入探究。

当下人们获得信息的途径是多元的，因此，我们需要综合分析人们获得信息的多重途径及其过滤机制，了解究竟哪些因素影响了人们的信息获取，从而判断导致信息茧房的多方面因素。

社交媒体中的关系网络是现今人们获取信息的主要路径之一。

1　拉扎斯菲尔德, 等. 人民的选择：选民如何在总统选战中做决定 [M]. 唐茜, 译. 北京：中国人民大学出版社，2012：65-71.

2　赛佛林. 传播理论：起源、方法与应用 [M]. 郭镇之, 译. 北京：华夏出版社，2000：71-80.

当人们以社交关系构建起自己的信息网络时,也就是建立了一道无形的墙,将一些信息阻挡在外。在这个关系网络中人们越是同质化,人们获得的内容在主题和立场等方面也就越可能同质化。究竟是只能容忍同质化的圈子,还是可以接纳开放的、异质的圈子,这与个人的性格、使用社交媒体的需要及获得的满足等相关。但无疑,社交媒体与信息茧房的形成是密切相关的。

除社交媒体外,今天的新媒体还为人们提供了多种信息传播渠道,包括媒体渠道、媒体外的信息分发平台、搜索引擎等。对于个体来说,在多种渠道中选择哪些渠道获得信息,以哪个渠道为主、哪个渠道为辅,以及不选择哪些渠道,是多种因素共同作用的结果。渠道组合的质量会影响用户获取信息的广度与质量。如果渠道多样,有较多的异质信息源,那么个体获得的信息也会更多元。

一方面,用户以不同逻辑自主构建了自己的信息获取网络,这种网络可能因一些因素的作用逐渐稳定,甚至固化。同样,个体的性格、人们在信息网络中获得的满足感会对这种稳定性产生影响。有时平台也会以某些方式固化人们的信息获取范围或路径。但另一方面,我们也应注意到,当下用户处于一个多元的信息环境中,影响他们获取信息的因素变得更为多样,因此,在某些情况下对固定路径的偏离或突破也会发生。

理解信息茧房的发生机制,不仅要理解人们的信息获取路径是如何形成的,还要理解在这些路径中哪些因素带来了哪些方面的信息过滤。现实中我们可以看到，平台、社会关系网、算法，以及个体自身都存在过滤机制。

从上文的分析中可以看到，虽然信息茧房的根源是个体的选择性心理，但技术（包括算法）、平台及传播模式等，都有可能作用于个体的信息选择、过滤过程。信息茧房最终的形成是多重因素的共同作用，而并非只是算法单一因素的作用。当然，算法在其中也会发生作用。过分强调对个性的迎合或同质化内容的推荐，算法可能会对信息茧房的形成起到推波助澜的作用。

但算法能否反过来促成破茧？虽然目前这方面的实践和研究还不够充分，但是至少从人的心理来看，如果通过算法来增加用户获得信息的异质性，是有助于破茧的。

除关注用户端的信息消费因素带来的茧房外，我们还需要关注内容生产端的因素对茧房的影响，包括算法在其中的作用。

算法推荐在整体上影响着平台流量，很多时候会导致内容生产者向带来高流量的内容方向靠拢，从而在某些方面强化了平台内容的趋同性，形成整体上的去个性化的信息环境，看上去用户自主的个性化选择，变成了在统一"口味"下的有限选择。因此，如果不能在生产端提供多元化的内容，那么也会导致用户的信息茧房。

从长远来说，算法要真正提供人性化的服务，不仅要适度满足人们的个性化需求,还要帮助人们突破茧房,看到外面的世界,与外界有更多的互动。算法也需要推动整个内容平台生态的优化,激励优质的内容生产者,以便在供给侧破除内容生产所带来的茧房。

3. 真实性:智能时代的新陷阱?

智能时代,新闻业面临的一个重要挑战在于新闻的真实性。

(1)数据一定能带来真实、真相吗?

智能时代,数据得到普遍应用,这体现在媒体行业包括新闻生产中。数据往往被当作描述客观事物、揭示真相的一种手段。但是,数据应用本身有一整套的规范,如果不遵循这些规范,或者在数据应用中出现了漏洞而未能察觉,那么未来我们或许会被更多由貌似客观的数据堆积成的假象所包围。从数据生产的角度看,每一个相关的步骤都可能存在着导致假象的因素。

其一是数据样本偏差带来的"以偏概全"。

尽管已经进入"大数据"时代,而大数据的卖点之一是"全样本"。但事实上,在现实中获得"全样本"并不是一件容易的事。

今天的数据特别是互联网数据,被少数平台所垄断。出于利益保护等因素考虑,平台通常不愿将数据完全公开。他人从这些平台"扒"数据时,会受到技术能力和权限等限制。这在一定程度上影响了数据的完整性。平台本身也可能因为各种原因，未必能保留全样本数据，例如，在社交平台，删帖必然会导致相关内容的不完整。

大数据分析也常常要依赖行业性数据，但在中国，由于历史的原因，很多行业本身就缺乏完整、系统的数据积累。能提供的，常常也是残缺的数据。

即使是传统的小样本分析，样本的规模和代表性等也越来越令人担忧。

无论是全样本数据，还是行业数据，或是传统抽样方法下的小数据等，都可能存在样本不完整的问题，这必然对数据分析结果的完整性、代表性产生影响。

其二是"脏数据"带来的污染。

除样本的问题外，用各种方式获取的数据，本身质量也可能存在问题。部分缺失的数据、重复的数据、失效的数据、造假的数据等，都被称为"脏数据"。尽管数据处理前都会要求进行数据清洗，但这未必能完全消除"脏数据"带来的污染。某些数据分析者也可能因为一些原因而无视"脏数据"的存在，甚至会制造一些"脏数据""假数据"。

其三是数据分析模型偏差带来的方向性错误。

完整、可用的数据只是数据分析的前提，要利用数据来准确描述或解释客观现象，还需要有科学、合理的分析模型。但是一些基于数据的实证分析，有可能建立的模型本身是有偏差的，有些数据应用者，甚至是为了得到自己希望的结果而在分析模型的设计中进行人为的"扭曲"，这些都必然导致结果的偏差。

其四是数据挖掘能力有限带来的"浅尝辄止"。

数据量愈大、数据种类愈丰富、数据应用目标愈多元，就意味着对数据挖掘能力的要求愈高，然而当各种力量都在快马加鞭地涌入数据应用领域，争做各类数据产品时，却未必都拥有相应的数据挖掘能力。特别是在媒体行业，以往数据应用传统的缺乏、技术能力的不足，会限制其数据挖掘能力，然而外界压力却又在迫使媒体力不从心地走向数据化应用。因此，数据应用多流于表层，其中的漏洞也越来越多。作为"拟态环境"的构建方式，媒体生产的过于简单的、浅层的数据，也可能会误导人们对现实社会的认识。

其五是数据解读的偏差。

数据解读能力，是数据利用能力的另一个重要层面。如果没有良好的数据方面的训练，那么对数据的解读可能会出现主观、随意、简单化等种种问题。例如，将数据的相关关系过度解读为因果关系，是实践中常见的问题之一。数据解读往往是在横向或纵向比较中完成的，如果缺乏参照信息，或比较性数据出现了问题，那么解读自然容易产生偏差。

对数据的误用、滥用,一方面是因为数据应用能力的不足,另一方面则是数据应用者的价值导向和利益驱动的问题。一些数据分析的出发点,本来就不是要获得对真相的完整认知,而是为了制造符合自己需要的"真相"或结果。错误导向或利益驱动的数据滥用会制造更多的陷阱。

所有这些风险与陷阱,对内容生产者及公众的数据素养提出了更高的要求。

(2)深度伪造如何挑战真实性?

基于智能技术的面部交换、镜像身体运动,通过深层视频肖像转移面部表情,基于真实人的音频样本生成人工语音等技术越来越成熟[1],这些技术为"深度伪造"提供了条件。人工智能技术的发展将使伪造变得越来越容易,这既包括对现有各种对象进行重组的伪造技术,如不同的人的"元件"或生物特征的重组、场景与人的重组等,也包括超出现实世界的完全伪造技术。很多时候,仅凭人的眼睛和直觉,很难辨别真假。

而技术的发展,也使得这种伪造的成本、门槛越来越低。类似 Midjourney 这样的技术,可以轻而易举地制造出各种虚构人物、

---

1 参考"斯坦福关于'深度伪造'研究的六个问题"。

虚构事件、虚构场景。虽然现在的伪造还有一些破绽，但未来的技术会做到以假乱真。

尽管深度伪造也可以得到一些积极应用，例如，为满足人们对已故亲人或名人的怀念需要而进行人物再造。但是，它带来的风险也是巨大的，它可能成为造谣、诽谤、诈骗、恐吓、报复、伪证、舆论操控、网络暴力等的帮凶，对新闻的真实性也会带来极大威胁。

2022年3月中旬，在俄罗斯与乌克兰冲突爆发后，社交媒体上一度出现了俄乌双方领导人发言的虚假视频，话题皆为要求己方"停战"，说服策略侧重情感，尽管视频很快就被识破，但也在各大社交平台引发了大量转发、评论和相关话题的讨论，尤其引发俄乌两方网民在传播意图等方面的对立性认知。[1]而这还只是众多深度伪造中的一例。深度伪造在政治方面的影响未来也会不断加深。

从个体层面看，法学专家指出，深度伪造意味着，现代信息技术终于侵蚀到了公民个人信息的最深层面——个人生物识别信息的范畴上，其法益侵害后果已突破传统的公民个人信息犯罪的框架，而进入与之密切关联的另一个犯罪领域，即身份盗窃。[2]但对深度伪造问题，现有技术规制中采用的"溯源防伪"与"反向破解"的方案无法有效应对。现有法律规制中民事、行政、刑事责任因其"事

---

[1] 何康,张洪忠,刘绍强,等.认知的罗生门效应制造：深度伪造在俄乌冲突中的案例分析[J].新闻界,2023,358（01）：88-96.

[2] 李怀胜.滥用个人生物识别信息的刑事制裁思路——以人工智能"深度伪造"为例[J].政法论坛,2020,38（04）：144-154.

后性"也难以全面覆盖。未来需要在现有技术规制与法律规制基础之上构建"平台—制作者—受众"三位一体的规制体系,强化平台的审查责任、明确视频制作者的说明义务并培养公民在"后真相时代"的信息素养。[1]

除视觉方面的深度伪造外,以 ChatGPT 为代表的新兴技术目前也存在缺陷,有时会"一本正经地胡说八道",生成一些虚假信息,如果人们不能辨识这些信息,或者有意利用它制造假信息、假新闻,那么内容生态会变得更为混沌。

利用智能技术包括区块链技术来对抗深度伪造等技术造假,是未来技术发展的方向。

(3)虚拟现实中的"真实感"是否会动摇"真实性"?

VR、AR 创造的虚拟与现实之间的新关系,可能使"真实性"这一概念受到动摇。

无论是"还原"还是"模拟现实环境",VR 都可以带来更强的身临其境、眼见为实的效果,也就是说,从体验角度看,真实感大多时候是被增强了。但更强的真实感却不等同于更强的真实性。

如果用 VR 技术来还原现场,在目前的技术条件下,要完全还

---

[1] 王禄生.论"深度伪造"智能技术的一体化规制[J].东方法学,2019,72(06):58-68.

原现实仍存在着一些障碍，如在一定程度上受制于机位选择、拍摄范围、镜头切换等因素的影响。因此，它仍然是一种选择性还原，未必能真实反映事物的全貌，真实性并不能得到百分之百的保证，但它的真实感却可能给人以真实性的错觉。

当人们用VR方式进入现场时，还意味着，用户可以依据自己的主观视角从现场发现更多的个人兴趣点。他们对于现场的理解与认知，是基于他们从现场观察中所获得的信息。当"一千个人眼中有一千个现场"时，新闻的客观、真实性究竟如何衡量，也会变成一个新的问题。

另一个我们必须正视的问题是：如果用VR来模拟三维现场，那么技术也许可以营造出逼真的模拟效果。这意味着虚拟与真实之间的界限模糊，某些时候真假更难区分。同样，AR技术也会影响人们对现实环境的认识与判断。

就像数字图像技术一样，VR、AR技术可能被用于篡改事实。技术在帮助我们拥有越来越强的完整还原现场与事实的能力的同时，又给我们在辨别事实真相方面制造了更高难度的挑战。

我们还会面对这样一个问题：当人们满足于真实感的体验时，还会继续对真实性的坚持吗？这不仅涉及个别新闻的真实性层面，也涉及未来人们对世界的认知方式。

但另一方面，我们又可以反问自己，在未来虚拟世界可能同样是现实的。那么，"真实存在"是否一定要是物理性的存在？虚拟世界创造的环境，如果成了一个事件或对象的必要构成要素，例如，AR 与现实环境交织形成的某些场景或事件，那么它们是否应该成为真实存在的一部分？体验的真实感是否也可以作为真实性的一种表现方式？

这些问题的答案，也许将随着相关技术的深层应用慢慢浮出。无论回答是什么，有一点是确定的，在一个新的虚拟与现实界限模糊的时代，以往的某些经验必然会受到挑战。

4. 个人权利让渡：智媒时代用户的必然代价？

智媒的大量应用是以人的个性化数据为基础的。智媒时代带来了人的全面数据化，这意味着隐私泄露，以及各种与数据相关的权利侵犯随时可能发生。在这样的背景下，隐私权、删除权（或被遗忘权），以及其他数据权益，还有人的生物特征权利等个体权利备受关注。

（1）以隐私换便利？

属于自己的数据，保存权却不在用户，用户本身也无法限制其使用范围。这是数字时代对隐私权的一个巨大挑战，如棱镜门事件、Facebook 数据门事件等，更是引发了这方面的集中讨论。

一些从业者认为,用户为了便利,会在一定程度上出让隐私,以隐私换便利。现实中,似乎人们也常常表现如此。但事实上,公众未必没有隐私保护意识,也不是所有人都愿意拿隐私换便利。然而对普通人来说,一个大的问题是,他们并不知道自己的隐私会如何被侵犯,以及被侵犯到何种程度。他们与那些掌握并利用,甚至可能出卖他们的隐私数据的公司之间天然是不平等的。在缺乏对自己数据的知情能力的情况下,隐私保护也就无从谈起。

虽然在某些时候,以隐私换便利是用户的一种不得已的选择,但用户应该有权利知道,出让的是哪些隐私数据,能获取哪些便利,以便他们做出权衡。但今天的网络服务提供者大多没有提供充分的解释,即使有一些隐私条款,也往往语焉不详或者暗藏陷阱。

即使用户同意向某个服务商提供个人信息,但服务商是否有权向第三方透露?而第三方是否又可以再次将数据转手?网络中的数据都是相互关联的,获取未经授权的关联数据是否合法?或许在理论上做出限定是容易的,但在现实中的操作又并非那么简单。

大数据及数据分析技术的广泛应用带来另一种隐私,有学者将其称为"整合型隐私",即通过数据挖掘技术将人们在网络上留存的数字化痕迹进行有规律整合而成的隐私。大到智慧国家、智慧城市建设,小到自动定位系统、可穿戴设备、智能家居的广泛应用,人与人、人与物借助高清摄像头、智能手机、传感器、定位系统等被紧密地联结在一起,并被即时收集所有数据。[1] 隐私数据的整合意味着,人们在不知不觉中泄露的个人碎片化信息最终可能会被拼凑出完整的个人生活轨迹。在这样的技术面前,个人毫无隐私可言。如何限制个人数据的整合,成为隐私保护的新挑战。

面对各种技术对隐私的挑战,今天的用户是否应该拥有一种隐身能力,使自己的数据不被他人获取或存储,从而在根本上保护自己?虽然表面上用户的一些设置可能会有助于他们的隐身,但事实上,获取某类数据的方法往往不止一种。例如,即使人们出于安全考虑关闭了手机 GPS 定位功能,网络服务商仍有其他办法对其进行定位。一些服务商甚至在用户不知情的情况下通过电脑或手机上的摄像头、麦克风等暗中获取其信息,隐身变得更为困难。

在个体被随时随地"数字化"映射的情况下,"隐身"成了保护隐私的一个重要方面。虽然在法律上要独立形成一种"隐身权"或许并不现实(它更有可能是隐私权中的一部分),但至少在技术层面,需要给予用户更多的"隐身"可能。在物联网将广泛应用的未来,隐身许可将变得更为重要。

---

1 顾理平.整合型隐私:大数据时代隐私的新类型[J].南京社会科学,2020,390(04):106-111+122.

(2)"遗忘"变成例外?

曾经因《大数据时代》一书而在中国获得广泛关注的学者维克托·迈尔-舍恩伯格（Viktor Mayer-Schönberger），在另一本关于大数据时代的著作《删除：大数据取舍之道》里提出了一个不可回避的问题——今天这个时代，遗忘变成例外，记忆成为常态，人类住进了数字化的圆形监狱。[1]

舍恩伯格不仅指出了"数字化监视"这一种现实，也指出了因数据保留的永恒而使监视成为永恒的可能。也正是对这一问题的担忧，催生了"被遗忘权"这一概念。"被遗忘权"在官方的首次提出是在欧盟2012年出台的《一般数据保护条例》建议稿中，条例称：信息主体有权要求信息控制者删除与其个人相关的资料信息。该权利被称为"被遗忘及擦除权"（The right to be forgotten and to erasure）。该条例在2016年修订后通过，2018年正式生效。其第17条规定，数据可获得删除的情形包括六项，分别为：①数据与收集或其他处理目的不再相关；②数据主体撤回同意时；③数据主体行使第21条第1款的反对权（right to object），以及基于这些规定而形成的个人画像；④个人数据被非法处理时；⑤为履行欧盟或者成员国的法律义务，数据控制者应删除个人数据；⑥个人数据基于第8条第1项规定，为了提供信息社会服务而进行收集时。[2]

---

[1] 迈尔-舍恩伯格. 删除：大数据取舍之道[M]. 袁杰，译. 杭州：浙江人民出版社，2013：5-18.

[2] 蔡培如. 被遗忘权制度的反思与再建构[J]. 清华法学，2019（05）：168-185.

但在正式的条例中，被遗忘权只是被放在擦除权之后以括号的形式标注出来。

在中国，2012年11月国家标准化管理委员会颁发的《信息安全技术公共及商用服务信息系统个人信息保护指南》指出，当个人信息主体有正当理由要求删除其个人信息时，个人信息处理者应及时对相关个人信息进行删除。2016年11月，全国人大常委会通过并经国家主席令颁布了《中华人民共和国网络安全法》，正式确认了个人对其网上个人信息的"删除权"："个人发现网络运营者违反法律、行政法规的规定或者双方的约定收集、使用其个人信息的，有权要求网络运营者删除其个人信息。" 2020年通过的《中华人民共和国民法典》第1037条第2款规定："自然人发现信息处理者违反法律、行政法规的规定或者双方的约定处理其个人信息的，有权请求信息处理者及时删除。"在"名誉权和荣誉权"一章中，第1029条也规定了民事主体请求对信用评价进行删除的权利。

在法律界，有研究者认为被遗忘权与删除权是等同的，但也有研究者认为两者存在差别，但无论如何，这两个新概念的出现都是对数字时代个人信息的存留风险做出的法律回应。

对被遗忘权、删除权的讨论，常常会涉及其与言论自由、国家安全的关系的讨论。对此，在司法实践中主要有两种态度：一种认为，当言论从私人领域进入公共领域时，个体可以以保护隐私权为名，用"被遗忘权"删除自己的言论，从而保护个体的言论自由；另一种认为，言论一旦进入公共领域，就与私人领域无关。即便个体要使用"被遗忘权"保护自己，也与隐私权毫无关系。因此，坚持"被遗忘权"不利于保护言论自由。[1] 欧盟更倾向于前者，而美国更倾向于后者。有研究者认为，欧洲国家与美国对待隐私的差异，体现了西方关于隐私的两种文化，即尊严与自由。前者的主要危险被欧洲国家认为在于大众传媒；后者的最大威胁被美国认为来自政府。[2]

在我国，《中华人民共和国民法典》第999条规定，为公共利益实施新闻报道、舆论监督等行为的，可以合理使用民事主体的个人信息。当新闻报道与舆论监督的公共利益优于信息主体的利益时，信息主体的删除权就应当受到限制。

搜索引擎与删除权之间也存在复杂的关系，法学家王利民认为，信息主体在如下情形下可以针对搜索引擎行使删除权：第一，在信息源已经被删除的情形下，搜索引擎继续处理相关个人信息；第二，基于公共利益的处理超出合理的范围；第三，超出合理的范围处理信息主体公开的个人信息；第四，法律、行政法规规定的存储期限届满。[3]

传播学者吴飞等指出，一方面我们要保护私人领地的神圣性，

---

[1] 吴飞,傅正科.大数据与"被遗忘权"[J].浙江大学学报（人文社会科学版），2015（2）：68-78.

[2] 郑志峰.网络社会的被遗忘权研究[J].法商研究,2015（6）：50-60.

[3] 王利明.论个人信息删除权[J].东方法学,2022,85（01）：38-52.

要防止有人假公济私，另一方面也要保护公共领域的开放性，要防止有人假私损公。[1] 但对这种平衡的拿捏并非易事。

从技术上看，网络信息复制、扩散的方便，也意味着"删除"未必是能"一键实现"的。

另外，值得注意的是，被遗忘权或删除权更多是在学界和法律界被讨论，大多数普通人并不知道它的存在。在今天，数据上的"遗忘"还是例外。

即使有被遗忘权或删除权，个体也会面临比以往更多的风险，虽然谨言慎行或许是人们自认为的减少风险的办法，但在算法通过若干点赞就可以判断用户的性格的情况下，在未来各种传感器可以随时随地地捕捉到人的数据的情况下，被记录仍会是常态。

（3）个人数据权益：如何定位、如何保护？

隐私权和删除权（或被遗忘权），都涉及个人的数据权益等更根本的问题。

个人数据权益在学界有时也表述为个人信息权益，虽然也有人将两者视为有差异的两种权益。

1　吴飞，傅正科.大数据与"被遗忘权"[J].浙江大学学报（人文社会科学版），2015（2）：68-78.

有学者指出，凡是单独可以识别出特定自然人的数据，或者与其他数据结合后能够识别出自然人的数据，都是个人数据。法律需要保护的个人的数据利益具体表现为三点：①知悉个人数据被收集、被基于何种目的而加以收集，以及使用的目的、方式、范围，并基于此加以同意的利益；②知悉个人数据被转让，并在未经同意拒绝转让时的利益；③查询个人数据并在个人数据出现错误、遗漏、缺失时，有权要求删除、更正或补充的利益。[1]

另有研究者根据个人数据的形态变化和功能区分，将个人数据权利体系分为"数据本体性权利"与"数据衍生性权利"。"数据本体性权利"是指与数据本身的控制、利用和保护有关的权利类型，保护的是个人数据的自主性、独特性、安宁性权利。"数据衍生性权利"是指在数据利用过程中产生的关联性权利，保护的是数据流动过程中个人的受益性、平等性、参与性权利。[2]

还有一些学者主张，即便信息主体许可数据处理者处理其个人信息，并形成了数据产品，此数据产品里的个人信息，以及因这些个人信息产生的各种权益，仍然应当受到保护。[3]

2016年4月，欧洲议会通过了规制个人数据或个人信息的《一

---

[1] 程啸.论大数据时代的个人数据权利[J].中国社会科学，2018，267（03）：102-122+207-208.

[2] 周维栋.个人数据权利的宪法体系化展开[J].法学，2023，494（01）：32-48.

[3] 王利明，丁晓东.数字时代民法的发展与完善[J].华东政法大学学报，2023，26（02）：6-21.

般数据保护条例》（General Data Protection Regulation，简称"GDPR"），并于2018年5月正式生效，有学者指出，该法案采取了强化数据主体对个人数据控制的导向，但通过对赋予数据主体的数据隐私权的分析发现，这种权利同时具有人格权与财产权的特征，其边界并不清晰，也并不一定能实现立法者所期望实现的目的。[1]

2021年11月1日，《中华人民共和国个人信息保护法》开始实施，其中首次提出了"个人信息权益"的概念，该法案规定，个人信息是以电子或者其他方式记录的、与已识别或者可识别的自然人有关的各种信息，不包括匿名化处理后的信息。个人信息的处理包括个人信息的收集、存储、使用、加工、传输、提供、公开、删除等。

对于个人数据权益（信息权益）究竟归属哪类权益，在法学界也存在争议，一些研究者倾向于认为这一权益既是人格权（名誉权、肖像权、隐私权等），也是财产权，是一系列权益的集合。但也有学者反对这一主张并认为，将个人信息权益界定为权益的集合，将使个人信息权益的范围漫无边际，无所不包，会对整个侵权法的归责体系造成毁灭性破坏。[2]

---

[1] 丁晓东.什么是数据权利？——从欧洲《一般数据保护条例》看数据隐私的保护[J].华东政法大学学报，2018，21（04）：39-53.

[2] 程啸.论个人信息权益[J].华东政法大学学报，2023，26（01）：6-21.

无论如何界定数据权益（信息权益）的属性，就像一些学者所指出的：个人数据上存在多重利益相关者，这些利益相关者的利益性质不尽相同，这使得个人数据的利益协同变得异常复杂。不能依赖传统的"赋权+限权"模式解决个人数据的利益协调问题，而是需要用处理多重利益的治理体系。[1]需要发展个人数据的合作治理模式，动员企业、产业组织、行业协会、学术机构等社会组织参与到规则制定和执行过程中。需要特别重视行业行为准则，以及基于市场逻辑的技术标准和企业内部治理架构等方面的功能。[2]

而一个更基础的工作是，需要让个人对自己拥有的数据权益有更完整、清晰的认识。这需要通过学校教育、媒介素养教育，以及媒体普法等多种体系展开。

（4）生物特征权：一种新的个人权利。

深度伪造使得人的生物特征相关的权利问题日益突出。个人生物特征包括基因、指纹、掌纹、虹膜、声纹，以及面部识别特征等。

早在21世纪初，就有研究者提出了"生物特征权"这一概念。其界定的生物特征为足以对自然人构成识别的，具有稳定性、差异性和采样便捷性的，单个个体上可观察到的特征。生物特征权是生

---

[1] 高富平，尹腊梅. 数据上个人信息权益：从保护到治理的范式转变[J]. 浙江社会科学，2022，305（01）：58-67+158.

[2] 赵鹏. 个人数据保护的合作治理模式研究[J]. 人民论坛·学术前沿，2023，262（06）：28-37.

物特征所有人维护自身生物特征完整,并对生物特征进行支配的权利。[1]而目前在法学界,对生物特征,更多地使用"生物识别信息"这一表述。"生物识别信息"指基于个人生物标识(视网膜或虹膜扫描、指纹、声纹、手或脸的几何扫描等)而生成的任何信息,无论其如何被取得、转换、存储或共享。[2]2020年通过的《中华人民共和国民法典》的第1034条将"生物识别信息"列为受到保护的个人信息。

法学研究者指出,虽然个人生物识别信息可以作为隐私权加以保护,但司法实践中的最大问题是侵害构成要件存在差异,两者具有不同的适用条件。[3]数据技术使得传统背景下与权利人人格密切联系的生物识别信息面临着控制、价值和主体三方面强制性分离的挑战。该分离风险源自传统私权保护体系存在的概念模糊化、规范碎片化、救济不完善等问题,难以从根本上维持信息主体对于自身生物识别信息的控制与支配。[4]

在各种生物识别信息的保护中,人脸信息的保护问题最为突出。当下人脸识别已经被普遍推行,分布在各种空间的摄像头、各

---

1 张文君.生物特征权及其立法[J].社会科学,2004(11):57-62.

2 付微明.个人生物识别信息的法律保护模式与中国选择[J].华东政法大学学报,2019,22(06):78-88.

3 崔丽.个人生物识别信息的法律属性与保护路径——以《民法典》第1034条的解释为出发点[J].学习与探索,2021,313(08):73-81.

4 曾昌.分离困境与整合路径:大数据时代下个人生物识别信息保护制度之完善[J].云南社会科学,2021,243(05):114-122+187.

种手机应用正在悄无声息地收集着人脸信息,而对此人们可能不能全部察觉。因此为了保护个人权利,就需要在法律上对于哪些组织或者个人、在哪些场合可以收集人脸等生物识别信息做出明确的规定,并明确禁止任何单位或个人随意收集个人生物识别信息。但我国目前并无专门的法律对此做出规定。[1]

美国伊利诺伊州用户在 2015 年对 Facebook 发起集体诉讼,指控其未经同意非法收集和存储数百万用户的生物特征数据,2020 年诉讼双方达成和解,但根据和解协议,Facebook 须关闭其面部识别功能,删除现有的人脸信息,并赔偿伊利诺伊州用户 6.5 亿美元。[2] 但并非所有用户都具有这样的权利意识,在法律体系不完善的情况下,要维护权利也有很多障碍。

5. 智能鸿沟:智媒应用是否会带来新落差?

互联网的发展带来了数字鸿沟的问题。在智能传播时代数字鸿沟是会缩小,还是加大,或是以新的形式出现?这一问题关系着每个人的生存。

浙江大学融媒体研究中心与浙江大学大数据 + 网络舆情研究团队于 2020 年进行了一项针对智媒素养的全国性网络问卷调查,

---

[1] 程啸.为个人生物识别信息打造法律保护盾[J].人民论坛,2020,679(24):118-120.

[2] 脸书人脸识别案续:同意赔偿 6.5 亿美金 超百万用户已申请[N].南方都市报,2020-11-26.

调查对象为 18 岁以上的网民，共获得 1558 份有效样本。调查结果显示，从年龄看，30~39 岁的受访者智媒素养最高，18~29 岁的受访者次之，40 岁以上年龄段的受访者智媒素养最低。从学历看，硕士、博士学历受访者的智媒素养更高。从收入水平看，高收入群体的智媒素养更高。从居住地看，居住在副省级城市受访者的人智媒体素养更高。[1] 这项调查表明，人们既有的社会地位与资源等，对智媒素养的影响仍是显著的。

但智媒素养及智能鸿沟的影响，不只是在信息传播方面，正如杜骏飞指出，智能时代所造就的数字鸿沟早已不只停留在单纯的信息 - 符号的转码意义上，而是极大地体现在生产、生活的维持上；智能时代所造就的数字鸿沟体现在人们将人工智能发展为必要的感知 - 交流器官。更进一步地讲，基于依赖和自适应系统的建立，社会认知和社会信念也由此产生了智能社会对信息技术穷人的深刻歧视——这一歧视不是标签或污名化，而是彻底的技术忽略和社会漠视。[2]

当人们的生活日渐媒介化时，媒介相关的素养必然影响到人们的生存，智媒时代更是如此。

有学者警示：智能鸿沟是核心智能技术引发的社会不平等和不

---

1 韦路，左蒙.中国智能媒体的使用现状及其反思[J].当代传播，2021，218（03）：73-78.

2 杜骏飞.定义"智能鸿沟"[J].当代传播，2020，214（05）：1.

公正。如果我们不能在技术发展的过程中尽早地发现其社会后果，那么一旦这项技术成为社会结构的一部分，就将难以控制，即陷入"科林格里奇困境"[1]。

除个体间的智能鸿沟外，不同组织之间的鸿沟也会变得更为显著。甚至在某种意义上，一些传统媒体也会逐渐被抛在鸿沟的另一边。而更高层面的智能鸿沟，则体现在地区、国家之间。

可以预见的是，未来的智能鸿沟会更广泛存在，并不断以新的形式出现，而如何缩小这些鸿沟，将是一个巨大的挑战。那些拥有数字资源霸权的机构或个人，应该如何善待手中的权力？如何对这些权力进行制衡？同样是一个恒久的课题。

以上这些问题并非智媒时代的全部风险，更多新的风险会随着技术的发展而不断浮现。虽然我们现在难以判断未来的问题，以及具体的应对策略。但一个基本思路是，在人机博弈中，我们始终需要将人本、人文放在首位。

智媒时代不应该是一个机器统治人的时代。相反，机器力量的释放目标应在于保证人的自由与健全发展，拓展人的能力，实现人与人、人与机器智慧的汇聚。但能否达到这一目标，取决于人对自我及机器的认知，以及对全新的人机关系的思考与把握。

---

1 钟祥铭，方兴东. 数字鸿沟演进历程与智能鸿沟的兴起——基于50年来互联网驱动人类社会信息传播机制变革与演进的视角[J]. 新闻记者，2022, 474(08)：34-46.

2.2 智媒趋势下内容生产中的人机关系

智媒趋势下，尽管人在内容生产中将始终保持主导地位，传统的一些内容生产模式也会延续下去，但未来人机协同也将成为一种常态。我们需要关注人机协同对媒体产业的影响，把握好未来内容产业中的人机关系。

本节主要介绍的是媒体的内容生产（包括内容的分发这一环节），其中内容产品主要是媒体的新闻报道和其他资讯产品。但本节所讨论的一些现象，在媒体之外的内容行业也有所体现，对一些规律具有共通性。

2.2.1 人机协同：智能化内容生产的常态机制

进入内容生产各个环节的智能机器，很多时候并非是脱离人独立存在的生产主体，而是作为人的辅助者、延伸者存在的。智能化内容生产，更多地需要探索人机协同下的新机制。

1. 人机协同的信息采集

与新闻生产相关的信息，既包括与选题策划相关的信息，新闻报道中直接采用的信息，还包括与用户反馈、用户分析相关的信息。在传统媒体时代，对这些信息的获取主要靠人的力量，而随着技术的发展，机器日益成为重要的信息采集者。人工智能技术和物联网

技术将带来信息采集的新可能,包括:

(1)基于物联网传感器的信息采集与应用。来自物联网传感器的数据,可以为新闻选题的发现、新闻关键要素的揭示、规律与趋势的判断及用户分析等提供新的源泉。

(2)语音数据的采集与文字化转化。智能语音识别技术正在快速发展并进入实用阶段。若将这一技术应用于媒体,将使媒体对于语音数据的应用能力得到大幅提升,扩大数据源。

(3)多语言数据采集与实时翻译。智能翻译技术将在另一个方向上拓展媒体的信息资源,使媒体的触角可以真正延伸到世界的各个角落。

(4)社交机器人采访。一些媒体在探索通过社交机器人将与用户的对话进行智能内容分发。而未来社交机器人还有可能带来一种新的采访方式,即通过与个体用户的交互对话完成采访,同时将采访数据汇总成为公共性调查结果。

(5)新闻现场要素的自动采集、识别与判断。具有增强现实功能的智能眼镜,可以成为新的采访设备,这不仅可以解放记者的双手,还可以通过采访对象的智能识别、信息查询等功能,为记者提供实时的支持。图像智能识别(包括人脸识别)等技术,也可用于新闻现场照片或视频的分析,为现场人物、环境特征等关键要素判断或者新闻线索发现提供依据。

虽然机器可以在很多层面拓展信息采集能力，特别是对虚拟世界的信息采集能力，但它不可能替代人的采访，人在新闻现场或人物采访中的核心地位不会被动摇。对于机器采集的信息，人也需要有自己的判断与筛选。人对新闻对象的主观观察、分析与机器对新闻对象的客观呈现，这两者结合后可以更立体地反映新闻事件或主题。

2. 人机协同的信息核查

今天的信息核查，主要是要解决几个方面的问题：假新闻等虚假信息的识别、不良信息的识别、内容中差错（如文字错误、语法错误等）的发现、内容价值（如新闻价值）的判断，以及版权核查等。

面对海量信息，要对内容进行核查，仅仅依靠人力是不够的。机器已经成为信息核查的重要辅助力量，它也可能带来信息核查的新思路与新机制，例如：

（1）来源分析。通过对信息来源的分析，可以在一定程度上判断信息可靠性或质量，机器的数据处理能力可以在这方面大大提高核查的广度与效率。版权方面的核查，很多时候也可以通过来源分析实现。

（2）模式识别。通过对特定的关键词、表达模式或声音、图像特征等的识别来判断虚假信息和不良信息。通过人工的辅助，以及机器的不断学习,未来的分析与识别的准确度会不断提升。

(3)技术鉴定。智能时代机器的造假能力也在增强,这对信息真伪的核查提出了新的挑战。但技术人员也在研究如何通过技术鉴定深度伪造的痕迹,甚至通过技术将伪造后的信息复原。对于深度伪造这一智能技术之"矛",智能技术也将是对抗它的"盾"。

(4)交叉验证。对与同一对象相关的不同来源的信息进行交叉核实,是信息核查的一种重要方式。机器在这方面也具有优势。

(5)演变跟踪。对一条信息从产生到传播,再到变异的过程进行跟踪分析。这是机器核查的特长之一。在演变跟踪方面,区块链技术是一种有效的技术。采用这一技术,让我们更容易对假新闻的来源进行追溯。这也会对假新闻的制造者形成约束。

虽然机器可以对海量信息进行快速判断与筛选,但最终的把关者仍是人,对信息的真伪判断、价值判断、风险判断等,很多时候仍要依赖人来完成。这些判断需要建立在拥有良好的专业能力的基础之上。此外,机器也需要向人学习,以此建立核查算法。

3. 人机协同的作品创作

最终媒体要提供给用户的是完整的作品,而在作品生产方面,机器的介入将成为常态。

面对机器完成的新闻创作，媒体人必然会有很多不安与担忧，其核心的关切是，未来新闻创作还需要媒体人吗？人类的新闻创作与机器创作相比到底有何优势？

或许我们首先会举起"个性""风格"等作为自己的盾牌。在当下，这的确还是机器的劣势。但在这方面，基于对人的写作模式的分析和学习，机器也在不断提高自己的创意性及表达水平，有可能逐渐形成一定的个性化写作风格。在视频作品的自动创作中，也会如此。

在 AIGC 中，机器已经可以模仿人类的风格了。虽然当下这些模仿还显得机械甚至不得要领，但未来的机器未必不会在这方面产生质的飞跃。与此同时，我们也要问问自己：今天有多少新闻创作者真的有自己的风格？人类的一些陈旧风格真的比机器的程式更有趣、更有价值吗？机器的创作会打破人类风格的窠臼从而开辟新的创作领域吗？虽然机器要在创作风格上赶上人类中的优秀创作者或许还要很长时间，但至少我们应预见这种可能。

同样，如果我们试图以"情感"作为人类创作的防守阵地，那么就会发现这块阵地已经不像我们想象得那么坚固了。例如，机器已经开始模仿人的情感了，哪怕这种模仿还有些机械。

这样的疑问与困惑同样也会在新闻之外的其他内容生产领域出现。

从长远来看，机器独立完成的作品的水平将不断提高，甚至形成自己的风格、个性。但在选题创意、作品结构、语言表达、视听语言运用方面，人的创造力仍是机器不可替代的。

而我们更期待的是，未来在一些质量要求更高的新闻生产中，出现更多基于人机协同的作品。人仍然要作为新闻生产的主体，坚持人的观察、分析、判断力与表达个性，突破机器创作的套路，提高作品的深度与审美价值。在人的主导下，机器作为人的助手，可以通过数据分析为人提供选题依据或方向启发，并且可以为人进行部分素材的采集、筛选和粗加工。机器对多维信息的采集，对事物关系、知识图谱等的分析，有助于更完整地呈现新闻事实，解读其深层含义，解释其来龙去脉，预测事物的发展趋势与走向，提炼事物规律。如果运用得当，那么机器的辅助会提高调查性报道、解释性报道等作品的"技术含量"及深度与精度。

在作品完成并进入分发后，机器的数据分析还可以帮助人更好地分析内容的传播过程与效果，对作品及其传播路径进行优化。

机器的高效生产、深度挖掘能力，有助于解放人，使人在某些类型的作品生产中投入更多精力。人和机器独立或协作生产的作品，将以不同的风格满足用户的不同需求。基于人的视角、人的观察、人的观点、人的情感由人主导完成的文字或多媒体作品，仍将是主流。面对各种机器生产的程式化内容产品，人的作品需要更能展现人性与人文的光泽。

4. 人机协同的内容分发

内容分发机制不仅要为内容生产者解决内容的推送问题，还要为用户解决海量内容的过滤与选择问题。算法分发正是因此应运而生，并受到部分用户的认可的。

目前的算法主要依据的是用户个性需求分析，一些算法开始将用户所处的社会关系纳入算法模型。而在可穿戴设备等技术的支持下，场景分析在未来算法分发中的作用将得到提升。

今天的算法分发未必达到了理想状态。对于用户个性需求的狭隘和静态的理解，会使得算法推送的内容越来越狭窄、封闭，一些算法过于强调个性分发而忽略了社会整合，会使得个体及不同人群间的关注与对话减少，在某种意义上用户可能会被算法"囚禁"。平台的算法分发也对平台整体内容流量分布进行影响，而流量导向会反过来影响到内容生产者的取向。未来的算法分发还需要进化，而进化的原则与方向也需要体现来自传媒业的专业原则与价值判断。

前文指出，如 ChatGPT 等技术的发展会使得智能管家式的内容分发出现，带来更广的信息覆盖、更综合的信息加工，以及多种场景、多种渠道的智能推荐。

对于使用者来说，智能化的内容分发模式决定了他们认识世界的广度，那么目前某些算法分发可能强化的信息茧房问题，是否会在智能管家这一模式下得到解决？答案也许并不明确。

ChatGPT 类应用是以广泛的信息源为学习对象的，因此其提供的信息或答案会超越人们日常的信息获取渠道，特别是社交渠道。这有助于打破人们现有的社会圈子、社会位置的限制来获取信息、知识，也可以使不同圈层的人获得的信息差有所减少。当然，其前提是，人们能平等地接触与使用这些智能应用。

但未来的智能管家是否会越来越了解一个人的习惯、性格，所提供的信息会不会不断迎合用户的偏好呢？从理论上是完全可能的。究竟是否要向这一方向发展，则取决于开发者与应用者的意愿。像今天的算法分发一样，机器是强化还是破解信息茧房，最终还是取决于人如何利用机器。

未来另一种可能的机器分发机制是，传感器等机器在自动采集到一些重要信息后，可以通过自主的渠道面对特定对象进行信息发布。例如，在地震发生区的一些传感器在监测到地震波后，可以向周边地区的居民自动推送地震预警信息。在未来，除监测地震波的传感器外，监测空气和环境质量、车流状况、人群密度，甚至人群健康状况的传感器都有可能通过自己的媒介渠道自主发布信息。当然，虽然技术上具有可行性，但政策上对这些信息发布方式是否会做出约束，还有待观察。

再有即使相关技术日益成熟，未来用户获取的内容也不可能完全来自算法或机器，社交平台上的人际关系网络仍会是一种重要的分发渠道。但人际关系网络作为分发渠道也有着自身的局限。当人作为内容传播的一种媒介时，人的感性因素在其中必然会扮演重要角色，情绪、态度与立场等会作用于人们对内容的选择与传播。这也是后真相问题在社交媒体时代变得显性的重要原因。社交分发有可能加重"信息茧房"或"回音室效应"（某类信息或观点在小圈子内被强化），使个体或群体局限在自己的视野与圈层中。

为了帮助人们更充分地获得专业化的内容，更完整地了解社会环境，更好地实现社会的整合，超越机器分发和关系分发的大众传播仍是必要的。而在其中扮演主要角色的仍是专业媒体，他们以专业眼光进行的信息筛选与推送是不可替代的。在机器分发和社交分发不断普及的情况下，专业判断与专业分发显得弥足珍贵。当然，在机器分发和社交分发的冲击下，如何重建和维系专业分发的渠道，对专业媒体来说是一个挑战。

未来的内容分发将是机器分发、社交分发、专业分发几者的结合，是人的价值判断与机器价值判断的结合，是满足个性化与公共传播、社会整合的兼顾与平衡。

5. 人机协同下内容生产的深化方向

人机协同下内容生产的深化方向是——"知识生成"与"按

需生产"。类似 ChatGPT 这样的工具,不仅可能逐渐淘汰只会搬运、堆砌信息的媒体或自媒体,而且会为媒体的信息加工、整合设置更高的目标,同时也会带来新的信息产品开发,如有学者指出,ChatGPT 类大模型在信息推理、数据整编、报告撰写、知识库构建等方面的能力进一步推动衍生信息资源的建设[1]。我们还可以期待,未来的智能技术将在整合信息的基础上带来知识的生成。这将是在信息超载时代人的重要需求。

哲学家波兰尼认为:人类的知识有两种。通常被表述为知识的,即以书面文字、图表和数学公式加以表述的知识,是明确知识。而未被表述的知识,像我们在做某事的行动中所拥有的知识,是默会知识[2]。也有人将知识分为两大类:一类为"编码化知识",较易于编码化(归类)和度量,人们可以通过理论学习获得;另一类为"隐含经验类知识",较难于编码化(归类)和度量,人们可以在实践中学习获得。这与波兰尼的分类异曲同工。有研究者指出,虽然以往人们认为机器拥有的只是"编码化知识",但随着人工智能技术的发展,现在机器在某种程度上已经拥有了"隐含经验类知识"[3]。尽管究竟在多大程度上机器可以进行默会知识或隐含经验类知识的生产,还有待进一步观察,但机器在明确知识或编码化知识生产方

---

1 陆伟,刘家伟,马永强等.ChatGPT 为代表的大模型对信息资源管理的影响 [J]. 图书情报知识,2023,40(02):6-9+70.

2 郁振华.波兰尼的默会认识论 [J]. 自然辩证法研究,2001(08):5-10.

3 程广云.从人机关系到跨人际主体间关系——人工智能的定义和策略 [J]. 自然辩证法通讯,2019(1):9-14.

面，无疑已经显示出了它的能力。

另有学者认为，人类知识大致可分为一阶知识、二阶知识、三阶知识三种不同形态。"一阶知识"是作为知识生产主体的人，通过对"物的世界""事的世界""意识的世界"的直接感知，并凭借"知觉、记忆、证词、内省、推理和理性洞察"等思维活动而形成的知识；"二阶知识"是在一阶知识基础之上，运用联想、推理等方法和手段，同时凭借自身的主观努力，对一阶知识进行重新加工、重新改造后形成的知识；而"三阶知识"则是基于一阶知识与二阶知识基础之上的新的知识形态，如 ChatGPT 生产的知识。[1]

无论如何定义知识的类型，机器都只是完成部分类型的知识生产。而无论是现在的 ChatGPT 还是未来的其他应用，要推动知识的生产，都仍然需要人的参与。这体现在机器学习素材的提供，以及知识生成的目标与具体任务设置方面。

ChatGPT 等应用带来的内容生产的另一个变化是，"按需式"或"点播式"的内容生产。虽然当下的内容分发已经全面走向个性化，但这仍然是在已有的内容中挑选适合不同用户的内容进行的推荐。如果人们需要的某些内容没有生产出来，则需求就无法满足。而 ChatGPT 等可以由用户提出需求后再进行的内容生产，则是完全由用户的个性化需求驱动的。

---

[1] 姜华.从辛弃疾到 GPT：人工智能对人类知识生产格局的重塑及其效应 [J]. 南京社会科学，2023，426（04）：135-145.

20世纪90年代，出版界开始探讨"按需出版"的可能性。在理论上，这是完全可以做到的。但成本等因素限制了这一理念的推进，实践中出现的、有限的按需出版主要体现为按需印刷。今天，当人工智能和相关技术极大地降低了某些内容生产的成本时，按需生产变得更为可行，在以信息整合、信息挖掘为主的内容生产领域，尤其如此。

按需生产在未来的发展会使得个性化内容对公共性内容的挤压进一步加大。公共性内容由谁生产，以及如何触及更广的用户，将会成为新的问题。

2.2.2 各守一端：内容生产中机器与人的不同能力偏向

人工智能技术的目标是了解人类智能的本质，以模拟、延伸和扩展人的智能。同样的，智媒时代将机器引入内容产业，也是为了弥补人在某些方面的不足。了解人与机器的各自特长与偏向，才能更好地实现两者的互补。

1. 机器的客观呈现与人的主观观察等

以往在新闻生产中，对于新闻现场的采访，主要取决于人的观察。即使是电视直播这样的"实录"，也是基于记者对现场的观察与判断进行的特定视角的记录。通过在现场的观察，人可以判断出哪些对象具有新闻价值，并在此基础上做出进一步的采访。人的主观观察、探索、分析与描述能力直接影响到新闻报道的质量与深度。

而机器对于新闻现场的反映，则是通过各种客观方式，特别是数据来呈现的。例如，对于一个大型的活动报道来说，基于位置传感器数据形成的热力图可以反映现场的人群密集度；来自与环境相关的传感器的数据可以反映现场的空气质量；来自人的可穿戴设备的数据可以反映人们的兴奋程度等。这些新维度的数据，可以超越记者的个体视角和个人的感官局限，提供新的观察线索，丰富人们对于新闻现场的认识，并在某些层面反映现场的整体状况。某些时候，客观的数据可以证实或证伪人的主观判断，为报道提供更准确的依据。

但是，这些数据不能替代记者在现场的采访、分析判断及主观视角的描述。记者对于局部、个体、细节的捕捉与呈现，能带来真正的"活"的新闻现场。记者与当事人之间的面对面交流不仅可以发掘出数据之外的一些事实，还可能会触碰或激发出数据所不能反映的人的深层情感。如果那些本来鲜活的、需要人的感官去观察、还原的新闻现场变成了干巴巴的数据堆积，那么新闻的色彩与温度也会丧失大半。

同时，人对事物的主观判断与情绪、情感、反应，也是客观世界的一部分，抽离了人的感性认识与主观评价的世界是不完整的。在同一个现场，不同记者可能会有完全不同的观察与呈现，他们的报道会引起不同人群的兴趣，唤起不同人群的共鸣。虽然在事实性报道时需要尽可能客观，但是这并不意味着不需要主观判断与选择。在特稿等新闻作品中正是主观性的观察与描述，构成了作品最重要的韵味。

很多时候，将机器的客观呈现与人的观察、描述结合起来，可以使报道更为丰富、多元，满足受众的不同需求。

2. 机器的精准指导与人的经验、直觉判断

以往的媒体，从内容的选题策划到采访实施、呈现、传播，主要依赖的是人的经验。而机器、算法进入内容产业后，带来了基于数据的精准思维，数据也越来越多地成为媒体的行动"指南"。

精准的数据分析与算法有可能在某些方面突破人的经验性认识的局限。某些时候，数据的精准性可以纠正人的经验判断的偏差，数据分析也有助于将个别性经验沉淀为一般性规律。

但我们也要警惕，人可能会因此被数据与算法捆绑，跟在机器背后亦步亦趋。如果内容生产的每一个环节只是一种机器计算出来的行为，那么没有了人的悟性，没有了灵机一动与脑洞大开，没有了人文情怀的指引，内容生产的路会越走越窄。此外，如果人对数据本身的精准性不能做出判断，而只是被数字所迷惑，那么表面精准的数据可能会带来更大的偏差与误导。

精准的算法的形成需要依靠人的经验。与内容相关的算法，大都是对人的内容生产、传播经验与价值判断学习的结果。

未来的内容生产仍需要在直觉与程式化、经验与精准之间寻找平衡。擅长数据与算法的技术人员，与具有专业经验、专业判断力的内容生产者的协作将会成为常态。

3. 机器的信息加工与人的观点提炼

如前文所述，在信息处理能力方面，无论是信息采集的维度与广度，还是信息加工的速度与效率，或是信息延展的能力，机器无疑具有显著优势。

一方面，在智媒趋势下，内容生产者需要充分利用和进一步挖掘机器在信息生产方面的能力，补充人本身的不足。另一方面，当人无法在信息处理方面与机器相竞争时，就更需要在观点表达方面来体现自己的优势。从用户方面来看，在信息严重超载的时代，他们需要的未必是更多的信息，而是对这些信息的含义的阐释与解读，即意味着对观点的需求。

虽然机器可以对一些规律进行提炼，但规律不等于观点。观点包含了态度与立场，某些时候甚至包含了情感。它是在特定的社会与人文环境之下，针对不同的交流对象形成的。而能提出有针对性观点的主体，最终还是人。

当然，人的观点提炼不能完全脱离信息背景，基于机器提供的更丰富、深入的信息背景，人的观点会有更坚实的依据。

4. 机器的知识生产与人的意义创造

随着深度学习技术的发展，机器在知识生产方面的能力会越来越强，甚至在某些类型的知识生产方面会比人的能力更强。这为媒体的资讯内容升级为知识产品提供了基础。

智能技术带来了知识内容生产的新思维。

文化研究学者哈特利将博物馆等称为永恒不变的"本质性资料库"，具有确定性，由专家系统采集和策展；而将互联网称为一种"或然率资料库"，其知识生产由媒体、机构、用户、平台等共同创造，知识的上传和储存充满了不确定性。"或然率资料库"是经常变化的。周葆华指出，"或然率资料库"强调其所流通、交易和使用的并不是特别确定的知识产品，而是用户发现的某种概率（probability）。在从"本质性资料库"到以互联网为代表的"或然率资料库"的历史演进中，ChatGPT 正成为最新一环。[1]

还有研究者认为，从知识表示与推理视角来看，人工智能参与的知识生产是一种基于知识库和规则事实逻辑的"集体知识系统"，

---

[1] 周葆华.或然率资料库：作为知识新媒介的生成智能 ChatGPT[J].现代出版，2023，144（02）：21-32.

是包含搜集、处理、生成、匹配、推荐为一体的某种"实在的对象"的生产系统，其生产出的知识是一种"计算知识"[1]。

无论研究者从什么角度界定人工智能参与的知识生产，其都在强调其生产思维的变化。

即使智能机器参与知识生产正成为不可避免的事实，但也有研究者认为，与人类知识生产过程中"意向性"活动最终会指向一定对象不同，GPT等智能技术的知识生产是"非意向性"的[2]，也就是它自己并不能理解所生产出来的知识的意义，以及指向的对象。另外，研究者指出机器学习的范围比人类学习建立的范围要小得多，而且可解释性更差，容易出现理解盲点。人类的学习不但能建立起一种范围不确定的隐性知识，还能建立起一种范围不确定的隐性秩序、规则，因此人所起的作用是"意义创造"[3]。

意义创造意味着基于人的视角及人的目标来应用知识，将知识转化为生产力、创造力。人的意义创造是基于对人自身及其社会环境的思考，以及对人的需要的回应。因此，人的意义创造，始终是机器无法达到的。

---

1 方师师，郑亚楠.计算知识：人工智能参与知识生产的逻辑与反思[J].新闻与写作，2018（12）：40-47.

2 姜华.从辛弃疾到GPT：人工智能对人类知识生产格局的重塑及其效应[J].南京社会科学，2023，426（04）：135-145.

3 刘伟.智能传播时代的人机融合思考[J].人民论坛·学术前沿，2018（24）：16-24.

在知识爆炸的时代，对于知识中的意义的发现与创造，比知识生产更为重要。未来的媒体人不仅要发现、提炼更多的知识，还要有更多的意义创造，将那些具有普适性的意义推广、积淀为社会的文化。这也是媒体的"文化传承"功能的另一种体现。

5. 机器的"计算性"创作与人的内驱性表达

媒体的内容生产需要创作能力，从这方面看，机器的能力在增强，一些机器甚至已涉足艺术性创造，包括诗歌和小说创作、绘画、音乐创作等，在某些方面它们可能给人带来审美的愉悦。因此，有研究者提出了"人工智能美学"这一概念，希望在此方向下研究人工智能技术发展过程中所出现的与美学有关的一些问题，包括人工智能对人类感性（包括情感）和艺术的模拟、人工智能艺术的风格与鉴赏、人工智能视野下人类情感和艺术本质问题的探索等。[1]

虽然从作品角度来看，人工智能创作的作品有些具有审美功效，甚至有超出人类经验的创意。但从创作原理来看，机器只是用数据分析、算法模仿人的创作模式，形成自己的一些表达套路。它们的创作行为是在人的指令下完成的一系列计算行为。

而在人类的发展历史中，艺术活动之所以出现，是源于人的表达需要即内驱性表达。艺术创作是以人的经历、情感、思想、审美、创造需求作为基本驱动力的。作品是思想与情感的载体，即使创作

---

1 陶锋. 人工智能美学如何可能 [J]. 文艺争鸣，2018（5）：78-85.

者的编码与接收者的解码有所差异，它也能传递或触发人的情感。

尽管人一直在总结创作的规律，但在很多时候人的创作仍是来源于人的灵感（顿悟）的。人的灵感是机器难以计算与复制的。在面对机器创作的冲击时，保持与进一步激发人的灵感，变得更为重要。

机器创作的作品是否具有艺术价值，这一问题会一直存在争议。但有一点是确定的，机器参与的艺术性创作，不会替代人的艺术表达。当然，它们可能会对人产生启发，有助于促进艺术表达的丰富性，也可能促使人去寻求新的表达形式。就像阿尔法狗的出现促使人类围棋选手对围棋的领悟进入新的境界一样，机器的创作也会为人带来对艺术与审美的新的领悟。最终的结果是，激发人的创意需求与创作动力。

6. 人机的程式化互动及人与人的共情性交流

近年，智能主播或主持人这样的新的"机器"开始进入我们的视野。智能主播模仿真人的形象与声音，同时拥有机器的精准。智能主播的出现意味着"机器"开始以人的形象走到了与用户交流的台前。

可以预见的是，在未来的内容传播中智能主播或社交机器人与人的互动会变得越来越普遍，它们甚至可能以拟人化的实体方式（如实体化机器人）出现在人们的生活中。

未来通过数据技术对人的情感进行计算与模拟，可能会变得越来越普遍，越来越多的机器将拥有"情感智能"，也就是识别和表达情感的能力[1]。这使得它们在与人的互动中，越来越多地显现出人情味儿。

但是，无论是智能主播还是社交机器人，即使它们可以识别人的情感或向人表达感情，但它们处理的情感也都是被"计算"出来的。缺乏人的经历支持的情感，只是一些数字化符号。它们与人的互动更多是基于机器的套路与程式。虽然这样的人机互动可以在一定程度上帮助人减少孤独，获得安慰，但本质上这是一种机器对人的"侍奉"，而不是对等的情感分享。

而人与人的交流多是基于双方的经历、需要和特定情境展开的共情性的交流，虽然有时这样的交流可能比人机互动要支付更大的成本，但这才是人际交流的特质。媒体主持人与受众之间的互动，虽然不完全等同于人际交流，但主持人与受众之间要能形成共鸣，就要有足够的"感同身受"。好的主持人有自己的表达风格与个性，这种风格与个性是交流中的一种个人化符号，而这背后是丰富的经历、充分的洞察力、感悟力与共情力。这也是机器难以企及的。此外，在面对复杂多变的互动场景，需要随机应变方面，机器仍不能

---

1 特克尔.群体性孤独[M].周逵，译.杭州：浙江人民出版社，2014：151.

与人匹敌，机器主播依然难以胜任当下人类主持人的全部职责。

综上所述，在内容生产各个流程中，人与机器都有自己的优势，同时有一些固有局限。如有学者指出，对人而言，机器就是延伸自我的一种工具，以及认知自我的一种手段。通过机器的优点来了解自己的缺点，通过机器的缺点来明了自己的优点，然后进行相应的补偿或加强。智能传播可以促进人的变化而不是僵化，即加快人的反身性和自否定。[1] 人机协同的过程是人与机器相互学习、相互增强的过程，其理想的结果是人与机器的共同进化。但机器的进化，不应该以对人的核心价值与能力的削弱为代价。

2.2.3 谁主沉浮：人机关系中的"主"与"从"

在人机关系中，谁是"主"，谁是"从"？看上去这个问题的答案似乎显而易见。从理论上说，人类必然不会放弃自己的主体性和主导地位。但是在实践中，面对各种新的关系，人类的"主"如何实现，却受到越来越多的挑战。

1. 人的价值判断与机器的价值判断孰主孰从？

无论是智能生产，还是智能分发，都涉及人的价值判断与机器的价值判断两者的关系问题。两者谁是主导者？有哲学研究者认为：

---

1 刘伟. 智能传播时代的人机融合思考[J]. 人民论坛·学术前沿，2018（24）：16-24.

人类最好把价值判断留给自己,这是为了保持一种人类对机器的独立性乃至支配性。[1]该观点基本代表了学界与业界的共识。

对于新闻内容生产而言,虽然机器带来的数据可以给人带来一些参考,但面向什么样的对象,生产什么样的内容,以什么样的形式呈现内容,最终还应取决于人对内容的新闻价值、市场价值的判断。在自动内容生产中,机器的算法与创作模式需要体现媒体的专业价值观。

人的价值判断与机器价值判断的博弈背后,隐藏着不同人群的价值判断的博弈。

算法开发者与专业内容生产者的价值判断之间存在博弈。在算法分发中,机器会根据数据与算法原则对内容做出价值判断,但机器的价值判断大多来源于人的价值判断。因为算法的设计包括对机器的参数选择与权重设置,这些都包含着人的价值判断。虽然在深度学习领域,算法可能会产生黑箱,但在算法分发中出现黑箱的概率并不大,很多时候算法产生的问题仍是人为的,也可以说是人的价值观导致的。在今天的智能化内容生产与分发技术开发中,主导算法的价值判断的主要是技术人员。虽然他们大多也带着良好的愿望,但是由于缺乏新闻生产及其传播的专业经验,因此其设计的算法可能会出现一些问题。这意味着媒体人需要更多地参与到相应的

---

1 何怀宏.人物、人际与人机关系——从伦理角度看人工智能[J].探索与争鸣,2018(7):27-34+142.

算法设计中，以纠正算法的一些偏差。

内容生产者与用户的价值判断也会产生博弈。虽然一些用户在某些时候会被算法钳制，但整体看用户也并非是完全被动的。他们对于内容的选择会有自己的价值判断与考量。用户整体的价值判断会以流量数据的方式作为传播效果、影响力的一个指标，进入内容生产或算法分发中。在算法的设计中是主要依据用户端的评价，还是加入专业生产者的价值评判，这两者的平衡甚至纠偏是我们在算法演进中需要把握的。

此外，平台运营者、投资者、管理者等的意志与价值观，会以某些方式渗透进算法中，或对算法形成影响。价值观的博弈，也是话语权的博弈。得到机器力量的加持会在博弈中拥有更多优势，但这时更需要防止机器力量的滥用。以人为本，审慎应用技术，应是包括内容行业在内的人工智能应用需要坚持的一种基本价值观。

2. 人文精神与机器效率如何平衡？

虽然机器进入内容生产流程中会在某些方面大大提高内容生产的产能与效率，但是这种产能与效率是媒体最核心的目标吗？我们是否应该把机器效率推到极致？

技术哲学家刘易斯·芒福德（Lewis Mumford）指出："效率不再是由机器体系的某一部分的绝对速度来体现的；重要的是为了

达到维护和发展人类生活的最终目标，重要的是整个机器体系各个部分的相对速度是否合适。"[1] 他还认为，"在技术的领域里寻求由技术所引起的所有问题的答案，这将是一个十足的错误。"克服"巨机器"（大工业的、专制的、巨大的、复杂的、一元的、权力指向的技术）等所带来的问题的主要路线还是回归人性，回归生活世界和生活技术（简单的、家庭作业的、民主的、多元的、生活化的、综合的技术）。[2]

同样，对于内容产业来说，在机器提供了高效率的前提下，我们更需要从人类生活、人性的目标来衡量机器效率的意义。如果机器的海量内容生产能力，不能使人们获得更多的有效信息、高质量内容，不能使人们对社会环境的了解更深入，也不能促进社会的整合和个体的自由均衡发展，而只是带来更多的碎片化内容，加重人们的信息焦虑，或者使人陷入更多的情绪化的传播中，那么机器的效率反而会成为一种压迫与禁锢。

与此同时，机器的效率建立在广泛的数据基础之上。而其中一些数据，与个体的隐私相关。从机器的效率出发，需要收集与利用更多的个人隐私数据。而从人文关怀的角度，我们需要更好地保护个人的隐私。对未来的网络内容生产者与服务商来说，这同样是一个必须平衡的关系。

---

1 孙会. 评芒福德人文主义技术观 [J]. 科学经济社会，2019（1）：6-11.

2 吴国盛. 芒福德的技术哲学 [J]. 北京大学学报（哲学社会科学版），2007（11）：30-35.

如果技术的应用方向发生了根本偏差，那么技术效率越高，它带来的风险和危害就会越大。要把握技术的发展方向，就要时时将技术置于人文精神的坐标上进行审视与反思，要始终保持"对人类生存的意义和价值的关怀"[1]。

智媒时代，媒体在拥抱新技术的同时，需要做坚定的人文守望者。除在智能化内容生产中时刻参照人文精神的目标进行反思与约束外，推动机器时代人文精神的复兴，则是媒体的另一种守望。

3. 未来机器是否应该具有主体性地位？

当我们展望未来时，一个更本质的问题浮现出来，那就是——作为人类协同者的智能机器，能否具备像人一样的主体性地位？在伦理、法律、哲学等领域，这一问题已经被广泛讨论。

人工智能带来了各种伦理困惑与挑战，在机器人、自动驾驶这些人工智能的早期应用领域，挑战已经显现出来。未来在其他领域，伦理方面的问题与风险也会不断涌现。

美国科学家、科普小说家艾萨克·阿西莫夫（Isaac Asimov）提出了"机器人三定律"：机器人必须保护人类，不得伤害人类；机器人必须执行人的指令，但不得违背第一条；机器人必须保护自

---

1 陈勇.科学精神与人文精神关系探析 [J]. 自然辩证法研究，1997（1）：22-27.

己,但不得违背前两条。他还进一步用逻辑思维设想了很多情境,考验在实践中三条定律之间是否可能发生冲突,或在某种情况下发生冲突。如果冲突,情况会是怎样的。[1]但也有学者认为,这样一种为人工智能设置爱护人类的道德程序的人文主义的想象恐怕没有任何用处。[2]即使有这样的悲观看法,对机器人及人工智能的伦理问题的讨论仍是必要的。

有研究者指出,人工智能应该包括有伦理影响的智能体、隐含的伦理智能体、明确的伦理智能体、完全的伦理智能体。人工智能在与人的交互中会呈现出某种拟主体性。[3]但也有学者认为,人工智能和机器人无法处理开放性情境中的实践伦理问题。至少在今天,人工智能还无法成为与人类对等的伦理主体。[4]

即使机器具有"拟主体性",人始终是伦理方面的主导者。今天的机器伦理学领域存在着"自上而下"与"自下而上"两种构建方式。"自上而下"是运用某些道德原则或理论作为选择哪些行为合乎道德的判断准则;"自下而上"则是提供可以选择和奖励正确行为的环境,让机器像小孩子一样日积月累地从现实经验中学习、

---

1 李德顺.人工智能对"人"的警示——从"机器人第四定律"谈起[J].东南学术,2015(8).

2 赵汀阳.人工智能"革命"的"近忧"和"远虑"——一种伦理学和存在论的分析[J].哲学动态,2018(4).

3 段伟文.控制的危机与人工智能的未来情境[J].探索与争鸣,2017(10):7-10.

4 蓝江.人工智能与伦理挑战[J].社会科学战线,2018(1):41-46+281.

培养道德意识与判断能力。[1] 但无论是自上而下还是自下而上，机器学习与接受的都是人的伦理观与价值观。人仍是伦理原则的制定者，机器伦理的目标也是让机器更多地为人类的福祉服务。当然，人也有可能从对机器道德设计的过程中进一步完善人类伦理体系。[2]

智能化内容生产或许不会碰到机器杀人或自动驾驶中的两难选择等伦理问题，但是它也有很多隐藏的道德与伦理选择。特别是在算法中，厘清机器的伦理角色、权利和责任同样是必要的。

除伦理领域外，法学领域关于人工智能的思考，还涉及机器的主体性地位问题。一个典型的讨论是，人工智能创作的作品是否享有著作权。从现有的著作权法规定来看，人工智能不是自然人，也不具有法律拟制的法人或其他组织的主体资格，因此人工智能作品没有著作权。[3] 但也有研究者认为，人工智能生成内容在著作权法上可视为是代表设计者或训练者意志的创作行为。[4] 谁利用人工智能创作出了作品（生成物），谁就是该作品的作者，就享有该作品的著作权。[5] 目前的讨论多是将人工智能作为其设计者的一种代表，

---

[1] 莫宏伟. 强人工智能与弱人工智能的伦理问题思考 [J]. 科学与社会，2018（1）：14-24.

[2] 王东浩. 人工智能体引发的道德冲突和困境初探 [J]. 伦理学研究，2014（2）：68-73.

[3] 许春明，袁玉玲. 论人工智能的法律主体性——以人工智能生成物的著作权保护为视角 [J]. 科技与法律，2019（2）：1-6+18.

[4] 熊琦. 人工智能生成内容的著作权认定 [J]. 知识产权，2017（3）：3-8.

[5] 李杨. 应从哲学高度探讨人工智能生成物著作权问题 [J].2019（1）：1.

人工智能本身是否能被认定为一种创作主体，是需要在未来进一步明晰的问题。类似的，有关人工智能的各种权利、责任的讨论，都会涉及其是否具备法律主体资格的问题。

有学者认为，未来的强人工智能需要获得法律上的主体性地位，而赋予人工智能主体性地位，不等于承认人是客体。人工智能这一法律主体资格的确立仍然将以实现人类社会发展为导向。[1] 还有学者认为，算法模拟了人作为法律主体的物理性基础，算法复制了法律主体"拟制"的过程。这些都会带来人的主体性危机，而沿着"以人为目的"的目标，重建善的标准，是法律保证人的自主性，以及进行人工智能治理的基础。[2] 无论未来机器是否会具备一定的主体性地位，"基于人的尊严性，人只能作为主体而存在，任何时候都不能成为客体与工具，这是现代法治必须坚守的基本价值立场。"[3]

从哲学角度看，有研究者指出，人类的主体性主要体现为意识和思维的整体性，而人工智能无法达到。此外，与人类主体的社

---

[1] 徐昭曦. 反思与证立：强人工智能法律主体性审视 [J]. 中共中央党校（国家行政学院）学报，2019（3）：80-88.

[2] 陈姿含. 人工智能算法中的法律主体性危机 [J]. 法律科学（西北政法大学学报），2019（4）：1-8.

[3] 韩大元. 维护人的尊严是文明社会的基本共识 [J]. 探索与争鸣，2018（12）：4-6.

和文化属性不同，人工智能的本质属性是自然性和机械性。[1]但也有研究者认为，机器不但能产生比拟于人的智能，而且能够产生类似于人类的意识。意识可以由硬件的运作和功能产生。人工智能也是一种类主体的"生命"。[2]还有学者认为，"强人工智能"或许应该定义为真正有自主意识，并且可确证其主体资格的"智能"。它们具有自主意识，具有与人类对等的人格结构。今日人类成员所拥有的权利地位、道德地位、社会尊严等，他们也应该平等地拥有。[3]虽然目前我们还无法判断这样的强人工智能是否会到来，机器是否真的会在某一天产生类似于人类的意识。但是，对于可能具备类主体性与类人类意识的人工智能的关注与前瞻性思考并非多余。

随着人工智能技术的不断发展，即使不完全具备与人一样的主体性，机器也会拥有一些伦理、法律上的"拟主体性"。如何明确机器的权利与责任，这是我们必须面对的新挑战。在这样的时代，如何保持人的主体性，保持人的尊严、自由，坚持"以人为目的"是一个更大的挑战。对于智媒时代的内容产业来说，来自伦理、法学、哲学领域的思考也值得借鉴。

以上这些关于智能内容生产中的人机关系的问题，在智能时代

---

1 张劲松.人是机器的尺度——论人工智能与人类主体性[J].自然辩证法研究，2017（1）：49-54.

2 张昌盛.人工理性批判：对德雷福斯的人工智能哲学的现象学反思[J].重庆理工大学学报（社会科学），2018（12）：9-12.

3 翟振明，彭晓芸."强人工智能"将如何改变世界——人工智能的技术飞跃与应用伦理前瞻[J].人民论坛·学术前沿，2016（4上），22-33.

的其他领域也会得到体现。

在这样一个时代,人是将获得更多的自由与主动权,还是会被机器奴役,这取决于人在技术应用中的理性。哲学学者邓晓芒指出:"人的理性,即人的自我反思,人的自我意识,也即对人的盲目意志(欲望)的抑制,也是人获得真理和真正的自由的必经之路。"[1] 技术可能会激发更多的来自人或机器的"盲目意志",足够的反省能力才有可能让我们意识到其中的风险,并对其进行适时的抑制。

2.3 智能传播时代的新内容革命

前文重点分析了传媒业的智媒趋势,目前它的实践主要体现在新闻内容生产方面。但智能技术对内容生产的影响也会体现在知识生产、文学艺术内容生产等其他领域。尽管在不同领域内容生产中智能技术的作用方式及效果会有所差异,但在很多方面也有共性。新闻生产已有的智能化实践的经验与教训,它所揭示的一些普遍规律,可以为知识生产、文学艺术内容生产所借鉴。

总体来看,在各种内容行业,智能化技术都在更广的意义上促成了内容的生产、分发、消费等的全面升级。智能时代重新定义了三者的关系。生产、分发与消费三者之间的界限日益模糊,三者相

---

[1] 邓晓芒. 西方启蒙思想的本质 [J]. 广东社会科学,2003(4):36-45.

互渗透、相互驱动。而集成了生产、分发与消费的平台，也在逐步构建全新的内容生态。

2.3.1 内容生产 2.0：一场智能化驱动的底层革命

内容生产在今天必然升级，是因为技术已经逐渐打开智能化内容生产"三重门"：数据分析技术打开了内容的精确生产之门；人工智能打开了内容的自动生产之门；而物联网技术正在开启"万物皆媒"的世界。在这些新世界被打开后，内容生产模式甚至底层支持力量都在发生深刻变革。

1. 内容生产阶段全流程的智能化变革

过去印刷业、广播电视业等行业的技术发展，虽然带来了内容生产的新形式和新效率，但并没有改变过底层逻辑，技术只是作为工具为人的经验服务。而在内容生产 2.0 时代，智能化技术将成为内容生产的一种新的底层支持。一方面它模拟或复制人的经验，另一方面，它也在开拓超出人的经验的新方向。这会带来内容生产思维的变革，在较大程度上改变生产手段、生产模式与生产系统，在内容生产全流程引发相应的变革，如图 2-4 所示。

（1）选题策划 2.0：让人站在数据"肩膀"上

无论是新闻报道，还是知识产品、文学艺术产品的生产，都需要进行选题的谋划。

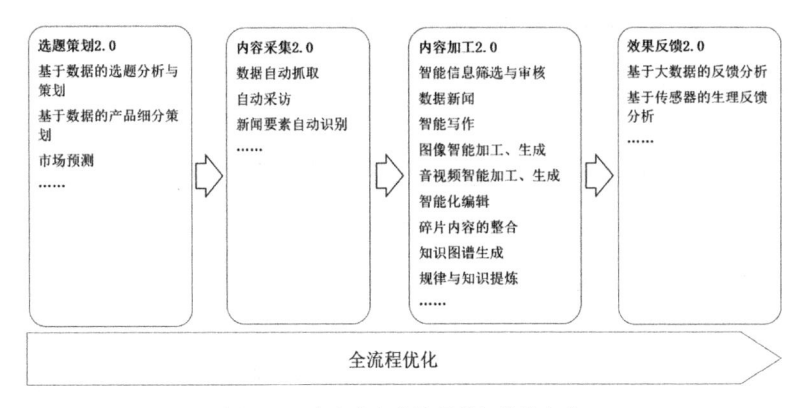

```
┌─────────────┐   ┌─────────────┐   ┌─────────────┐   ┌─────────────┐
│ 选题策划2.0 │   │ 内容采集2.0 │   │ 内容加工2.0 │   │ 效果反馈2.0 │
│ 基于数据的选│   │ 数据自动抓取│   │ 智能信息筛选│   │ 基于大数据的│
│ 题分析与策划│ ⇒ │ 自动采访    │ ⇒ │ 与审核      │ ⇒ │ 反馈分析    │
│ 基于数据的产│   │ 新闻要素自动│   │ 数据新闻    │   │ 基于传感器的│
│ 品细分策划  │   │ 识别        │   │ 智能写作    │   │ 生理反馈分析│
│ 市场预测    │   │ ……         │   │ 图像智能加工│   │ ……         │
│ ……         │   │             │   │ 、生成      │   │             │
│             │   │             │   │ 音视频智能加│   │             │
│             │   │             │   │ 工、生成    │   │             │
│             │   │             │   │ 智能化编辑  │   │             │
│             │   │             │   │ 碎片内容的整│   │             │
│             │   │             │   │ 合          │   │             │
│             │   │             │   │ 知识图谱生成│   │             │
│             │   │             │   │ 规律与知识提│   │             │
│             │   │             │   │ 炼          │   │             │
│             │   │             │   │ ……         │   │             │
└─────────────┘   └─────────────┘   └─────────────┘   └─────────────┘
                              全流程优化 ⇒
```

图 2-4 内容生产全流程的智能化变革

目前的选题策划主要还是由人来完成的。但在智能技术的支持下，在未来的选题策划中，人可以站在数据的肩膀上，获得选题源泉，以及获得"精确制导"能力。

在当下的内容生产流程中，策划往往与技术无关。但在智能时代的流程再造中，数据分析技术会成为生产流程的起点环节，得到重视，并与其他生产环节形成多重关联。

借助智能化数据分析技术，生产者可以预测选题热度，寻找合适的内容表现角度与形式，发现已有内容产品的新拓展方向，挖掘冷门选题的价值等。

通过数据分析，生产者可以预测内容产品的市场表现，分析用户对产品的付费意愿，策划内容产品的关联产品、衍生产品（如 IP 产品）与服务等。

数据分析也有助于进行产品的细分化策划,包括为一些特定用户进行选题与内容的定制。

但有了数据,并不一定就有好的选题。面对令人眼花缭乱的数据,首先需要对数据的真实性、准确性与价值做出判断。此外,要提出有价值的选题。人的判断力、解读力与创新力仍是核心。

(2)内容采集 2.0:人机协作、能力扩张

在媒体的新闻信息采集中,机器正在以各种方式发挥作用,前文已经做了分析。机器的加入,全面扩张了信息采集的能力,这主要体现在以下几个方面:

机器使得全时化的信息采集得以实现。以往由人主导的采访,只能在一定的时间点或时间段进行。当记者没能在新闻事件发生时到达现场,那么就会错过一些信息。事后采访并不一定能还原现场、获得完整信息。而物联网传感器(包括摄像头)可以实现全天候的信息采集,并可以在很大程度上弥补人力采访的不足。

机器可以为记者的采访提供辅助。例如,未来的智能眼镜、媒体的智能系统等,可以通过图像识别等技术对采访对象、新闻现场环境和其他对象进行实时识别,也可以实现多媒体信息间的智能转换,为记者的采访提供新的支持。

机器带来的能力增强，体现在信息采集维度的丰富上。传统媒体时代，记者所获得的是现实世界（物理世界）的信息；在数字时代，对虚拟世界信息（数字化信息）的采集与应用成为常态。虚拟世界是现实世界的一种映射，社交平台中的虚拟信息既可以在一定程度上反映社会情状与人们的意见、情感、情绪，也可以反映集体或个体层面的行为规律。而物联网中的虚拟信息，更是直接反映着现实环境的状态。虚拟世界信息与现实世界信息的结合，可以从更多层面反映新闻事实要素、背景及深层影响。而虚拟信息的采集要依赖机器。

机器对信息采集维度的扩张还体现为，智能物体和传感器等成了人的器官的延伸，可以帮助人获得更广泛、更多层面的信息。这些信息可以丰富人对新闻事件或主题的认识。

机器还可以将抽象的信息转化成可以分析、计算的数据。例如，将面部表情的喜悦、悲伤、惊讶程度等数据化，或将人的内心激动程度、注意力专注程度等变成数据。

在知识产品和艺术作品的生产中，类似 ChatGPT 这样的技术，需要依赖海量的语料或素材，这同样要基于机器强大的信息采集能力，特别是跨平台的数据采集能力。

（3）内容加工 2.0：效率 + 精准 + 深度挖掘

内容加工不仅包括内容的筛选、审核、整合，还包括作品的创造、产品的生产等。前文已经从不同方面分析了机器的信息加工方面的各种应用模式。从总体看，效率的提升是机器加工的一个重要优势。

机器参与的内容加工，其目标之一是提供精准的信息。近年来，在新闻生产领域一个典型的发展是数据新闻的普及。从20世纪的计算机辅助报道到今天的数据新闻，数据分析技术开启了媒体对"精准度"的追求，包括事实呈现的精准、深层剖析的精准、趋势预测的精准、规律提炼的精准、问题判断的精准等。与此相匹配的是，可视化正成为常见的呈现形式。

但目前我们还没有完全达到精准的目标，甚至因为数据应用能力的限制，我们常常会落入各种数据的"陷阱"，并带来更大的"失真"。但这并不意味着数据新闻之路应该终止，提升媒体人对数据的理解与驾驭能力是解决问题的关键。未来智能化分析技术的发展，将有助于数据新闻的精准度的提升，以便更快速、智能地生成相应的可视化作品。

未来，智能化技术与人的力量的结合，可以在某些方向上提升新闻的深度，特别是在对深层背景或原因的发现、影响的解读等方面。

对于媒体而言，挖掘已有信息的关系，从中总结、提炼以往人没有发现的模式或规律，这也是一种知识生产。而在这个方面，大数据与人工智能的结合已经展现出了很大的潜能。对海量资讯中蕴藏的知识进行智能化提炼与累积，有助于促进新闻产品向知识产品的转化。

从知识生产角度看，内容加工的深度可以体现在对碎片化知识的整合、知识图谱的智能生成、知识的智能管理等方面。智能技术在生产效率、规模方面也会有自己的优势。类似 ChatGPT 这样的跨平台的知识生产，可以推动知识内容的普惠。

对于艺术作品创作来说，智能技术可以帮助挖掘个人化的创作经验、特质，梳理共性化的创作规律，为未来创作提供一定参考。

（4）效果反馈 2.0：实时 + 个性 + 生理层面反馈

智能化生产在另一个层面的表现，是用户反馈机制的变革。基于传感器的生理信息反馈，或将成为未来的一种新的反馈机制。这在一定程度上可以修正过去由用户主观回答方式进行的用户调查出现的偏差，并且可以实时、全程监测用户在信息接收过程中的情绪变化。将对内容生产的指导精确到每个细节。对于影视作品效果的评估，这样的反馈数据更有指导意义。

基于传感器等进行的生理层面数据监测，意味着用户反馈是精确到个体的。这也为个性化内容服务提供了新的参照。当然，这样的方式会带来很多隐私层面的困扰，它也可能使"老大哥"的监视进入更深层面,对这些新手段使用的伦理规范,需要未雨绸缪。

(5)全流程优化:一个新生产元素的诞生

智能化技术对内容生产的一个显著的影响是,对内容生产全流程的实时、多维监测与分析。这带来了内容生产中一个全新元素——优化。

借助各种数据进行竞争对手分析、传播平台与路径分析、到达落点与流量分析、环境变化与走向分析、用户反馈分析、表现形式分析等,可以为内容生产随时提供优化依据。在内容进入分发环节后,智能技术还可以持续对内容进行优化。例如,风格优化(根据用户的反馈,对标题、图文组合、语言风格等进行调整)、路径优化(通过数据分析为内容寻找更好的分发路径)等。

优化不是事后的反馈与调整,而是可以伴随内容生产的全过程。

在这些实时的优化方案中,我们可以逐渐沉淀出生产与传播的规律模型,它们可以为研究者提供更多的实证资料。

2. 内容生产 2.0 的机制:人机协同、相互校正

对智能化内容生产的一个主要担忧,是人的力量被削弱,人的价值观被淡化。但事实上,内容生产 2.0 应是一种人机协同、相互

校正的机制。前文已经从新闻内容生产角度做了分析，在其他内容产品生产中，思路也是相似的。

在人机协同中，依据人的价值观对机器行为进行判断与约束仍将是核心。

机器可以放大人的能量、提升效率，开拓人类能力不能触及的"荒原"。机器可以用数据校正人的经验，挑战人对于数据的解读能力。同时它还赋予了人对于规律的新认知能力、对知识的新提炼能力。

人则需要用自己的理性把握能量释放的方向，以人的视角判断机器拓荒的价值，对机器某些危险的越界加以约束。人也需要用自己的经验识别与纠正数据的偏差，将冰冷的数据赋予人的温度与情感，为机器提供知识提炼的方向。

机器时代，人的某些"手艺"仍是不可替代的，甚至会变得更为珍贵。对于内容生产来说，下面这些传统能力尤为重要：

现场的观察与调查。技术使得一切都可以数据化，一切都在数据化。按照数据指引，我们可以按部就班地进行内容的规划与生产。但某些时候，我们需要从数据的"笼罩"中抽离。我们仍然需要到街头巷尾发现机器无法捕捉的选题，仍然需要"活生生"的而非数据"描摹"的现场，仍然需要在"活"的现场亲眼观察，以获得第一手调查。

对内容价值的专业判断。在内容生产 2.0 时代，专业经验与专业价值将更重要。对内容的真伪与价值的判断仍取决于专业经验与专业原则，对数据意义的解读需要专业眼光。

人类思想与情感的传达。机器对人的创作的模拟能力在不断提高，包括对情绪、情感的模拟。但是，在某种意义上，这只是在帮助人去理解自己的一些思维活动，人类自身的思想与情感表达永远是内容创作的核心动力。

对社会现象与问题的思考。机器可以赋予人一些新的观察视角与思考层面，但对于由复杂个体所构成的人类社会，以及社会中的现象与问题的思考，机器能力永远是有限的。

超越常规的"异想天开"。即使机器可以给人的思维带来启发与引导，人还是需要不时摆脱它的模式和套路，要保持异想天开、灵机一动的创新能力。这也是避免成为机器的奴隶的重要前提。

智能技术的引入，并不是要把包括新闻在内的内容生产带向一个机械化的粗制滥造的时代，它的终极目标是通过人机协同提升我们对复杂世界的认识能力。但在一开始，它的确可能带来一些误解和应用的误区。人需要警惕与觉察技术带来的各种陷阱，并不断提高识别与摆脱陷阱的能力。

3. 新内容革命：重新认识内容

"新内容革命"不只表现为智能化，它是移动化、社交化与智能化变革的交织。这三者共同驱动着与内容生产相关的思维变化。其中典型的变化在于：

（1）内容类型边界淡化。严肃与通俗、新闻与泛新闻、知识产品与泛知识产品、专业生产内容与非专业生产内容……不同类型内容之间的界限不再那么清晰。未来内容类型的划分方式，也未必会沿用今天的思路。

（2）内容来源模糊。人和机器生产者的共存，内容分发路径与模式的多元化会使内容来源进一步模糊，用户也更多地关心内容本身的价值，而不问内容的出处。经 ChatGPT 这样的技术整合的内容，更是难以辨别信息来源。但为了版权保护与内容质量监测，又需要明确内容来源，未来或许有必要用技术来形成"来源标记"。

（3）内容在传播中的"变异"加剧。今天的内容传播不仅是"分发"过程，还是一个内容不断变异的过程，各种不同的传播者会因自己的需要对内容进行再加工。未来更需要用技术标记内容流动路径及内容在传播过程中不断"变异"的痕迹，就像维基那样。

（4）内容表达需要"新语法"。新的终端、新的分发方式与传播模式，以及变化中的用户心理都需要新的内容表达方式去适应。

在各种内容中，新闻内容生产始终是公共内容生产的核心。新闻内容会面临边界模糊、来源模糊等挑战。此外，新闻价值的评价系统与指标也会因数据、算法的出现而发生一定变化。以市场或平台数据为指标来衡量新闻价值，会成为实践中的一种常见操作方式。今天我们已经可以看到这种倾向。但是，过分依赖数据指标，放弃媒体的专业评价，放弃人的自主判断，会将新闻内容生产导向歧途。

2.3.2 内容分发2.0：用算法寻求"落点"

算法技术在内容分发中的应用，带来了内容分发的一场变革。但今天的算法主要完成的是"到达落点"的计算，也就是让内容精准到达特定的用户，而这未必是算法的全部。算法的进一步提升方向是，找寻打动用户的那些"心理落点"，以及内容消费与其他相关因素间的"关联落点"。三种落点的分析，有助于提高内容的匹配力、优化内容的传播动力、拓展内容的扩张力。

1. 到达落点：三个层面的匹配

今天的个性化算法，力图解决的是内容与个体用户间的匹配，即个体匹配。但从长远来看，算法还需要实现另外两个层面的匹配，即族群匹配与公共匹配，如图2-5所示。

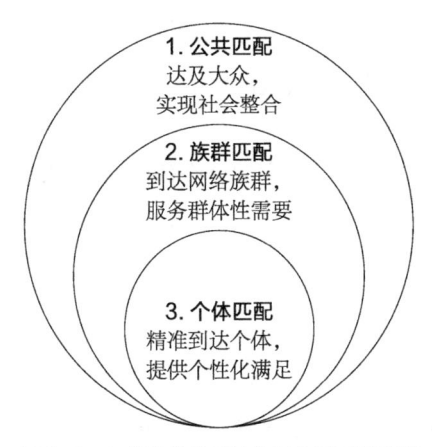

图 2-5　与算法分发相关的三个层面的匹配

（1）个体匹配三要素：个性、社交环境、时空情境

要更好地实现个体匹配，需要完成三要素的数据挖掘——个性、社交环境、时空情境。

对于个性的分析是今天个性化算法开发的重点，但要让算法真正理解用户的个性，实现个性化同时也是人性化的服务，仍然需要一个较长的过程。用户行为中那些摇摆着的矛盾，是个性化算法设计中需要深入理解与考虑的，例如：

"偶然"与"必然"。用户的信息消费行为有很多偶然性，如果把偶然行为当作算法依据，那么可能产生偏差。算法应该更多把握用户行为中的"必然"，以提高算法的有效性。

"凝固"与"流动"。用户在某个时段信息消费偏好会有稳定性，但随着时间推移，兴趣可能会发生转移，"如何及时预测用户需求的迁移"是提高算法精准度的一个重要方向。

"套路"与"奇遇"。在迎合个体的阅读"套路"的同时，算法也需要提供一些惯性之外的信息，给个体带来更多"奇遇"，让个体看到更广阔的世界。

"悦耳"与"刺耳"。算法总希望顺应用户的心理，为他们提供"悦耳"的声音。但某些时候，它也需要提供一些"刺耳"的声音，让用户了解真实世界的多面性。

在充分理解了"个性"后，算法还需要进一步将"社交环境"作为算法中的变量来考虑，因为作为社会化动物的个体，其信息消费需求和行为中总是隐含着社交环境的线索。未来，个体匹配还需要加入"时空情境"变量的分析，以便给用户提供场景化的匹配，而这需要借助可穿戴设备和其他传感器。

（2）族群匹配三要素：族群画像、族群文化、族群分布模式

以往内容产业的分众传播，主要面向基于人口统计变量划分的群体。今天的分众化分发需要更多地面向心理、文化坐标上的虚拟族群。

以往人类学研究中的"族群"一词更多指向"民族"，但今天一些研究者所说的互联网时代的虚拟"族群"却与民族无关。它强

调的是在互联网影响下形成共同心理、行为特征与文化属性的群体，如二次元群体等。

虚拟族群也不同于虚拟社群。社群主要是在特定虚拟空间内基于互动形成的虚拟社会的共同体，但虚拟族群不一定集中于某一个网络社区，而是散布在网络空间里。他们可能并没有明确的族群意识，彼此之间也未必需要进行直接互动，但一些共同特征将他们连接在一起。

今天的内容生产与分发之所以要重视虚拟族群，是因为族群的多样性意味着内容需求的多样性。对特定族群的满足可以为内容生产提供更多元的方向与思路。

对于族群匹配而言，需要借助数据挖掘的三个重点要素——族群画像、族群文化、族群分布模式。

"族群画像"需要描绘出族群的人口特征。但族群画像与传统用户群体画像依赖的变量可能不尽相同。提炼出能体现族群特点的新变量并完成其数据化测量，是有效完成族群画像的关键。

对"族群文化"的分析，要从深层理解族群行为及文化特性，并提炼出其文化"标签"，使之成为可数据化处理的对象。

关于"族群分布模式"，某一族群的用户虽然不一定集中于一个特定的网络社区,但他们在网络空间中仍会有一定的分布模式或规律。理解他们的分布模式,可以为信息分发的路径提供优化依据。

面向族群的内容分发,不仅要完成内容适配,还要将内容与社区运营结合起来,将那些原本分散的用户引导到某个特定空间,为他们的互动提供可能。

(3)公共匹配三要素:社会环境特征、社会热点、平台特点

个性化时代,我们仍然要推动公共信息穿透个体的"茧房"。公共匹配的目标是将有公共价值的信息传达出去,使之到达最广的人群。这将是未来算法的一个努力方向。

要能有效地实现公共匹配,需要充分研究:

社会环境特征。社会环境决定了用户的需求,用户的需求会随社会环境的变化而变化。

当下社会热点。当下热点是社会心理的外在反映,是选题的来源和内容生产优化的依据。算法可以帮助内容生产者进行热点分析。

平台特点。尽管人们对某些公共信息的需求是相通的,但不同平台的传播模式不尽相同,人群对信息表现形式的偏好也有所不同。采用与平台适配的表现形式,可以提高内容的传播效果,而这背后,算法可以起到一定的作用。

公共匹配的实现,不仅取决于分发,还会延伸或反馈到内容生产环节。

(4)界面与场景:另一种匹配

内容与用户的匹配度,不只依赖于算法所带来的落点准确性,还依赖于分发界面与用户环境及需求的匹配度。

语音界面、VR、AR、投影等是正在到来的新内容界面,它们可以适应不同的情境,为用户提供更便捷、人性化的服务。

未来的内容分发,将更多依赖场景。

两位美国研究者在《即将到来的场景时代》一书中指出了与场景时代相关的五个要素:大数据、移动设备、社交媒体、传感器、定位系统。他们把这五个要素称为"场景五力",并认为:"五种原力正在改变你作为消费者、患者、观众或者在线旅行者的体验。它们同样改变着大大小小的企业。"[1]这些新的技术之所以推动了场景这个要素在经济中的应用,是因为它们将以往抽象的场景变成了今天具体的、可测量的场景,成了移动服务中可以直接应用的各种"变量"。

但今天人们对于场景的界定并没有达成一致,有些关于场景的

---

[1] 斯考伯,伊斯雷尔. 即将到来的场景时代 [M]. 赵乾坤,周宝曜,译. 北京:北京联合出版公司,2014:11.

界定仍然是含糊、抽象的。本书认为，从移动时代的技术特征与场景经济的目标来看，在界定中需要突出场景的构成要素，特别是可以量化的要素。因此，可以将场景界定为由时空环境、个体特征和传播氛围等方面的要素共同构成的一整套服务情境。

从综合性的场景看，家庭、办公、交通（开车、坐车）、休闲娱乐等是未来值得重视的场景。

智能技术将重新定义媒体使用的家庭场景。智能音箱在家庭场景中将会得到更多的应用，它的语音交互特点，尤其为老年人带来了方便。借助智能音箱，老年人可以点播新闻、娱乐内容。未来的智能音箱可以提供给老年人更多帮助，如打车、购物、挂号、健康监测，甚至成为老年人的陪伴。通过算法分析老年人的需求场景并进行满足，是智能音箱的算法需要解决的问题。

未来的家庭场景里还会有智能空调、智能冰箱、智能空气净化器、智能监控等各种新型智能设备，这些设备中的信息与服务推荐也需要算法的支持。

作为重要内容分发渠道的智能汽车，也需要场景的分析与匹配。汽车这一场景意味着不断变化的位置，意味着与交通相关的各种需求，如导航、加油、停车、求救报警、预警等。同时，对于开车的人来说，"听"的需求会远远多于"看"的需求。基于汽车的智能分发的核心目标，理解在这种场景下人们的行为与需求并提供相关服务。进一步,在未来车联网、无人驾驶的时代,像汽车这样的移动场景还会发生深刻变化。这些都会给内容的智能分发带来新的可能。

基于场景的应用也往往需要提供"内容+社交+服务"的一整套服务。今天的一些地图类应用就是以交通场景为基础,发展出导航服务、打车服务、各类生活信息查询服务,以及其他资讯服务的,并有了一定的社交可能。如果能很好地理解与掌握场景应用,那么就有可能掌握通向未来的内容入口。

2. 心理落点:了解用户心理,揭示传播动力

算法"算出"的"到达落点"依据的是用户阅读偏好的外在特征。它所谓的"精准",更多的是"类型"匹配的精准。但除此之外,算法还需要探寻"心理落点",也就是对用户深层心理进行分析。无论是个体的心理,还是群体的心理。什么样的标题最容易被点击?什么样的文章容易被分享到社交平台?什么样的视频更容易在社交平台传播?解密用户内容消费行为背后的心理,可以帮助传播者更好地理解内容传播的动力,今天一些网络平台的数据已经可以让我们做出这方面的初步尝试。

当然,从数据中分析用户的心理落点是一个复杂的工作。目前的数据,多是整体性的,很少有对不同人群心理做出的"靶向"分析。但未来的数据积累与数据分析技术,可以进一步分析不同人群

甚至个体的心理差异，为内容的精准分发提供更坚实的依据。

3. 关联落点：关联因素分析，提高内容扩张力

寻找关联落点，即分析与内容消费相关的因素和行为。这既可以为精准分发提供依据，也可以帮助优化相关因素，提高传播效果，促进内容向社交、服务等领域的扩张。

今天的数据分析已经可以帮助我们分析如下几种典型的关联：

（1）内容消费与用户人口特征之间的关联

以往媒体的受众分析也涉及这方面的分析，但因为过去数据采集能力和分析技术的限制，分析相对粗糙，能完成的也只是对用户的简单"画像"。

但关联分析意味着，不仅要知道用户群体的面貌，还需要精准揭示与用户的某类行为相关的各种因素。当数据可以帮助我们从多个维度分析消费者的人口特征与其行为间的内在关系时，内容分发的精准度也会得到提高。

（2）内容消费与其他行为的关联

一个人在网络社会中的各种活动都有内在的关联，分析内容消费与其他行为（如社交、网络购物、其他在线活动等）的关联，可以从更多线索来理解用户，为内容分发提供更准确的依据，有助于

实现不同产品的相互连接与转化。

（3）内容消费与终端特点的关联

在一定程度上，人们购买的不只是手机，还是一种生活方式。手机的品牌、档次，不仅体现了人们对内容消费的界面与用户体验的偏好，还体现了人们对生活方式的选择。目前典型的分析是从手机品牌透视用户的内容阅读与相应行为偏好。这不仅可以为手机内的预装应用提供参考，也可以为内容与其他领域服务的关联提供引导线索。

目前的分发平台主要研究单一因素与内容消费的关联，未来还需要进一步提升分析技术，以实现多个因素的关联分析。

2.3.3 内容消费2.0：个性化与社交化交织，消费与生产一体

社交媒体的普及使得用户的内容消费被越来越多地置于社交环境中，而算法分发平台则以个性化匹配为卖点。对于内容消费2.0来说，这两者正在产生融合。

1. "个性化"+"社交化"：内容消费的两个坐标维度

"个性化"需求与"社交化"需求是用户内容消费中两个不同指向的坐标维度。个性化消费更注重个人内心需求，而社交化消费更注重社交关系中的需求，如表达存在感、维持社交形象、保持社

交活跃度、维系与发展社会关系等。新媒体用户身上往往两种需求是并存的。只是在不同时期，用户的依赖重点有所不同。

但是当内容消费在其中一个坐标维度上走到极致时，用户则有可能产生疲惫感甚至抵触：

在个性化这个维度上，过度个性化信息消费，可能产生类似"偏食"的疲惫感，即长期消费同样口味的内容会败坏用户胃口。

在社交化这个维度上，过度社交可能产生社交疲惫与倦怠。当过牢的关系捆绑了用户，当每一次内容消费都变成一种社交表演时，用户可能会逐渐产生逃离的诉求。

如何避免某一个方向的极端化趋势？如何兼顾个性化消费与社交化消费的平衡？这些将是未来的技术和平台要进一步解决的问题。

在现实中我们也看到，个性化分发和社交化分发机制正在一些平台同时推出，实现互补。例如，今日头条等正在推动平台的社交化，使社交化分发成为个性化分发的补充。而在微信这一社交平台的视频号里，内容推荐同时采用了社交化分发和算法分发机制。未来各种平台都会同时兼顾两种分发机制。

2."消费"与"生产"一体：用户的生产动力从何而来

自互联网成为大众媒体以来，人们在网络中的内容消费行为就具有了向生产行为转化的可能。社交媒体应用兴起之后，内容消费向内容生产的转化日趋成为常态。内容消费2.0，更是意味着用户的内容消费与内容生产逐渐成一体，彼此激发、随时互换。

转发、评论是附着在消费中的内容生产方式，要激发用户这方面的生产行为，既需要内容与用户的共振，也需要社交元素（如存在感、社交形象、社交关系）的润滑或推动。

除了转发、评论等生产行为，一部分用户还会以自媒体形式进行制度化的创作，并有内容变现的需求。自媒体只能依附于平台，依赖平台进行内容分发，因此平台相关因素特别是分发机制会直接影响用户的内容生产。从未来发展看，算法分发与社交分发的结合，有助于帮助自媒体作者精确实现内容匹配，提高内容触达率，降低粉丝获取成本，以及缩短内容变现通道。

但值得注意的是，由于缺乏其他分发和评估机制，阅读、点击量等指标会成为用户生产的主要风向标。在用户的生产与消费之间容易产生数据导向下的封闭自循环，并带来马太效应。这既可能造就一些优质内容，也可能导致某些内容生产者的"媚俗"，还可能使某些优质内容因曲高和寡而被冷落。未来平台需要进一步改善其机制，推动用户的多元创作。

在推动用户的生产方面，智能技术也具有相应的潜力。一方面，通过算法分发实现流量普惠，使更多用户获得生产动力；另一方面，通过数据分析，让作为内容生产者的用户了解自己生产内容所面对的用户群体及其需求，可以为他们提供更精准的指导。而 AIGC 技术可以为用户内容生产类型的多元化提供工具。

3. 社群：集群性消费力与生产力

内容消费的"社交化"，不仅意味着内容消费和社交关系的结合，还意味着与内容相关的社群的形成。

社群不一定是前文所说的具有文化共性的族群，它更多的是一种虚拟生存共同体。在虚拟空间的聚集与密切互动，是社群形成的必要条件，也是集群性生产力形成的基础。

对于内容生产者来说，这种集群力量之所以重要原因如下：

（1）社群的"集群性"消费不仅会产生规模效应，而且群体成员的相互交流可以放大内容的影响力。

（2）社群中的意见领袖可以影响内容消费。这意味着，在某种意义上，赢得了意见领袖，就赢得了社群。

（3）粉丝社群可以转化为内容品牌的维护者。与内容相关的社群中，粉丝社群是最重要的社群资源，它们可以帮助传播、维护品牌，可以成为营利模式中的新要素，也可以转化成内容生产的一员。

（4）社群本身可以促成各种内容的生产。在网络文学、网络视频、知识共享的发展过程中，社群起到了重要的作用。社群不仅培育了大批的创作者，还培育了忠实的用户群体。

社群是用户生产力的新聚能形式。将分散的用户变成具有集群能力的社群，是未来内容生产者和平台的运营目标之一。

同样，智能技术也有助于识别潜在的社群，或推动社群的形成。智能技术可以帮助识别社群中的意见领袖，甚至为意见领袖的脱颖而出助力。但过于明显的操纵，结果也可能适得其反。

2.3.4 平台：决定内容生态的关键

我们可以看到，无论是内容的生产、分发还是消费，都越来越离不开平台。内容产业的变革带来了平台的兴起，平台也成为内容生态中的一种决定性力量，在智能化趋势下，其作用将进一步强化。

1. 从渠道到平台的本质变化

以往内容产业强调的是渠道建设，而今天，平台这个词越来越多地出现在从业者和研究者的嘴里。从"渠道"到"平台"的概念演变，并不只是一种文字游戏。

有学者指出：平台是将不同用户聚集在一起的中介和作为用户活动发生的基础设施，[1] 平台是处理不同利益相关方（包括内容生产者、服务提供者、广告商、消费者受众）之间关系的一个中介[2]。尽管目前研究者对平台的理解、界定不尽相同，但可以看到研究者都强调了平台对用户和多元主体关系的中介、连接作用，以及平台的基础设施意义。

而传统媒体理解的渠道仍是内容到达受众的简单通道，用户只是渠道的端点，用户与用户多数时候是分离的。同时，内容生产者与用户间也被渠道分离，用户只是消费者。这样的渠道很难承担中介和基础设施的重任。

平台则是内容到达用户的多元路径、复合生态，用户被聚集在平台上，用户与用户也在平台上连接。同时，内容生产者与用户汇聚在平台上，用户也可能随时转化为生产者。

渠道与平台的差异如图 2-6 所示。

---

[1] 斯尔尼塞克. 平台资本主义 [M]. 程水英, 译. 广州：广东人民出版社, 2018：50.

[2] 曹钺, 徐偲骕. 平台社会研究的历史脉络、另类想象与亚洲道路——新加坡国立大学邱林川教授学术访谈 [J]. 新闻记者, 2022（09）：17-28.

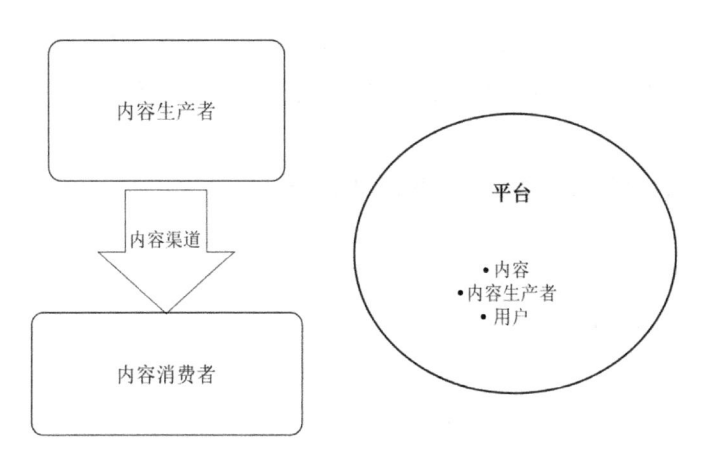

图 2-6　内容传播渠道与内容分发平台的差异

荷兰学者何塞·范·迪克（José van Dijck）在《连接：社交媒体批评史》一书中，基于 Facebook、Twitter、Flickr、YouTube、Wikipedia 这五大网站的研究，总结了平台发展的规律。她认为，平台要素包括六个方面：所有权、管理、商业模式、技术、用户使用和内容。前三者构成了作为社会经济结构的平台，后三者则构成了作为技术文化建构的平台。[1]此后，她又从平台社会的角度进一步深化了相关研究。她指出，平台具有数据化、商品化和自动选择（算法自动匹配）这三种机制。它们错综复杂地交织在一起——没有数据化就没有自动选择，没有商品化也就没有数据化。[2]她的研究启发了我们，技术（在当下尤其是与数据、算法相关的技

---

[1] 迪克.连接：社交媒体批评史[M].晏青，陈光凤，译.北京：中国人民大学出版社，2021：31.

[2] 迪克，张志安，陶禹舟.平台社会中的新闻业：算法透明性与公共价值——对话荷兰乌德勒支大学杰出教授何塞·范·迪克教授[J].新闻界，2022（08）：89-95.

术）、用户、商业模式对平台的发展是至关重要的。在智能技术发展有优势的新媒体企业，更有可能成为影响力巨大的平台。

2. 平台生态目标：多重平衡的兼顾

对于内容产业来说，平台生态决定其未来，而一个良好的内容生态的核心是——各方利益的平衡。

（1）平台利益与内容生产者利益的平衡

有些平台起源于社交媒体，但一旦发展到内容平台级别，"内容"就必将成为核心能量。内容生产者的积极性直接影响到平台内容的品质。而决定内容生产者积极性的根本是平台机制。

是劣币逐良币，还是反之？平台的规则掌握着内容生态的未来，对优质内容的尊重，对内容生产者的尊重，就是对未来的负责。

对于内容生产者的利益来说，版权问题始终是核心，版权保护意识、新的版权保护技术、新的版权保护机制等，都影响着内容生产者的核心利益，平台在这方面尤其需要做出努力。

另外，平台也可以用它的方式来反哺内容生产者。

平台数据可以引导"面向对象"的精准生产。通过平台提供的多维度数据，内容生产者可以更好地进行智能化内容生产，也可以为特定对象进行精准化内容定制。

平台提供的关联服务可促进内容价值延伸。例如，向定制服务延伸（平台帮助连接服务定制者与内容生产者推进内容转化），向电商延伸，或向政务、便民服务等延伸（如微信平台提供的小程序、服务号等，为内容生产者提供了各种可能）。

平台可以促进内容变现。除内容收费之外，平台还可以为内容生产者提供创新广告形式以提高内容生产者的广告收入，如内容生产者自营广告、特定场景中的嵌入广告，或与电商连接的广告。也可以通过流量分成激发内容生产者的积极性。一些平台在探索内容产品商品化，即利用平台的数据发现可以进行垂直深加工的内容产品，以 App 或其他形式包装为新的内容商品，是未来可以进一步深化的方向。

内容的 IP 化运作是今天内容变现的另一种主要方式，但 IP 的交易、转化需要交易场和中间商。平台或许可以利用自己的优势，扮演 IP 交易场的角色。

在平台与内容生产者的博弈中，平台是强势的一方，但从平台长远发展角度看，平台与内容生产者是唇齿相依的，强势的平台需要"让利"于内容生产者，为内容生产者提供更多元的支持。

（2）平台利益与用户权利的平衡

平台在自身发展的同时需要尊重和保护用户的权利，包括内容消费权、内容生产权、知情权、隐私权等。用户权利的满足程度会直接影响用户的活跃度与黏性。

（3）内容生产者与内容消费者诉求和利益的平衡

内容生产者与内容消费者之间也有诉求、利益和价值取向的冲突。例如，生产者的专业价值追求与消费者用鼠标投票之间的冲突，生产者的收费期待与消费者的省钱诉求的冲突，生产者的营利诉求与消费者的用户体验的冲突等。

内容生产者与内容消费者的平衡，才有利于平台生态的平衡与稳定，无疑平台是两者间的协调者。

3. 平台集中化：大势所趋

以往的媒体内容消费是分散的，用户需要在不同媒体看不同的内容。新媒体时代推动了内容消费的平台化，并且用户越来越向几个大的平台集中。

集中性的平台将成为一种复合性的内容生态，它对未来内容产业的影响是多元的。

（1）平台掌握分发话语权。作为内容分发地，平台的分发规则与流量逻辑会影响平台的生态。但无论是什么规则与逻辑，对公共利益的关怀都应该成为平台的核心法则。

（2）平台吸纳多元内容生产者。平台不仅是内容分发与消费渠道，还正在变成内容的生产平台。微信公众号、头条号等的出现，便是证明。这些平台不仅面向专业化的内容生产机构，还向个人和组织的"自媒体"开放，一批新的内容生产者在平台成长。专业内容生产机构需要进一步提高自己的生产水准才能体现自己的价值。

（3）平台重新定义生产、分发、消费的关系。平台对内容生态的重要影响是，它将逐渐带来内容的生产、分发与消费的一体化，并重新定义它们的关系。内容分发与消费的反馈实时作用于内容生产，基于分发方式和消费场景的面向对象的生产将成为可能。生产、分发与消费三种行为之间的界限日益模糊，但纯内容生产者却日益失去了对分发平台的控制权。

要成为具有内容行业话语权的集中性平台，平台需要围绕多种目标来营造内容生态，主要包括：

（1）用户培育。实现规模化用户的集聚与维系。

（2）生产者培育。汇聚多元化内容生产者并为其提供有效的激励机制。

（3）内容分发与匹配。完成内容生产与消费之间的有效匹配，同时刺激内容生产与消费两端。

（4）界面与用户体验优化。提供合适的界面及相应的用户体验。

（5）关联服务的拓展。促进内容与其他服务的关联，为用户的内容消费、社交，以及日常生活提供一站式解决方案。

平台的形成需要强大的技术能力和强黏性的用户基础。对于传统媒体来说，技术的屏障、用户基础的缺乏，使得它们很难拥有自己的平台，对大多数媒体甚至是难以完成的任务。

面对媒体之外的内容平台的挑战，有能力的传统媒体需要继续维护自有的内容渠道，以强化内容品牌，但平台的冲击也意味着一些媒体的自有渠道将逐渐萎缩。传统媒体需要进入一些集中性的平台，获得多元分发能力，并尽可能争取有利于自己的合作模式。

拥有技术与用户基础的新媒体公司，更有可能成为平台的拥有者，它们会通过对平台的控制，对整个内容产业形成至关重要的影响。当这些平台逐渐拥有了生杀予夺的权力时，平台的拥有者更需要对权力的敬畏与自我约束。

一些服务性平台正在成为内容分发或泛资讯内容的生产平台。这些专业媒体较少涉足的边缘地带，成为内容产业新的增长空间。

与此同时，新的分发平台会造成"泛资讯内容"的激增。这些内容会与新闻资讯内容一起分享用户的时间，争夺注意力的竞争会进一步加剧。

4. 智能技术走向下，平台的新可能

随着 ChatGPT 等新技术应用的出现，平台的含义与形态可能会发生变化。因此，在理解当下平台的特征及其影响的基础上，我们也需要预测未来平台的变革可能。

ChatGPT 应用本身可自成平台，但其内容生产资源来自广阔的互联网，而不是单一平台。同时 ChatGPT 自身就可以完成内容的生产，不像今天的平台那样需要吸引大量内容生产者。

当然，用户与 ChatGPT 的对话过程也是生产内容的过程，但这个过程是封闭而非开放的。用户贡献的内容，主要对自己获得的答案产生影响，而较少对其他用户产生实时影响。

与当下的平台不同的是，在基于 ChatGPT 的平台里，用户之间即时、显在的连接消失了，虽然 ChatGPT 需要将其他用户生产的内容作为其学习语料，语料本身可以看作是用户之间的一种纽带，但机器对语料进行了新加工。因此，用户之间的直接联系被掩盖或被人们忽略。人们在这个平台更多地感知的是人与机器的关系，并从中获得满足。但人与机器的交流，在未来也可能被人视作一种新的"社交关系"。

类似的,当搜索引擎或操作系统集成了 GPT 技术,成为新的平台。未来它们也可能不会只满足于提供工作、知识方面的服务,而是会向生活、娱乐、休闲等其他领域延伸。同时,如前文所分析的,这样平台中的用户,不仅体现为人这一基本要素,还包含与人相关的智能物体(如可穿戴设备、智能家居设备)、人所处的环境这两大要素。基于对三种要素的整体认识来服务用户对象,将成为平台的目标。

虽然目前还很难预测各种新的智能平台的完整特性与影响,但它们可能带来的一种共同趋势是,将用户原本花在人际交流上的注意力与时间,转移到人与机器的交流上。未来的平台将更多以人机关系的黏性吸引用户。

人机交流不能完全取代人与人之间的社交,但由于人机交流在某些方面具有更好的可控性,回报投入比更高。因此,人机交流平台的用户黏性也会更高。

可以预见的是,在获得足够的用户规模、用户黏性的前提下,这样的平台的垄断性也会不断增强。这种垄断不仅仅是市场的垄断,还是对用户认知框架与视野的垄断。

目前,GPT 的内容生成思路主要是基于"概率"的"文字接龙",

即多数时候选择语料库中出现概率更高的词。因此，它反映的是多数人的选择或平均性选择。如果这种技术思维一直延续，那么会使多数人的认知通过机器平台被推广到更广的人群。

当然，未来的 GPT 模型的思路可能会不断调整，未必总是选择出现概率更高的词。但无论如何调整模型与参数，权力都在技术开发者手上，技术权力对人们认知的影响依然存在。

2.3.5 市场重构与关系重构：内容变革的深层影响

除平台的兴起外，智能时代的内容革命还将带来其他的深层变革。

1. 边界模糊、产品线延展、营利模式扩张：智能化应用推动的内容市场变革

在智能技术及其应用的支持下，各种内容之间的边界会变得模糊，而内容市场与其他市场的边界也会模糊。

同时，内容产业的内容生产能力将大大增强，对多样化市场的供给能力增强，产品线不断延展。

智能技术有助于改善面向小众的内容生产的投入产出比。这也意味着"长尾"需求可以像"头部"需求一样得到尊重与满足，内容产品线可以向小众市场拓展。未来甚至可能做到面向特定对象进行定制化内容生产。

深层的数据开发和智能化技术会推动媒体从新闻产品生产向知识产品生产扩张。这会为媒体拓展营利模式与思路。目前也有一些媒体开始了这方面的探索。一些媒体所说的"智库"产品,实质是知识产品。

智能技术的发展,为知识产品的创新提供了支持。智能化技术可以更好地洞察用户群体或个体的需求,带来更多的定制化的知识产品,或者提供个性化的知识服务。当然如果应用不当,也可能会产生如学者所担忧的现象:某些知识畸形发展,某些知识日益萎缩,某些知识可能失传。一味讨好消费者的知识供给方式,迎合了人的欲望,满足了人的需求,可能使我们日益单调、懒惰和愚昧。[1] 就像在新闻的生产中已经出现和可能出现的问题一样,在知识内容的生产与服务领域,过分强调对用户需求的满足,而没有必要的反思和调控,会使知识服务之路越走越窄。

其次,智能化技术在发现新知、进行知识管理方面具有不可替代的作用。目前的网络平台提供的知识产品,更多还是以知识传播为主,也就是对已有知识的转移与扩散,但在发现新知、知识管理方面的产品还很缺乏。但人工智能为知识管理提供了新的可能,其应用可以从智能知识标引、智能知识搜索、智能知识创造、智能知

---

[1] 参考戴建业的"知识付费时代的知识生产——在百家号'大咖'会上的发言"。

识推送、智能决策支持等方面突破。[1]

智能技术有助于碎片知识的整合。今天的碎片化信息和知识呈现爆炸状态,但知识间的整合、关联仍然有限。对不同来源、结构和特征的知识进行整合将成为知识管理的重点[2],也应是未来知识产品开发的重点。对知识图谱的描绘是整合碎片知识的一种知识产品形式。虽然在一些专业研究领域,它已经得到一定的应用,但如何将其推广到更广阔的市场,仍是未来需要解决的问题。

在智能化趋势下,"广告"这一在内容产业重要的营利模式会发生变革。传统广告虽然不一定完全消失,但基于算法的个性化广告、智能广告将兴起。它们可以实现更精确、更个性化的广告信息推送。这是以智能及相关平台、渠道作为支持的。虽然媒体在这方面有很多弱势,但整体广告环境的变化,会迫使他们逐步实现向新型广告模式的转变。这就需要智能技术的支持。

除个性化广告外,未来媒体需要充分关注广告的场景化,包括户外广告的场景化。场景化广告的特点是充分考虑广告受众所处的场景,为其提供与场景适配的相关信息,并根据场景或受众的变换进行广告信息的变换。而对场景信息的获取与分析,则需要大数据与智能技术的结合。

---

[1] 吴庆海. 人工智能时代下的知识管理 [J]. 知识管理论坛,2019,4(06):321-331.

[2] 董小英,胡燕妮,曹珅珅. 数字经济时代的知识管理:挑战与趋势 [J]. 图书情报工作,2019,63(01):60-64.

智能技术不仅可以改变广告的推送方式，还可以将广告推荐直接转化为产品或服务的销售。这些都是建立在良好的内容产品或社区产品基础上的。大数据和智能技术会促成"内容 + 社区 + 电商"的完整产品链条和营利链条的形成。

2. 分权与重构：智能化应用改写的生产关系

新生产力也会带来生产关系的变革，原来以内容生产者为中心、生产者自己掌控内容分发渠道的旧有体系被打破。信息源、内容生产者、分发者与用户之间形成了一种新的结构体系。这些将会带来权力关系的变化。

进入新媒体时代特别是社交媒体和移动时代后，包括媒体、出版社等在内的各种专业化内容生产机构，已经感受到了分发平台产生的"分权"效应。在智能化时代，其中心地位还会受到进一步冲击。除分发之外，数据采集与分析、智能化加工中那些高度依赖技术的环节，也都有可能部分转移到专业机构之外，而专业内容生产机构对于这些技术拥有者会产生一定的依赖。

在用户数据、物联网数据等传统媒体相对较少触及的数据领域，新的数据拥有者可能会对媒体形成钳制，因为它们垄断着数据。另一个值得关注的动向是，过去作为媒体信息来源的一些机构或平台，可能通过智能技术和各种新平台直接向用户推送信息。它们将成为新型媒体，这一方面意味着媒体的信息源减少，另一方面意味着媒体的竞争对手增加。

曾经仅以单一"消费者"身份出现的用户,不仅成了"产消者",在内容生产中有更多贡献,还会成为集生产、传播与消费于一体的"网络节点"。在智能化生产与分发的算法中,用户节点的权重也会上升,用户会对内容的流向与流量起更大的作用。

另外,与人相关的智能物体、环境等多维度信息,在未来也可能整合进用户平台。拥有这些数据的平台或机构可以通过"用户"这个变量对整个内容平台产生影响。

所有这些未来的动向意味着,更多的技术拥有者将成为内容产业必不可少的组成部分。他们的权力将上升,并进一步对内容生产者形成影响。

在智能化时代,行业边界消失,多种力量融合又形成新的分工。虽然专业内容生产者不可替代,但他们必须面对一个新的权力格局。如何继续保持自己的地位?如何在与其他力量博弈中赢得更多话语权?将是对他们的长期考验。

2.3.6 伦理考察与权力约束:内容产业智能应用风险的防范

智能化应用带来了媒体过去不曾遭遇的问题,特别是由数据和算法应用带来的新问题。数据和算法是权力，但也存在着权力的滥用与误用的风险。对这些风险的认识需要更多地引入伦理的考察。

1. 数据伦理：数据权力的自律与他律

在智能化内容生产中，数据成了一种基础设施、一种权力基础。掌握核心数据及处理能力的企业或个体的权力的自我克制与制度约束，对于保障这种基础设施的合理使用至关重要。从以往的研究来看，一般而言，数据伦理至少需要包括对数据权力的约束、数据质量的评估、数据伦理的审计和数据采集中的个人权利保护等。

除这些常规的考虑外，对于媒体的数据应用，还需要从新闻真实性等角度提出更高的要求。数据采集、加工、分析等各个环节的偏差，都有可能使得数据成为后真相的另一种推手。智能化加工技术，也越来越容易在图片、音频、视频等方面做假。对这些技术的不当使用，会给新闻真实性带来更多的干扰。未来的智能化技术需要为深度伪造的识别，提供更有力的支持。

2. 算法伦理：风险判断下的权力克制

除可能加剧信息茧房外，算法还会带来其他风险，从传播的应用角度看，主要的风险与问题包括：算法对内容生产与消费的不当导向、算法黑箱、算法偏见问题、隐私问题等。对这些问题，后文将在更广的社会影响角度做进一步分析。未来随着应用的深入，我们可能还会发现其他风险,对风险的判断与相应的约束也是一种伦理问题。

从内容行业看,算法对于提高内容分发的效率的确会有显著作用,但在算法应用进入深层时,效率不应成为算法设计的唯一考虑。算法影响着内容平台的生态,这体现着其背后平台的责任与伦理,好的平台算法需要兼顾多方面的平衡:

(1)推送效率与公共责任的平衡。除效率之外,平台仍然需要有公共价值与公共责任追求。从内容分发算法来说,就是要实现平台内容生态的均衡、多样,避免流量向某些内容过多倾斜。同时,也要能有效地过滤掉一些低质量甚至劣质的内容。专业媒体人的价值判断仍应对算法的走向起到引导作用。

(2)公共热度与专业价值的平衡。选择有热度的内容是多数人的选择。但"热"的,并不一定是最有价值的。算法推荐、推送的内容不能简单依据热度,还要参照专业价值判断。对那些优质信息源和内容,算法需要赋予其更高的权重,在推送上赋予更高的优先级。

(3)个性信息与公共信息的平衡。算法在满足个性化需求的同时,仍然需要兼顾公共信息的传达。要让个体了解公共话题,参与公共事务,推动社会群体之间的对话,以求在尊重用户的信息选择权利的基础上,实现社会的整合。

（4）公共利益与个人权利的平衡。算法的设计，要服务于公共利益。但同时，也要能兼顾对个人隐私等权利的保护。

对于内容领域人工智能的发展来说，在公共利益导向下，基于权力约束的目标，对技术与平台拥有者建立评估与制衡体系是必要的。而拥有智能技术与算法权力的平台和服务商，也需要提高透明度与开放度，让自身处于社会的监督与约束之下。

除数据伦理和算法伦理外，人工智能技术的应用还涉及其他方面的问题与风险，制定相关法律是对技术应用行为进行规范、约束的根本基础。2023年6月，欧洲议会正式通过了《人工智能法案》（AI ACT）授权草案。此后，欧洲议会、欧盟委员会和成员国将进行"三方"谈判，以确定法案的最终条款。这一法案旨在确保AI系统由人监督且确保其安全、透明、可追溯、非歧视和环保。[1] 草案内容涉及严格禁止"对人类安全造成不可接受风险的AI系统"，包括有目的地操纵技术、利用人性弱点或根据行为、社会地位和个人特征等进行评价的系统等。[2]

在我国，与人工智能相关的法律法规制定工作也在推进。2023年4月11日，国家互联网信息办公室起草了《生成式人工智能服务管理办法（征求意见稿）》，旨在促进生成式人工智能技术健康发展和规范应用，并向社会公开征求意见。随着智能技术应用

---

1 欧盟拟出台全球首个AI法案，监管相关技术应用。

2 欧洲迈出人工智能立法第一步，违者最高被处4000万欧元罚款。

领域的扩展，相关法律、法规也会不断丰富完善。

内容行业特别是平台也需要在这些法律、法规的约束之下去探索智能时代的产业变革方向。

智能化时代新内容革命已经开启并将持续。在这样一场革命中，内容、技术、平台之间在博弈，生产者、分发者、消费者之间也在博弈。

这样一场革命的核心的驱动力量是智能技术，技术将把我们带向何方？我们是否会在某一天失去对技术的控制？内容产业中智能技术的应用是否应该有边界？对技术的反思、警惕时刻伴随着我们。但是，或许只有实践进入深层，我们的反思才能进入更深层。

第 3 章
智能传播时代算法对人的形塑

在智媒化变革中,算法起了突出作用,但算法给我们带来的影响,并非只在内容生产与分发中。它与我们的生活息息相关,并成为塑造人的生存、认知、关系等各个层面的新力量。

3.1 算法将如何改变我们

近些年社交媒体、移动终端、大数据、云计算、人工智能、物联网等一系列技术的发展,从不同方向推动了算法的应用。因此,算法这个本来有些深奥的专业名词频频出现在我们的生活中。算法不仅改变着人们的生活,也影响着人们的环境认知、社会关系、社会位置与社会资源。

3.1.1 算法对生存的影响

1. 算法在日常生活中的渗透

在人们的信息获取中,推荐算法已成为信息过滤的一种重要手段,无论是商品信息的获取,还是新闻或知识性信息的获取。推荐算法对于人们认知的影响,也将进入深层。而人们在各种平台阅读的内容,很多是由算法驱动下的机器自动完成的。算法正在成为信息环境建构的重要力量。

在人们的日常生活中,价格算法影响着人们购买商品的价位,导航算法、网约车平台算法和未来的自动驾驶汽车的算法影响着人们的出行,外卖平台算法在决定人们收到外卖的时效的同时,也在控制着骑手们的劳动。一些婚恋网站,则用算法进行姻缘匹配。

从经济角度看,算法推动了新经济模式的发展,特别是诸如共享经济这样的新经济模式,同时改变着传统经济模式。进一步发展,有研究者提出了"算法经济"的概念,即将生产经验、逻辑和规则总结提炼后"固化"在代码上,使生产经营活动无须人工干预,自动执行。其目标是通过算法的应用大幅改善供需匹配效率和控制交易成本。[1]

牛津大学教授阿里尔·扎拉奇(Ariel Ezrachi)等人在《算法的陷阱:超级平台、算法垄断与场景欺骗》一书中,也应用了算法经济的概念,虽然他们对于算法经济的界定与上文的定义不尽相同,但同样也是从算法的视角关注新经济及其影响的。在书中,作者指出,通过精妙的计算机算法,互联网的兴起与普及的确在某种

---

[1] 姚前.算法经济:资源配置的新机制[J].清华金融评论,2018(10):91-98.

程度上深化了市场竞争,并为民众带来了诸多便利与实惠。但这种由信息技术演进带来的市场经济模式的转变导致了社会资源发生了不公正的再分配。[1]

算法在对人们的劳动进行控制,无论是外卖骑手、网约车司机这样的体力劳动者,还是在网络平台的各种内容生产者。无论是否愿意接受算法的统治,我们也已经进入了一个随时可能被算法算计的社会。而算法的基础——人的数据化,则正在改变我们的生存与生活。

2. 算法社会人的数据化、标签化

算法与数据、算力是人工智能共同的基础,算法离不开数据。因此,算法社会的前提是万物数据化,这也包括人的数据化。算法的广泛应用,更是强化了人的数据化。

在算法推荐中,无论是内容的推荐,还是电商产品的推荐,都需要描绘用户画像,也就是通过各种渠道收集用户数据来建立用户模型,使其成为算法分析的对象。早期的数据主要是用户在各种平台提供的注册数据,以及在网络中发布的内容、浏览痕迹、购买记录等行为数据,但随着移动终端、智能物体的发展,身体的数据化开始变得普遍。身体的运动轨迹、身体状态等数据,正成为用户数

---

[1] 扎拉奇,斯图克.算法的陷阱:超级平台、算法垄断与场景欺骗[M].余潇,译.北京:中信出版社,2018:序言.

据的重要构成部分。

未来算法和其他技术的发展，甚至有可能基于不同的场景和目标，建立用户的动态数字化映射模型。例如，通过人脸识别辨识个体的身份；通过定位系统了解人的空间位置或轨迹变化；通过智能眼镜了解人的视线的移动及关注焦点以分析人在现实空间中的需求；通过人的心跳、分泌的汗液、脑电波等生理层面的数据感知人的情绪变动。人的全息、全时数据化将成为可能。

全息、全时的数据化构建了一种人的"虚拟实体"，这不仅为网络服务提供了更多的动态依据，更是成了人的数字化生存的一种新形态。后面的章节我们将从生存的角度进一步分析数据化带来的影响。

当人们的身体不断映射为数据化的"虚拟身体"时，可能会出现一种情况，那就是因为设备问题或数据采集、处理方法的不当，虚拟身体与真实身体之间会出现偏差甚至冲突。随之而来的问题是，"当数字身体与物理身体发生偏差时,谁才是真实性的依据呢？……技术作为工具，是便捷了主体，还是捆绑了主体？"[1]这种人的实体与虚拟实体之间的冲突在未来不会罕见，由技术绑架主体的情形也会时有发生。

1　吴静.从健康码到数据身体：数字化时代的生命政治[J].南通大学学报（社会科学版），2021（1）：8-15.

除身体和日常行为的数据化外，对劳动及工作过程评估的数据化，在今天也越来越常见。这成为对劳动者进行控制的一种重要手段。外卖骑手、网约车司机、数字平台的内容生产者，都是典型的代表。而除这些群体外，各种群体都有可能被日益量化的评价机制中的数据所左右。

虽然数据化正成为算法社会个体生存的基本形态，但并非所有人都能顺利地实现数据化。一些老年人不会使用智能手机，难以完成各种移动应用所需的数据化，也就无法享受相应服务，这给他们的日常生活增加了很多障碍。这时，数据化就成了兑换个人权利的必要资本。与此类似，个体要享受各种数字平台服务，就要将自己进行某些维度的数据化，并将这些数据出让给平台。数据化在帮助个体获得服务、利益的同时，又导致了个人权益被侵犯、占用。

算法社会个体产生了无数的数据，这些数据甚至成了平台的重要资源或资本，但人们并不完全拥有对自身的数据的自主权，无论是采集、保存还是扩散。很多时候，他们甚至对此完全无能为力。虽然在法律上对数字时代个人隐私权、被遗忘权及其他权利的讨论一直在持续，但是在实践中，在个人数据保护方面，个体的弱势地位并未改变甚至每况愈下。

数据化的一个后续结果是标签化，标签化通常是算法应用的前提。对人、内容、产品等打上各种标签，通过标签进行匹配，这是推荐算法的常用思路之一。智能学习算法也往往是基于分类化的数据标记，也就是数据的标签化。

用户的标签化，来源于用户给自己打的标签。很多社交平台都有标签的功能，用户可以通过几个标签来描绘自己的典型特征。

标签可能是算法的依据，也可能是算法的计算结果。使用算法计算后赋予人的标签，一方面描绘了某些个体特征；另一方面，因界定人们的社会属性或群体归属，可能会固化人们的社会位置。那些负面的、甚至污名化的标签，可能产生累积效果，"在人工智能算法中，一旦某个个体或群体具有了污名化的算法身份，就会一直被带进下一轮的运算中"[1]。

虽然标签常常是为算法服务的，但在算法鼓励人们自我标签化的环境下，人们也会开始用标签化的方式看待自己。某些时候标签会成为"人设"的标志，反过来影响人们的行为。

在现实世界，将认识对象贴上标签以进行评价与站队的标签化思维也非常普遍。这也是心理学中所揭示的"便捷式判断"的体现。虽然标签化思维与算法中的标签化并不一样，但两者的共通之处在于复杂对象的简单化，它们对个体的两面夹击，使得人们的标签化意识变得普遍。

---

[1] 郑智航.人工智能算法的伦理危机与法律规制[J].法律科学（西北政法大学学报），2021，39（01）：14-26.

3. 社会治理的算法化、智能化

通过数据和算法对人进行评分，在算法社会越来越盛行，这是社会治理算法化的一种表现。"无论是商业力量还是国家机构，评分都代表了一种新型权力机制，这种机制和数据、算法紧密结合在一起，对数字时代社会主体行为产生重要影响。"[1]

算法社会对个体的评分主要有两种情形，一种是个体对个体的评分，另一种是机构或组织对个体的评分。

网络中个体间的评分，打破了过去单一的组织评价机制。每个个体都拥有对他人进行评分的权力，每个个体得到的评价也来自多元的主体。评分制使得评价结果被明朗、量化，易于判断、比较。

而机构基于算法对个体的评分结果不仅是对人的状态、信用、能力的评定，还是权利、利益分配的基础。例如，人力资源部门可以利用算法评估决定人员聘用、升迁；银行利用算法评分决定贷款发放。可以想象，算法将成为个人的社会信用评价体系的重要基础。算法越来越多地左右着对个体的评价，影响着个体的社会形象。

除用于个人的社会评价外，算法还将全面进入社会治理体系，即将社会治理具体规则融入人工智能算法模型，使智能设备"掌握"

---

[1] 胡凌. 数字社会权力的来源：评分、算法与规范的再生产 [J]. 交大法学, 2019, 27（01）：21-34.

规则知识，并根据管理目标自动感知、自动识别、自动预测、自动判断与自动处置。[1]

越来越多的机构的认知与决策，是在算法的辅助甚至主导下完成的。而通过算法判断舆情态势、社会风险，正在成为各类机构和管理部门的常用手段。

未来，随着物联网等技术的发展，数据采集维度更为多元，基于数据和相关算法进行的社会管理、社会控制也必将进一步深化，形成所谓的"智慧社会"。智慧社会可以基于各种信息采集、处理系统形成一种社会的"数字神经系统"。它能感知社会状态，将之与需求和动态反应模型相结合，并用得到的结果来校正系统。[2]这种感知、反馈与校正，离不开算法的支持。虽然有研究者认为智慧社会将推动传统的中央集权、信息非对称、交互不对等的社会管理结构向权利平等、信息对称、位置对等的创新社会管理结构的转变[3]，但另一方面，智慧社会的管理权力将向数据与算法的拥有者倾斜，新的权力不平衡甚至集权也可能会形成。在社会管理日益便利、高效的同时，个人权利的保障却可能变得更为困难。

1　周汉华，刘灿华. 社会治理智能化的法治路径 [J]. 法学杂志，2020，41（09）：1-12+149.

2　彭特兰. 智慧社会：大数据与社会物理学 [M]. 汪小帆，汪容，译. 杭州：浙江人民出版社，2015：136.

3　王飞跃，王晓，袁勇，等. 社会计算与计算社会：智慧社会的基础与必然 [J]. 科学通报，2015，60（Z1）：460-469.

3.1.2 作为媒介的算法建构的认知

算法不仅影响着人的生存，也影响着人与万物的关系，成了人与万物间的一种媒介。

作为媒介的算法，重塑了人对世界的认识。算法将世界的各种对象映射为一定的数据及模型，也就是在人与这些对象之间，提供了一个数据化的"界面"。不同的目标，不同的数据维度，不同的算法模型会带来不同的界面。

机器通过算法自动创作的内容，无论是文字报道、视频，还是诗歌、绘画，本质上是一种数据化界面。虽然在外观上看，这些作品与人生产的作品是相似的，甚至可能没有明显差异，但算法的内容生产原理与人的内容生产原理却截然不同。在算法那里，纷繁复杂的世界被抽象为数据，机器完成的所有创作都是数据与代码运算的结果。相比人以往认识世界、反映世界的方式，数据和算法可以提取人的感官不能捕捉的现实世界的某些维度，呈现世界的另一面，并可以计算出人凭经验难以发现的规律或事物的走向，甚至可以打破人类思维的套路。人工智能和大数据技术的进一步发展，还会进一步提高数据对于现实世界的刻画、分析与预测能力。

作为媒介的推荐算法也影响着人们对整体信息环境的认知。

目前主要的个性化推荐算法包括基于内容的推荐、协同过滤推荐、基于标签的推荐、社会化推荐、基于深度学习的推荐等。

基于内容的推荐是指根据用户选择的对象，推荐其他类似属性的对象，在个性化推荐中这是一种常见的推荐机制。协同过滤（collaborative filtering）主要包括两类，一类是基于用户的协同过滤，即根据用户兴趣的相似性推荐资源，把和当前用户相似的其他用户感兴趣的产品或信息推荐给当前用户；另一类则是基于项目的协同过滤，即将与用户喜欢的项目类似的项目推荐给他。基于标签的推荐是通过分析用户的标签偏好、物品的标签特征，基于二者的相似性为用户进行物品推荐,其本质是通过引入标签,形成用户－标签－物品三元关系[1]。而近年来开始受到关注的社会化推荐则将用户间形成的直接社交关系（如好友关系、关注与被关注关系、用户相关性关系等）引入推荐系统中[2]。基于深度学习的推荐算法则可能更为"聪明"，如通过建模用户的历史序列行为来预测用户的下一个动作、挖掘用户的背景信息以进行更全面的推荐等[3]。可以预期的是，未来的推荐算法还会有更多的新思路。

无论是基于什么思路，算法决定了人们能看见什么，不能看见什么。

1　孔欣欣，等．基于标签权重评分的推荐模型及算法研究[J]．计算机学报，2017（6）：1440-1452.

2　陈昱瑾，王晶，武志昊，等．基于图卷积网络融合群组关系的社会化推荐方法[J]．计算机工程，2023，49（05）：112-121.

3　刘君良，李晓光．个性化推荐系统技术进展[J]．计算机科学，2020，47（07）：47-55.

研究者指出，在内容可见性的作用机制中，算法技术扮演着日益重要的角色，形成了新的可见性的技术架构。算法正取代媒体机构和社交好友，成为可见性的驱动逻辑，告诉我们应当"注意"什么。[1]

有学者进一步指出，算法会影响到"社会能见度"，这主要体现为基于"算法价值"的能见度生产、基于"推荐机制"的能见度分配、基于平台可供性的能见度竞逐、"可见性劳动"成果的不确定性导致的算法规训。[2]

技术界对推荐算法的评测指标主要包括：准确性、排序合理性、覆盖率、实时性、多样性、新颖性、用户满意度、健壮性等[3]。目前提出的评测指标更多是面向电子商务平台中的商品推荐系统的，对内容推荐算法的评估，则缺乏相应的标准。虽然人文社科领域的研究者呼吁，要在内容推荐算法的设计中体现"专业价值观"，但这些价值观具体如何嵌入算法中，仍然是一个很大的挑战。

或许在内容推荐算法的衡量标准中，多样性需要被放到更重要的位置。这种多样性，不仅是内容主题的多样性，还需要包括态度立场的多样性、内容生产者的多样性等。这也是新闻的客观、平衡

---

1 周葆华.算法、可见性与注意力分配：智能时代舆论基础逻辑的历史转换[J].西南民族大学学报（人文社会科学版），2022（01）：143-152.

2 郭小平，潘陈青.智能传播的"新社会能见度"控制：要素、机制及其风险[J].现代传播（中国传媒大学学报），2021（09）：1-6.

3 李孟浩，赵学健，余云峰，等.推荐算法研究进展[J].小型微型计算机系统，2022，43（03）：544-554.

的专业价值观的具体体现。

内容推荐算法，有必要从个性化推荐这一内容消费者视角向内容生产者的视角扩展。也就是说，内容推荐不仅是面向内容消费者的，还应该是面向内容生产者的。有必要通过算法设计让更多内容生产者生产的高质量内容得以传播。特别是使那些具有重要公共价值的内容触达更广的人群，增加其可见度。

无论如何，可见度都是对现实世界对象的再生产结果。网络环境中内容的可见度能否与现实世界中的事件或话题的重要性相匹配，是衡量网络的社会监测与守望能力的一个重要依据。

算法会以社交机器人等方式影响平台的内容分布。今天，它们部分替代了人工"水军"，其信息传播更为高效，有时也更为隐秘，造成的干扰更难察觉。

算法不仅影响着内容生态，也影响着平台的舆论环境。有研究者担忧，网络平台通过可见性的控制和智能适配的技术逻辑影响舆论的自然生成，在特殊利益集团的操控下，算法以其隐蔽的技术手段将社会表达的"公意"舆论，操纵为一种满足特定需求的"众意"的"伪舆论"[1]。另一些研究者进一步指出，算法对公众表达具有三种操控模式：屏蔽、下沉公众表达；引导、规训公众表达；伪造

---

[1] 许加彪,王军峰.算法安全：伪舆论的隐形机制与风险治理[J].现代传播（中国传媒大学学报），2022,44（08）：138-146.

公众表达。算法作用于公众表达的运作机制背后是技术、资本与政治之间的互动。[1] 在这方面对算法应用的制约，就变得更加重要了。

3.1.3　作为媒介的算法建构的关系

作为媒介的算法也在建构着事物间的关系。匹配、调节、控制是主要的关系模式。

算法进行的匹配，也就是筛选、计算出适合的关系并进行连接。算法之所以在今天日益普及，是因为有些关系的发现、评估是靠人力不能完成的。例如，在网约车平台实现的司机与乘客的实时匹配。

算法在匹配、连接的同时，有可能将个体的能量聚集起来，成为一种集体能量。这是共享经济平台正在实践的，也是传统的人力方式难以实现的。

作为媒介的算法，既有可能提供准确的匹配，也有可能提供无效或者错误的连接。这取决于算法模型的合理性，以及它所依据的数据的可靠性。另一方面，算法也可能会阻止一些连接的发生，例如，个性化内容推荐算法会过滤掉很多信息，使人与那些信息之间失去连接。信用评估算法会让一些人因为个人背景失去获得工作或贷款的机会，即对连接的阻断。而在没有算法的年代，在这些个人

1　何晶，李瑛琦. 算法、公众表达与政治传播的未来格局 [J]. 现代传播（中国传媒大学学报），2022，44（06）：67-76.

背景不容易被他人掌握的情况下，情况可能会有所不同。虽然这些算法的设计目标是便利、效率、风险控制等，但某些时候它可能成为对个体自主权、选择权及自我突破机会的压制甚至剥夺。

为了通过算法建立起各种匹配，算法的设计者需要学习、研究现实社会的各种关系模式。在某种意义上，算法为我们提供了一个思考、评估现有关系及其本质的机会。在此基础上，算法可能用自己的方式建构出社会关系，而这个过程是对社会关系进行重置的过程。[1]这种重置既有可能是重复、强化，也有可能是颠覆。但在目前的算法设计中，重复、强化更为常见。多数推荐算法是对人们以往关系或兴趣的强化，一些评估算法是对社会偏见与原有制度的强化。这并不意味着不存在颠覆可能，只是算法设计者在目前更可能沿用旧有的文化模式、思维框架。在这种重复中，可能继承着人类原有的偏见、歧视等思维惯性。算法出现的偶然误判，也会在后续的算法中被不断继承、放大。

尽管算法提供的匹配方案未必是最优的，但人们对于算法的优劣难以做出评估。因为这样的评估往往要耗费人们大量的时间，有时甚至是人力难以企及的，并且当人们感受到算法带来的便利时，会更多地顺从自己的惰性，依从甚至依赖算法的引导。

作为媒介的算法，常常会通过一定的机制调节、控制着各种对

---

[1] 喻国明，耿晓梦.算法即媒介：算法范式对媒介逻辑的重构[J].编辑之友，2020（7）.

象及其相互关系。

例如，在内容平台，算法调节着生产者—内容—消费者几者之间的关系。信息推荐算法不仅影响着个人的信息获取，还影响着整个平台的流量分布。而流量指标反过来也会影响到内容生产者的取向。算法和数据建立起了内容消费者与生产者之间的反馈回路，形成了内容平台的调节逻辑，并带来了一种新的产消关系。这使得内容生产者可以更直观、直接地了解用户的需求与评价。但从另一方面看，当内容生产者被算法钳制时，他们对于内容的专业判断力也会受到抑制，某些时候会屈从于算法计算出来的"民意"。算法在影响人—信息环境—现实世界的关系。在算法调节下各类信息在平台中构建的"拟态环境"，控制着人们对现实世界的认知，但有时它们可能偏离现实环境，或者将人们局限于狭小的视野里。

在劳动平台，算法的调节、控制也很常见。在其他的算法经济的模式中，算法在调节供需、资源、价格等要素及关系，在提高用户的便利程度的同时，为生产者赚取了更高的利润。

算法辅助的社会治理，试图通过算法来进行社会关系的动态管理与调节，发现与防范社会风险，同时，通过算法中内置的规则来引导、控制人们的行为，使过去一些由管理机构强制进行的管理措施，内化为人的自我控制。

3.1.4　算法对共同体的强化或促成

算法不仅作为媒介实现着一对一的关系匹配与连接,也在建构着群体关系。它对共同体的形成与维系的影响正日益受到关注。

虽然共同体概念的最早提出者费迪南·滕尼斯(Ferdinand Tönnies)认为,共同体的基本形式主要包括亲属(血缘共同体)、邻里(地缘共同体)、友谊(精神共同体)[1]。但是,今天人们谈及共同体时,可能会涉及各种具有共同特征或纽带的群体。共同体意味着相似人群的类聚与整个社会的群分。

很多基于算法的评价系统,也在将人群进行区分,强化人们的群体归属,并赋予相应的标签。而在进行关系匹配或资源分配时,每个标签会对应着与相应群体适配的规则、套路。因此,算法和标签可能将人们框定在既有的群体中,在一定程度上也在加固不同共同体之间的"墙"。算法对某些共同体边界的维护,是算法权力的一种表现。

除了维护某些共同体的边界、维系现有共同体,算法还可能通过对相似人群的连接,推动共同体的形成。

在网络中,共同体的形成有各种纽带与模式,相对松散的社区、

1　滕尼斯.共同体与社会[M].张巍卓,译.北京:商务印书馆,2019:87.

稳定的社群、圈子、族群都是共同体的表现形式[1]。其中，兴趣或其他文化上的共通性，对于共同体的形成意义尤为突出。而在对有共同兴趣的人群的发现、连接方面，算法的作用开始显现。

早期网络共同体的形成，是人们主动寻找相似人群、形成社区并持久互动的结果。而今天的算法可以通过对人们的行为的分析，将具有共通性人群连接起来。例如，对于当下的个性化推荐平台，用户被打上的标签是一种隐性的连接线索。表面上看，标签只是人与内容连接的依据，人与人之间没有直接互动。但标签可以将人们之间隐藏的共通性挖掘出来，将具有共同属性、兴趣或行为特点的人连接在一起。在算法的支持下，可以实现以标签区分人群，甚至形成社区或社群。

在技术领域，已有不少研究者在探索如何通过算法发现网络社区。在这一领域的研究中，社区通常指由一组内部连接紧密、与外部连接稀疏的节点集合构成的结构[2]，而这种结构正是共同体的重要特征之一。研究者通过算法研究网络社区的构成、边界及其结构，特别是那些隐性社区，即包含于显式社区结构中的紧密子集，隐性社区在更深程度上反映了社会网络中隐含的真实关系，其结构往往是动态的[3]。这些研究主要是基于舆情分析、影响力分析、内容推荐、

---

1 彭兰."液态""半液态""气态"：网络共同体的"三态"[J]. 国际新闻界，2020（10）：31-47.

2 乔少杰，等.大规模复杂网络社区并行发现算法[J]. 计算机学报，2017（3）：687-700.

3 王莉，程学旗.在线社会网络的动态社区发现及演化[J]. 计算机学报，2015（2）：219-237.

信息传播与网络营销应用等目标开展的。

虽然目前的算法主要是发现已经存在的社区，但可以预期，在未来的新媒体产品特别是社交产品的开发与运营中，通过算法"计算"、促成某些共同体的思路也会出现。

算法的运用，可能使得"同温层"更容易形成。在网络中，人们更愿意向与自己价值观、立场、态度等相似的人靠近，以此获得抱团取暖、相互支持的可能，人们就像气态分子一样在不断运动，直到寻找到适合自己的位置，而相似的气态分子向同一"高度"聚集，形成同温层效应。相比那些相对稳定的共同体，同温层是一种流动的、想象的心理共同体，在不同话题、不同时期会有不同的同温层，而算法推荐有助于人们随时寻找到适合自己的同温层。

从共同体这个角度看，算法也会对社会结构产生深层影响。当然，它是持久维系既有的共同体，固化原有的社会结构，还是帮助人们突破现有圈层，发现、促成新的共同体，这同样取决于算法的设计思路。

3.1.5　算法权力及其约束

作为中介的算法，既影响着人们的认知与行为，也建构、调节、控制着各种关系。因此，算法就会成为一种权力。算法权力包含算法本身的权力和数据的权力。[1] 算法权力的主要作用方式有：通过

---

[1] 陈鹏.算法的权力和权力的算法[J].探索，2019（04）：182-192.

对数据的占有、处理与结果输出，演化为资源、商品、财产、中介甚至社会的建构力；算法直接变为行为规范，影响甚至控制个体的行为；算法辅助甚至代替公权力，做出具有法律效力的算法决策。[1]

今天的算法权力更多地掌握在那些拥有技术和数据的机构或个人手里。或许在一开始，他们中的多数并未意识到自己的权力有多大，影响有多深，他们更多是遵循技术逻辑探寻技术的可能性。但当他们看到算法可以帮助自己实现盈利或其他目标时，他们就会有意强化这种权力。另外一方面，资本、政治等其他权力，在意识到算法的力量时，也会加强对其渗透或控制。而一旦算法进入各种应用中，一些潜在的风险就会释放，权力过度或失范的问题就会不断暴露。

今天最受关注的算法权力过度或失范问题包括：

（1）算法偏见或歧视。算法在对于某些对象（如个体或群体）进行评判和决策时，有时带有偏见或歧视。算法偏见主要包括损害公众基本权利的算法偏见、损害竞争性利益的算法偏见和损害特定个体权益的算法偏见[2]；算法歧视主要表现为年龄歧视、性别歧视、

---

[1] 张凌寒.算法权力的兴起、异化及法律规制[J].法商研究，2019（04）：63-75.

[2] 刘友华.算法偏见及其规制路径研究[J].法学杂志，2019，40（06）：55-66.

消费歧视、就业歧视、种族歧视、弱势群体歧视等[1]。这种偏见或歧视可能来自人类思维中的固定成见，也可能来自算法技术的缺陷或支持算法运行的数据偏差，还可能由于机构利益的驱动。从内容生产角度看，算法偏见意味着算法程序在信息生产与分发过程中失去客观中立的立场，造成片面或者与客观实际不符的信息、观念的生产与传播，影响公众对信息的客观全面认知。[2]

（2）算法控制。算法控制既可以体现为对某些对象的制约、控制（如前文分析的对人的控制），也可以体现为对某些过程、结果的操控，如搜索引擎算法对搜索结果排序的控制、算法对市场的操控等。算法可以放大某些对象在信息环境中的存在与影响，而对另一些对象则起到抑制作用。这既体现在平台分发算法对不同内容形成的"可见度"的差异，也体现在算法对某些个体、机构，甚至国家的声音的放大或压制，也就是对舆论的操控。对舆论的操控会对人们的认知与意见、态度等形成控制。

（3）算法侵权。算法对个人或群体权利的侵犯，特别是对隐私权的侵犯，也是当今一个常见的问题。

（4）算法黑箱。算法黑箱主要与弱人工智能领域的"深度学习"技术相关。当机器在进行自我学习和自主决策时，可能会产生黑箱，

---

1 汪怀君，汝绪华.人工智能算法歧视及其治理[J].科学技术哲学研究，2020，37（02）：101-106.

2 郭小平，秦艺轩.解构智能传播的数据神话：算法偏见的成因与风险治理路径[J].现代传播（中国传媒大学学报），2019，41（09）：19-24.

连设计者可能都不知道它是如何决策的[1]。当然，并非所有算法都会产生"黑箱"。现在人们常常认为的"黑箱"，实际上很多还是由人为设计的模型、参数及权重导致的。

对于算法权力的约束，特别是算法黑箱问题，算法的可解释性被认为是一个重要制约方式。美国计算机协会美国公共政策委员会在2017年初发布了《关于算法透明性和可问责性的声明》（*Statement on Algorithmic Transparency and Accountability*），其提出了七项基本原则，其中一项即为"解释"，希望鼓励使用算法决策的系统和机构，对算法的过程和特定的决策提供解释，尤其在公共政策领域。欧盟于2018年5月正式实施的《一般数据保护条例》（*General Data Protection Regulation*），也提出了"解释权"，赋予欧盟国家公民"审查某项特定服务中如何做出特定算法决策"的权利。[2]

此外，还有很多人呼吁算法公开，以及加强算法的伦理审查、建立算法的伦理评估体系等。

但算法产生的很多问题，本质上还是人自身的问题，算法歧视与偏见很大程度上就是对人类的歧视与偏见的继续。对于算法偏见问题，邱泽奇认为，阻止乃至防止算法偏见首先需要纠正人类的偏

1　莫宏伟.强人工智能与弱人工智能的伦理问题思考[J].科学与社会，2018，8（01）：14-24.

2　魏强，陆平.人工智能算法面临伦理困境[J].互联网经济，2018（05）：26-31.

见。针对算法偏见纠正人类的偏见有两个基本路径,一是针对偏见发生的过程;二是针对偏见带来的后果。落实到算法治理中,前者是过程治理,后者是结果治理。[1]

算法权力往往与数据权力关联在一起,对数据拥有者的权力进行约束,对用户个人的数据赋予相应权益,正成为算法规制的一个方向。

当然,就像法学研究者丁晓东所指出的,算法并不是一种标准化的物,而是一种人机交互的决策。因此,算法的法律属性会因为具体场景的不同而不同,算法法律规制的原理必须建立在场景化的基础上。[2]

对于算法权力的更深层影响,一种典型的担忧是:一旦权力从人类手中交给算法,人文主义议题就可能惨遭淘汰。[3]但将数据、算法与人文主义对立,认为算法一定是工具理性的结果,或许只是今天我们的思维惯性。面对一个无法避免的算法社会,我们更需要抛弃技术与人文之间非此即彼的思维,探求人文精神与技术理性和谐共存的可能性。

---

[1] 邱泽奇.算法治理的技术迷思与行动选择[J].人民论坛·学术前沿,2022,242(10):29-43.

[2] 丁晓东.论算法的法律规制[J].中国社会科学,2020(12):138-159+203.

[3] 赫拉利.未来简史[M].林俊宏,译.北京:中信出版集团,2017:356-357.

数据与算法使得工商业时代以来的生产、生活方式和社会价值观发生了深刻改变,同时也带来了全新的秩序风险。[1]虽然对于算法权力的反思、批判与制约是必要的,但我们也不能只禁止对算法的使用,而应在面对算法带来的新挑战时,做出制度与行为上的调适。对普通人来说,理解算法的基本运作,理解其对自身的影响,就是利用与对抗算法的基础。

3.2 算法社会的"囚徒"风险

在理解了算法的一般影响的基础上,我们有必要从个体角度进一步思考算法带来的钳制,警惕我们成为算法的"囚徒"这一风险。

3.2.1 人的认知、判断与决策是否会受制于算法?

1. 推荐算法对人的认知的影响

虽然个性化推荐算法因为近年来一些基于算法的内容平台的兴起而受到关注,但事实上个性化推荐早就进入网络。搜索引擎、电子商务平台等都早已采用推荐算法。

推荐算法之所以在今天成为互联网一种广泛应用的技术,其核心动力在于解决海量信息(或产品)与用户之间的供需适配问题。

---

1 马长山.智慧社会的治理难题及其消解[J].求是学刊,2019(5):91-98.

对于用户来说,是为他们发现符合自己需要的信息(或产品);对于生产者来说,是为内容(或产品)找到合适的用户。

从内容或产品推荐角度看,作为媒介的算法本身就是为用户提供一个过滤器。这种过滤在减少用户的认知负担的同时,也可能局限用户的视野。

美国学者伊莱·帕里泽(Eli Pariser)很早就关注到了搜索引擎的个性化推荐带来的信息"过滤泡"问题。他指出,个性化过滤器会用两种方式打破我们在强化现有想法和获取新想法之间的认知平衡:其一,它使我们周围充满着我们已经熟悉(并且已经认可)的想法,导致我们对自己的思维框架过于自信;其二,它从我们的环境中移除一些激发我们学习欲望的关键提示。[1]他还认为,个性化推荐限制了我们的解答视界,即寻找问题解决方案的空间大小,并会限制人的创新性。[2]

而国内研究者则更多地从信息茧房的角度探讨算法是否会带来人们的视野狭窄、态度与立场固化等问题。前面章节已经指出,造成信息茧房的成因是多方面的,算法并非唯一的原因,但至少我们可以看到,从算法本身的原理来说,算法的确会带来过滤。这种过滤不可避免地会在一定程度上影响人们对外部环境的认知。

---

[1] 帕里泽. 过滤泡:互联网对我们的隐秘操纵[M]. 方师师,杨媛,译. 北京:中国人民大学出版社,2020:65.

[2] 帕里泽. 过滤泡:互联网对我们的隐秘操纵[M]. 方师师,杨媛,译. 北京:中国人民大学出版社,2020:72.

在信息爆炸的今天，信息过滤是必然的选择。即使是传统媒体也会对信息进行过滤，在媒体上构建拟态环境。如果媒体对内容的公共性有合理的评估，并且秉持"客观""平衡"等立场，那么媒体的拟态环境仍有助于人们全面了解现实社会。专业的媒体在进行信息过滤时，重点考虑的不是人们想要知道什么，而是从社会环境传达与感知角度判断人们应该知道什么。媒体的信息选择，通常也会考虑到内容的平衡与多样性。

但在目前的算法设计中，内容推荐算法主要是参照人们的习惯和相似人群的兴趣，也就是关注人们想要获得什么，在某种意义上就是在顺应人们的认知心理中惰性的一面，甚至可能强化人的选择性心理。虽然从信息获取效率的角度看，这样的算法可以帮助人们以更小的成本获得与自己偏好、需求更吻合的信息。但是，推荐算法是否只能顺从人们的惰性与意愿，成了一个值得思考的问题。信息传播的一个重要目标是社会整合，促成不同人群连接，促进公共对话，即打破个人的作茧自缚。因此，内容推荐算法需要兼顾个性化满足与公共整合的双重目标。这应是算法未来努力的方向。

除了个性化推荐算法对个体的影响，内容推荐算法也会在其平台上营造一种整体的拟态环境。这种拟态环境能否全面、真实地反映现实社会，与算法的设计思路相关。但今天一些平台算法过分倚重流量的思路，容易带来马太效应，加重信息环境的不平衡，并使拟态环境与现实环境的偏离加大。

即使算法在未来能更好地实现内容推送的多样性、个性化与公共化内容的平衡，但如果人们把对信息的选择权完全交给算法，每天都只是等着算法投喂的信息，那么也会导致人们越来越失去自主性与判断力。

除推荐算法外，社交机器人对人的认知的影响，是算法影响的另一种表现。社交机器人是指在社交媒体中，由人类操控者设置的、由自动化的算法程序操控的社交媒体账号集群[1]。在很多社交平台上，社交机器人在算法的控制下自动生产着各种内容。这些内容混杂于人生产的内容中，很多时候也不能为一般用户所辨识。因此，通过社交机器人，社交平台的信息环境容易被操控，而这种信息环境也会作用于用户。

算法可以影响甚至操控人们的环境认知，影响舆论，因此可以成为认知战的新手段。认知战被认为是深入人类大脑的作战，以改变人的认知为目标。算法认知战有隐性、高效、大规模、分层次、精准化，且高频度、大密度、持续性、多形式的特点，形成高强度思维认知压迫。[2] 在未来的企业营销、政治博弈，甚至国家间的战争中，算法认知战的作用会越来越突出。

---

1 郑晨予，范红. 从社会传染到社会扩散：社交机器人的社会扩散传播机制研究 [J]. 新闻界，2020（03）：51-62.

2 方兴东. 全球社会信息传播变革趋势研判——从智能传播时代的算法认知战谈起 [J]. 人民论坛，2022，742（15）：96-99.

在今天的智能化内容创作中，也有算法的作用。但如前文指出，这些作品只是算法建构的一种认知界面。算法虽然在模拟人的创作思维，并且有可能在某些方面打破人的思维套路，将人带到一些过去未曾涉足的认知领域，但算法本身也有其局限性。它们只能从某些维度反映现实世界，它们对世界的反映仍是相对"平面"的。如果我们总是通过算法构建的界面去认识世界，那么我们认识世界的方式会越来越单调，甚至会失去对世界的完整把握能力。

算法认知不仅仅是一种认知和交流的工具，它还通过对数据的采集、分类、预测和干预影响着世界的存在和意义。可以说，算法认知正在通过改变我们对世界和自身的理解来改变我们对世界和自身的解释。但在很多情况下，算法认知所带来的是不对称的伦理与政治结构。[1]

算法和机器带来的毕竟只是一种数据化界面。这种界面既可以准确地反映世界的某个维度或侧面，也可能出现失真。即使没有失真，如果我们总是透过这层界面去认识和反映世界，那么人与万物之间的直接关系将被弱化，世界的很多维度将被削弱，甚至变得"扁平"。人的主观观察、认知与描绘世界的能力将会下降。如有学者指出，人的数字化与智能化的生存方式，将会使人与自然的关系发生逆转。在这个转变过程中，人类将生活在技术营造的环境中，认

---

[1] 段伟文.深度智能化时代算法认知的伦理与政治审视[J].中国人民大学学报，2022，36（03）：23-35.

识关系将会变成权力关系。[1]

2. 算法对人的判断、决策力的抑制

当下很多时候，我们会依赖算法做出判断与决定，甚至进行大的决策。

对于个体来说，当他接受算法推荐的内容、产品时，某种意义上也是在借助算法做出判断与决策，即把对内容与产品的价值判断建立在算法的评价上。

例如，导航软件依赖算法进行路线的判断与选择；未来的无人驾驶，更是取决于算法的判断。在这些领域，算法的确可以帮助人们做出正确，甚至更优的决策。

在大数据和人工智能技术的支持下，算法对组织机构或一些行业性的决策的作用越来越显著。例如，银行在对企业或个人发放贷款进行信用和风险评估时，可以参照数据和算法分析的结果。企业在聘用员工时，可能会借助算法进行判断。在医疗领域，智能影像分析系统、疾病诊断系统可以帮助医生做出诊疗决策。在法律系统，人们也在尝试用人工智能参与决策或进行局部裁判，如进行再犯风险评估、嫌疑人逃脱可能性判断、合理量刑测算等[2]，甚至出现了

1　成素梅.智能社会的变革与展望[J].上海交通大学学报（哲学社会科学版），2020（8）.

2　栗峥.人工智能与事实认定[J].法学研究，2020，42（01）：117-133.

用"风险评估工具"算法来确定罪犯刑期的做法。这种算法参考了数十年的量刑判例，并结合了十几个参数评估被告在一定时期内重新犯罪的可能性。[1] 在城市交通和其他方面的管理也会越来越多地依赖算法。

算法对生产决策的影响正在显现，内容生产行业便是其中的典型。通过各种排行榜决定内容生产的选题方向或进行内容产品的策划，是当今媒体依赖算法进行内容生产的一种表现。因为各种排行榜是由一定的算法形成的。除了排行榜，媒体还可以借助更复杂的数据分析、决策。例如，2020年B站（Bilibili网站）跨年晚会，不仅成功地吸引了B站的用户，还成功地实现了"破圈"。这与应用相关数据及算法进行表演嘉宾、表演节目的遴选不无关系。正在兴起的计算广告的核心思想是将广告的创意、形式选择、目标人群选择、广告分发与互动等广告生产的全流程建立在数据与算法的基础上。

算法对其他经济活动、经营决策的影响也在日渐深入。例如，在共享经济平台（如网约车平台）上，生产者与消费者可以直接进行动态、多变、复杂的网状连接和点对点交易，这需要依赖平台企业所设计、维护和运营的强大算法。[2] 企业的产品开发，可以利用算法进行规划、评估，对产品的定价、运营效果的评价，以及运营

---

1 左卫民.关于法律人工智能在中国运用前景的若干思考[J].清华法学，2018（2）.

2 姚前.算法经济：资源配置的新机制[J].清华金融评论，2018（10）：91-98.

的实时调控等，算法也有独特的作用。

算法在某些方面的决策中之所以重要，一是因为它可以对与决策相关的对象进行历史、现状，甚至未来趋势的数据分析（包括大数据分析）；二是因为它可以建立决策模型，基于这种模型对各种可能性进行分析寻求最优解决方案。算法以过滤信息、建构模型为手段，降低认知负担、提高认知效率[1]。因此，在决策速度与效率，甚至某些决策的准确度方面，算法都有可能形成自己的优势。

但这是否意味着人们应该把所有判断与决策都交给算法？

"人们之所以需要借助算法来解决问题，是因为需要借助认知模型将认知负担控制在合理的范围内。"[2] 既然算法是一种认知模型，那么它就是对现实世界的一种抽象和简化。很多时候，它只是反映了典型的对象，而不是事物的全部。多样性的世界并非都能通过数据来描绘或计算。算法可能会在某些层面较好地描述与解释现实社会，但在另一些层面则无能为力。完全依赖算法，在某些时候就会形成错误的判断与决策。

今天人们的创新过程就是一种判断与决策的过程。虽然算法打破了人的某些旧套路，但也会形成一些新套路。如果人们的决策越

---

[1] 蒋舸.作为算法的法律[J].清华法学，2019，13（01）：64-75.

[2] 蒋舸.作为算法的法律[J].清华法学，2019，13（01）：64-75.

来越多地陷入算法营造的套路，那么人类的想象力与创造力也会萎缩。

算法决策主要依赖对事实的判断，但决策过程往往还要加上情感、道德伦理等其他方面的判断。有法律研究者认为："司法裁判不是程序化的理性计算，而是事实与价值的复合体（实体上）和技术应用与民主过程（程序上）的统一体，它要借由事实查明和法律适用这一过程体现人性温度、彰显人文关怀"。[1] 这一观点也适用于其他一些决策领域。

算法决策中的伦理问题，在今天更是一大困扰，是未来人工智能发展的重要关切。前文已经做了相应分析。未来算法能否更好地解决各种伦理困境还未可知，但即使我们对它在伦理判断中的能力寄予希望，也不能完全把伦理判断交给机器。

另外一个更基本的问题是，我们如何判断算法的可靠性。数据的质量、算法模型的合理性等，都会影响到算法结果的质量。基于数据的算法虽然看似客观，但其中隐藏着很多主观因素。这些主观因素会对算法的可靠性产生干扰。

因此，算法社会对人的决策、判断力带来的挑战是双重的：一方面我们要防止把所有决策、判断都交给算法。我们要判断算法在哪些方面可以帮助我们做出更好的决策，而在哪些方面算法可能会

---

[1] 陈敏光.司法人工智能的理论极限研究[J].社会科学战线，2020，305(11)：194-204.

把我们带入歧途；另一方面，即使在很多时候要参照算法，我们也需要有能力判断算法本身是否有缺陷，算法依据的数据是否可靠，算法是否存在偏见，算法提供的结果是否合理、准确。在没有这种判断力的前提下，盲目依赖算法，也就难免会陷入各种陷阱。

3.2.2　人的社会位置是否会被算法禁锢？

除认知与判断可能受制于算法外，人们的社会位置也可能被算法影响。

首先这与算法偏见与歧视相关。算法偏见与歧视既可能源于算法本身的设计，也可能源于算法所依据的数据。

人工智能是人类思维的映像，人类在面对某些问题时采取的"范畴化倾向"的认知态度，也在人工智能的算法流程中体现出来了[1]。而在这种范畴化倾向中，隐藏着人类思维与文化中的偏见。或许很多算法设计者并没有意识到算法中的偏见或歧视问题，他们只是遵循着社会文化或自己的思维惯例来进行算法设计。这个过程将过去隐性的偏见显现出来。如有研究者指出："人类文化是存在偏见的，作为与人类社会同构的大数据，必然包含着根深蒂固的偏见。而大数据算法仅仅是把这种歧视文化归纳出来而已。"[2]

---

[1] 卜素.人工智能中的"算法歧视"问题及其审查标准[J].山西大学学报（哲学社会科学版），2019，42（04）：124-129.

[2] 张玉宏，秦志光，肖乐.大数据算法的歧视本质[J].自然辩证法研究，2017，33（05）：81-86.

从数据层面看，"与算法偏见相关的数据偏见是历史数据本身不可避免的产物。而 AI 等在进行学习训练的时候，恰恰是依据这些有偏见的数据，自然其分析的结果带有了很明显的偏见。利用历史数据进行训练的算法程序可能会延续，甚至加剧基于种族或性别的歧视"。[1] 在进行数据挖掘的时候，常常会把不同的人群进行分类，这种分类会继承甚至加大不平等体系。[2]

虽然在推荐算法中，也会存在算法偏见、歧视等问题，但相对来说，其影响主要是在人们的认知层面。而在决策算法中，偏见及歧视则有可能影响到人们的权利、社会位置及流动。

目前受到较多关注的算法歧视，如就业歧视、信用歧视、投资歧视等，就在很大程度上关系到人们的社会位置及流动可能。"在算法决策中，个体被赋予了一种新的身份即'算法身份'，一旦将个体算法身份贴上某种易于被歧视的标签，就会产生双重累积劣势。"[3] 人们往往因为自身的身份和原有的社会位置等，被决策算法打下某种标记，原来处于优势地位的人往往会获得有利的标记，从而获得更多的资源和向上流动的可能性，而原来处于不利地位的人，则因标记处于更加不利的地位，从而失去就业、获得投资等相

---

1 杨庆峰. 数据偏见是否可以消除？[J]. 自然辩证法研究，2019, 35 (08)：109-113.

2 林曦，郭苏建. 算法不正义与大数据伦理 [J]. 社会科学，2020, 480 (08)：3-22.

3 刘培，池忠军. 算法歧视的伦理反思 [J]. 自然辩证法通讯，2019, 41 (10)：16-23.

应机会。算法可以对人们的历史记录进行追踪,将各种平台的数据相关联,将人们的背景翻个"底朝天"。这使得人们更加难以逃离既有社会位置的束缚。"当算法将虚拟世界和现实世界的个体相联结,将某一个体的过去、现在和未来相联结时,一次性的不公可能暗藏着对个体结构性的歧视锁定。"[1]

如果没有足够的规制,那么未来算法歧视可能还会在教育、医疗等其他领域体现。

在一定意义上,算法的偏见和歧视不能完全避免。对于算法的设计者来说,需要有一定的机制包括法律上的约束,尽可能减少算法偏见、歧视的产生。而对于一般人来说,则需要意识到算法偏见、歧视在哪些方面存在,它们是如何对个人产生影响的。

除算法偏见与歧视外,算法对人们的社会阶层的禁锢,还会通过其他某些方式实现。前文所说的推荐算法带来的认识局限,会在一定程度上影响人们对其他群体的了解。算法在连接相似人群的同时,可能会造成不同人群之间的区隔。从这个意义上看,算法会更容易将人们限定在某个特定的"圈层"中。

算法社会带来的另一种社会分化是信息技术的贫者与富者的分化。"算法社会一定是科技精英社会。少数人会成为主宰,而大

---

[1] 张欣.从算法危机到算法信任:算法治理的多元方案和本土化路径[J].华东政法大学学报,2019,22(06):17-30.

多数人只能顺从。"[1] 在某种意义上，算法会加剧数字鸿沟，信息技术的贫者不仅与算法权力无缘，还会在他人的算法权力的控制下，被困在自己的社会阶层中。

3.2.3 人的劳动是否会被算法隐性控制？

2020年9月，一篇题为《外卖骑手，困在系统里》的特稿，引起了很多人的关注。报道中提到，外卖平台有一种算法，从顾客下单的那一秒起，系统便开始根据骑手的顺路性、位置、方向决定派哪一位骑手接单，订单通常以3联单或5联单的形式派出，一个订单有取餐和送餐两个任务点。如果一位骑手背负了5个订单、10个任务点，则系统会在11万条路线规划的可能中完成"万单对万人的秒级求解"，规划出最优配送方案[2]。虽然对于顾客来说，这种算法可以使他们在最短的时间里拿到外卖，但对于骑手来说，这却可能意味着不断提高的时间压力和劳动强度。

有研究者指出，送餐时间的不断缩短与算法对送餐员的"规训"密不可分。数字平台通过算法影响着劳动和消费的关系，通过建构"高效""及时"等时间话语赢得资本市场，并对外卖送餐员实行算法管理下的时间规训和时间操控。送餐平台依靠算法精细化的管理，将传统情境下的情感劳动付出合理化和规范化，进一步实现了

---

1 於兴中.算法社会与人的秉性[J].中国法律评论，2018，20（02）：57-65.

2 参考赖祐萱的"外卖骑手，困在系统里"。

对于送餐员的纪律规训[1]。

其他研究者也有类似的判断。有研究发现，相比传统劳动中的雇主控制、等级控制、技术控制和科层制控制，外卖骑手的劳动是由平台控制的。平台系统将劳动过程精确到可计算的程度，实现了对劳动的高度控制和精准预测，这很大程度上源于平台系统背后的数据、算法和模型的支持[2]。甚至有些平台通过算法升级，使原本由骑手自己决定工作内容与工作数量的状况转变为依靠算法强制分配。同时，拒绝算法的强制分配会付出隐秘且更严重的代价——可接收的订单总数量大幅下降。[3]

从用户角度来说，算法调节了外卖骑手资源的分配，用户可以更快地收到外卖，但对于骑手来说，这种调节则是对他们劳动的严格控制。在算法的算计下，骑手每一分钟时间的价值都会被榨取。在这些平台，原本由人完成的调节、控制，改由算法完成。虽然算法背后仍是人制定的规则，但算法可以完成实时、动态、精准调控。这是以往仅靠人力控制难以实现的。

数字平台上的内容生产是一种更直接的数字劳动。这种数字劳

1　孙萍."算法逻辑"下的数字劳动：一项对平台经济下外卖送餐员的研究[J].思想战线，2019，45（06）：50-57.

2　陈龙."数字控制"下的劳动秩序——外卖骑手的劳动控制研究[J].社会学研究，2020，35（06）：113-135+244.

3　叶韦明，欧阳荣鑫.重塑时空：算法中介的网约劳动研究[J].浙江学刊，2020，241（02）：167-176.

动在很大程度上受到平台规则的影响。平台规则会调节供需关系，刺激劳动。而平台规则往往也需要算法。

有研究者对网络文学的生产机制研究指出，"付费阅读模式"已成为文学网站通行的盈利模式，为了获取读者的关注度，也为了得到更多的金钱回报，网络作家的作品开始越写越长。写作不再是自由的、个性化的自我呈现，迎合读者和市场需要、维持读者的阅读快感和引发阅读欲望成为网络文学作品生产的内在逻辑。"文艺青年"逐渐演变为没有固定劳动合同、按照单件作品的文字量获取报酬的"计件工"。[1]

同样，在短视频、视频直播等平台，算法在激励用户参与内容生产的同时，也在无形中控制着他们的劳动付出和回报，甚至异化着他们的劳动目标。

平台算法之所以能对人们的劳动产生直接的控制，一个重要原因是平台将劳动者与消费者直接连接，消费者可以通过平台反馈，评价劳动者的劳动。劳动者的劳动成果可以直接被量化，并成为评价劳动的主要指标，而这是算法最适合做的事情。通过量化结果来控制劳动，看上去劳动者的劳动过程变得自由了，但为了获得更好的结果，他们会付出更多的劳动，包括情感劳动。通过各种方式取悦消费者，以获得额外的肯定。

---

1 蒋淑媛，黄彬.当"文艺青年"成为"数字劳工"：对网络作家异化劳动的反思[J].中国青年研究，2020，298（12）：23-29+37.

对于内容生产者来说，流量成了最基本的评价指标。将对内容本身的信息量、质量优劣的评价，简单化为对流量的评价。这是新媒体时代传播发生的重要变化，平台对流量进行的数据统计与在传播界面中的直接呈现，以及各类基于这些数据的排行榜、指标体系，造就了传播评价体系的算法化。这不仅给劳动者施加了压力，还使他们的内容生产的出发点发生偏移，他们不再是作为内容生产者做出独立判断，而是要时时顾及内容消费者的心理与需求。在社交媒体中，他们尤其需要考虑作为"人媒"的社交网络对内容的需求。虽然在一定程度上，面向消费者的考量可以使内容生产者的生产更有目的性，与市场需求产生更多呼应，但另一方面，过于单一的评价算法体系会使简单的"鼠标投票"机制取代专业的评判机制。内容生产者自身的专业判断力因此可能被削弱。

当影响力或舆论声量等都靠流量来衡量时，一种另类的数字工作者——"网络水军"也就应运而生了。利用碎片化时间进行工作的网络水军，其主要工作就是人为制造各种数据（如刷分、刷评论、刷单），以影响相关评价。在某种意义上，网络水军是量化制度设计的"社会症候"[1]。像"网络水军"这样的数字工作者，其本身的工作报偿与算法紧密相关，他们改变了他人的评价体系中的相关数据，对他人的工作（劳动）产生影响。

平台还有可能将劳动（工作）改头换面，将一些劳动变成舒尔

---

[1] 吴鼎铭.量化社会与数字劳动：网络水军的政治经济学分析[J].现代传播（中国传媒大学学报），2019，41（05）：47-51.

茨所说的"玩劳动"（play-labor、playbor），实现生产性和休闲性的统一[1]，使人们更心甘情愿地参与到数字劳动中。甚至在克里斯蒂安·福克斯（Christian Fuchs）看来，今天所有的数字平台的用户，实际上就是运输工人，而且是免费替大平台和广告商运输商品意识形态的工人，是一种数字劳动者[2]。虽然新媒体用户的"劳动化"是多重力量推动的，但算法在其中的作用也不容小觑。

平台的各种机制通过数据与算法模型进行体现。平台的控制最终会演变为劳动者的自我约束与激励。在这种自我约束与激励下，一些劳动者会变成"永动机"。

而在很多劳动领域，即使没有平台的存在，面对各种量化考核指标，人们也不得不给自己加压。但人们的努力却会带来"水涨船高"的效果，考核指标不断升级。人们的压力不但没有减轻，反而进一步加强。这也是2020年备受关注的"内卷"现象的一种典型表现。虽然"内卷"这个词近年来才流行，但内卷现象早就存在。用各种简单、表面的考核指标衡量劳动者（包括脑力劳动者）的成果，与流量的统计类似，可以说是一种简单的评价算法。而在算法时代，这样的评价思维似乎还有愈演愈烈之势。

当然，也有一些平台试图通过算法的调节，缩小劳动者流量的

---

[1] 李弦. 数字劳动的研究前沿——基于国内外学界的研究述评 [J]. 经济学家，2020，261（09）：117-128.

[2] 蓝江. 交往资本主义、数字资本主义、加速主义——数字时代对资本主义的新思考 [J]. 贵州师范大学学报（社会科学版），2019，219（04）：10-19.

"贫富差距",使更多的劳动者的劳动得到关注,获得更多回报。虽然这并不能从根本上解放劳动者,但说明算法本身存在多种可能性。算法本身是中性的,它既可能禁锢劳动者,但应用得当,也有助于为劳动者松绑、减负,只是对此我们还没有充分的思考和行动。

3.2.4 算法社会对人的监控会强化吗?

随着人工智能应用的发展,人工智能为国家权力对个人和社会的监管提供了数据基础。"治理体系的算法化"开始萌生[1]。一种集成运用互联网、物联网和人工智能技术构建的以"智慧管理器"为中介系统的智慧社会正在到来[2]。算法在这样的智能管理中扮演着核心角色。

从积极的方面看,如学者们所指出,在社会管理中人工智能在硬性价值引导(经过全面的技术监控让人信守规矩)、社会制度设置及其守持、生活世界的秩序制定与维护上,已经发挥出重要的作用[3]。智能化社会治理可以通过大数据、人工智能等技术将复杂的社会运行体系映射在多维、动态的数据体系之中,不断积累社会运

---

1 王小芳,王磊."技术利维坦":人工智能嵌入社会治理的潜在风险与政府应对 [J]. 电子政务, 2019, 197 (05): 86-93.

2 何明升. 智慧社会: 概念、样貌及理论难点 [J]. 学术研究, 2020, 432 (11): 41-48+177.

3 任剑涛. 人工智能与社会控制 [J]. 人文杂志, 2020, 285 (01): 33-44.

行的数据特征以应对各类社会风险、提升社会治理有效性[1]。社会治理规则的算法化有助于提高社会治理的主动性与预判性,让社会治理主体更加主动地预测、预警、预防社会风险[2]。算法的不透明也不一定都是坏事,如果运用合理,不透明的算法有可能弥补社会裂痕,维持社会共识[3]。

但在包括算法在内的人工智能技术进入社会治理的过程中,个体受到各种监视、控制的风险也在加大。

算法管理的一个基础是人的数据化。对人的数据的广泛采集,虽然表面上看给生活带来了一些新的便利,例如,人脸识别加快了人们支付、安全审核等的速度,但这些便利后面往往隐藏着巨大的风险。而个体可能对这些风险毫无察觉,即使他们能意识到风险,但很多时候也无法与数据的收集机构相抗衡。强制人们进行各种形式的数据化,用个人数据兑换各种服务便利或权利,已经成为算法社会的一个普遍事实。

在数据收集的基础上,算法可以进一步对个体进行计算,从而发现数据背后个体的更深层的秘密,并以此对其进行控制。算法对

---

1 孟天广,赵娟. 大数据驱动的智能化社会治理:理论建构与治理体系 [J]. 电子政务,2018,188(08):2-11.

2 周汉华,刘灿华. 社会治理智能化的法治路径 [J]. 法学杂志,2020,41(09):1-12+149.

3 丁晓东. 算法与歧视:从美国教育平权案看算法伦理与法律解释 [J]. 中外法学,2017,29(06):1609-1623.

人的控制是全程的控制，人们的每一个活动和行为都可能成为当下算法的依据，其累积起来会影响到未来的算法计算结果。"表面上看起来不起眼的一次行为活动，实际上已经被后台看不见的算法程序演算过无数遍，任何选择都是符合算法的选择的。最终，我们看似自主的行为全部在算法治理的彀中。"[1]

算法隐含着各种社会规则，与算法相关的评分机制，则把人们对规则执行的结果量化出来。因此，算法与评分很多时候结伴而行，"这种评分机制可以帮助汇集社会主体的日常活动，将弥散化的社会意识与价值判断进行一定程度的集中，形成公意并强制执行。"[2] 在一定意义上评分制强化了人们对社会规则的认识与遵守，激发了人的自我约束，基于评分的奖惩简单、直接，有时也是有效的。

评分机制在某些时候对于社会风险控制是有价值的，但不可否认的是，它可能形成对个人隐私的侵犯，以及对算法控制权的滥用。社会信用监管者能够进入以往传统权力所无法企及的"私人"领地，将行为人的私人空间（包括心理状态、行为道德等）统统纳入社会信用系统的监管之下[3]。2020年某地方政府提出的"文明码"等之所以受到质疑，就在于其试图滥用管理权力，通过算法入侵道德评

---

[1] 蓝江. 生命档案化、算法治理和流众——数字时代的生命政治 [J]. 探索与争鸣，2020，371（09）：105-114+159.

[2] 胡凌. 数字社会权力的来源：评分、算法与规范的再生产 [J]. 交大法学，2019，27（01）：21-34.

[3] 虞青松. 算法行政：社会信用体系治理范式及其法治化 [J]. 法学论坛，2020（2）：36-49.

价这样的私人空间。

算法下的评分制,不仅为管理机构的监控提供了支持,也为人们之间的相互评价、监督提供了基础。虽然在某些情况下,这种评分可以为人们在网络空间的互动(特别是交易)提供安全评价依据,便于人们进行风险判断。但与此同时,用户间的相互评分的权力也可能被滥用,用户间的相互监控会使个体面临更大的压力。

不仅算法治理需要个人数据,各类企业也在收集个人数据,以便进行市场分析,形成运营基础。对于企业来说,算法是用来实现利润最大化的工具,而对于算法而言,个人信息与市场数据就是能量棒[1]。与此同时,"算法与商业资本结合形成监视资本主义,用户被嵌入数据生产链条变成被算法支配调控的客体。"[2] 企业对用户的控制,不仅表现为对用户的个人信息与数据的利用与控制,还表现为对用户需求与行为的控制。算法在不断挖掘用户的潜在需求,甚至诱导出他们的需求,助推消费主义倾向。

在外部力量通过算法等强化对个体的控制同时,个体自身在数据和算法的导向下,也可能会在自我传播或社会互动中强化自我审查。对算法的监控会内化为人的自我规训。

---

[1] 扎拉奇,斯图克. 算法的陷阱:超级平台、算法垄断与场景欺骗[M]. 余潇,译. 北京:中信出版社,2018:序言.

[2] 张凌寒. 算法权力的兴起、异化及法律规制[J]. 法商研究,2019,36(04):63-75.

学者段伟文指出，作为一种新的智能社会形态的数据解析社会已悄然而至，其运作和治理基础是用数据和智能算法分析人的行为。但这种智能监测属于揣测性的认知，有可能误读和不当干预被认知对象的能动性。因此我们亟须为可能出现的技术滥用设定边界[1]。有研究者呼吁智慧社会背景下的以数字人权为代表的第四代人权[2]。但对这些目标的实现，还有很长的路要走。

尼尔·波兹曼（Neil Postman）在《娱乐至死》一书前言中提到了《1984》和《美丽新世界》暗喻的两种警告。"奥威尔警告人们将会受到外来压迫的奴役，而赫胥黎则认为，人们失去自由、成功和历史并不是老大哥之过，在他看来，人们会渐渐爱上压迫，崇拜那些使他们丧失思考能力的工业技术"[3]。算法在某种意义上是这两种风险的结合，一方面，算法对人的算计越准，就意味着它对人的理解越深。因此，对人的监视与控制也越深；另一方面，当算法对人的理解越深，对人的服务越"到位"，人们从中获得的满足就越多，对算法的依赖、依从也会越多。当算法渗透到社会生活的各方面，人对它的依赖成为惯性，人对算法带来的囚禁可能会越来越浑然不觉。

---

1 段伟文.面向智能解析社会的伦理校准[J].上海交通大学学报（哲学社会科学版），2020，28（04）：27-33.

2 马长山.智慧社会背景下的"第四代人权"及其保障[J].中国法学，2019，211（05）：5-24.

3 波兹曼.娱乐至死[M].章艳，译.桂林：广西师范大学出版社，2004：前言.

"算法社会将自由与枷锁的张力推向了极致"[1],算法一方面在促成人的某些能力的解放与扩张;另一方面,又用某些方式实现着对人们的禁锢。但是,当我们深入反思算法对人的各种囚禁时,我们的目的并不是为了将算法拒之门外,这一点正如我们对待汽车的态度。

汽车进入我们生活,带来了正向与负向的双重影响,但人类的解决方案不是禁止汽车的使用,而是通过对驾驶技能的培训,以及制定与实施严格的交通法规等,尽可能地减少其可能产生的危害。同样,当算法成为一种广泛应用的技术,在很多方面可能带来对人的囚禁风险时,我们也不能简单禁止算法的使用。除在法律、制度等层面做出必要的调整外,也需要面对算法社会的新特点,培养不同主体的相应素养与能力。

3.3 "与算法共存"背景下的算法素养

在算法广泛渗透到社会各个层面的时代,算法已经成为人的一种新的技术伴侣[2]。一方面,我们需要接受算法的存在,利用它拓展人自身的能力,享受它带来的便利;另一方面,我们又要对这样

---

1 齐延平. 算法社会的治理逻辑 [J]. 华东政法大学学报,2019,22(06):5.

2 段伟文. 数据智能的算法权力及其边界校勘 [J]. 探索与争鸣,2018,348(10):92-100+143.

一种伴侣带来的控制和其他风险有足够的识别与反抗能力。这就意味着我们需要一种与算法社会相匹配的素养——"算法素养"。算法素养的主体既涉及算法的设计开发者,也涉及算法的使用者。

3.3.1 算法素养:媒介素养发展的新阶段

从使用者角度看,算法素养是媒介素养的新体现,因此,对算法素养的内涵与目标的设定,或许可以从媒介素养理念的演变中获得启发。

20世纪30年代,以英国学者利维斯(F.R. Leavis)为代表的一些学者发起媒介素养教育,起初更多是把大众媒体及其生产的大众文化作为一种危险的力量。媒介素养教育的主要目的在于教育公众"甄辨与抵制"大众传媒的错误影响和腐蚀。[1] 这样一种思维被视为"免疫接种"模式。但是,随着实践的深入,研究者们意识到,媒介影响无所不在,简单抵制无济于事。1982年,联合国教科文组织在德国慕尼黑召开的国际媒介教育会议中公布的《媒介素养宣言》指出:我们生活在一个媒介无处不在的社会,与其单纯谴责媒介的强大势力,不如接受媒介对世界产生巨大影响这一事实,承认媒介作为文化要素的重要性。[2]

---

1 大卫·帕金翰, 宋小卫. 英国的媒介素养教育:超越保护主义 [J]. 新闻与传播研究, 2000 (02):73-79.

2 张艳秋. 国外媒介教育发展探析 [J]. 国际新闻界, 2005 (02):11-16.

媒介教育的观念也从倡导对媒体的抗拒变成了在受众参与的前提下培养其辨别能力的教育。受众的媒介参与涵盖范围很广，从提供新闻、表达观点到娱乐投票，从单纯爆料到个体维权，再到服务公益，其共性都是超越简单"媒介使用者"的角色，更积极地利用媒介，对媒介内容施加某种程度的影响。[1]

英国学者莱恩·马斯特曼（Len Masterman）进一步指出：在媒介教育中，最主要的目的不在于评价好坏，不在于给学生们具体的评价标准，而在于增加学生对媒介的理解——媒介是如何运作的，如何组织的，它们如何生产意义，如何再现"现实"，谁又将接受这种对现实的再现。[2] 类似的，很多媒介素养的研究、教育，都是在超越"保护主义"，"赋权"受众的前提下展开的。

从将媒介视为破坏者或敌对者，将媒介素养教育视为"免疫接种"，转为接受与媒介共存的事实，将受众视为积极的媒介使用主体，通过媒介素养教育帮助他们认识媒介运作机制，提高利用媒介的能力。媒介素养研究与教育的发展过程，以及逐步升华的媒介素养理念，对于我们理解、研究算法素养是一种重要参照。

---

1 周葆华，陆晔．从媒介使用到媒介参与：中国公众媒介素养的基本现状[J]．新闻大学，2008（4）．

2 黄旦，郭丽华．媒介教育教什么？——20世纪西方媒介素养理念的变迁[J]．现代传播（中国传媒大学学报），2008，152（03）：120-123+138．

3.3.2 算法开发者的算法素养

对于算法的开发者来说,倡导、培养新的技术理性与算法伦理尤为关键。

有研究者指出,在人工智能所涉及的伦理问题中,算法伦理居于基础地位。在人工智能的广泛应用并引发的越来越多的社会伦理问题中,多数都是由算法所派生的。[1]

尽管未来人工智能可能进一步进化,甚至导致智能体或算法自身做出伦理方面的判断与行动,但在目前的算法伦理研究中,其涉及的价值负载问题,仍只涉及人,也就是算法设计者的伦理问题。[2]

国外学者米特尔施泰特(Mittelstad B.D.)等人提出了算法伦理问题的六个方面:一是非决定性证据,指通过推断统计和机器学习技术从数据中获取的结论,不可避免地具有不确定性;二是难以理解的证据,指不了解机器学习算法如何从数据中生成结论;三是误导性证据,误导性证据会导致偏见;四是不公平的结果,指算法驱动的行动可能是不公平的,会产生歧视性后果;五是转换效应,算法决策是充满价值判断的,其影响着我们如何理解与概念化这个世界,并基于算法生成的洞见驱动行动;六是可追溯性,指算法活

---

[1] 孙保学.人工智能算法伦理及其风险 [J]. 哲学动态,2019(10):93-99.

[2] 王天恩.智能伦理:人工智能时代的伦理新视野[J].阅江学刊,2021,13(02):15-24+119-120.

动造成的损害可以调试，并且可以确定谁应对损害负责，可追溯性可以明确道德责任。[1] 这六个方面既涉及算法应用中的数据质量带来的问题，也涉及算法对人们的行动、决策的影响及责任归因问题。

孟天广等认为，一方面，算法风险的治理价值是约束算法权力，以及保障用户的权利，即实现"权力—权利"关系的平衡；另一方面，在算法风险的治理路径上，每一个伦理原则都可以通过技术机制和社群机制来实现，即"技术—社群"双重约束的治理路径。由此，算法治理的价值约束和路径选择共同构成算法伦理的四种类型学，即算法可控、算法透明、算法安全和算法公平。[2]

除探究算法伦理的实践主体、具体表现、依赖原则、实现路径外，在有关算法伦理的研究中，也经常涉及工具理性与价值理性这一对概念。

马克斯·韦伯（Max Weber）指出，工具理性是"通过对外界事物的情况和其他人的举止的期待，并利用这种期待作为'条件'或者作为'手段'，以期实现自己合乎理性所争取和考虑的作为成果的目的"，而价值理性则是"通过有意识地对一个特定的行为——伦理的、美学的、宗教的或做任何其他阐释的——无条件的固有价

---

[1] 孟天广,李珍珍.治理算法：算法风险的伦理原则及其治理逻辑[J].学术论坛, 2022, 45（01）: 9-20.

[2] 孟天广,李珍珍.治理算法：算法风险的伦理原则及其治理逻辑[J].学术论坛, 2022, 45（01）: 9-20.

值的纯粹信仰，不管是否取得成就"。[1] 在韦伯看来，西方社会的现代化过程，主要表现为由以价值理性为主的社会向以工具理性为主的社会的异变过程。[2]

当下对算法的批评，往往将算法的技术理性等同于工具理性，认为技术理性张扬必然导致价值理性衰微。[3] 有些研究虽然并没有涉及技术理性这样的概念，但也习惯性地将技术思维与工具理性画了等号，也就是有意无意地默认技术一定是以工具理性为导向的。然而，正如一些研究者意识到的，技术理性本应是工具理性与价值理性的内在统一。只是由于这两种理性之间的内在张力才使技术理性始终处于内在的矛盾运动中，随着人类技术实践活动的扩展和深入，技术理性内在的矛盾才以一种单向度的、异化的形式呈现出来，即工具理性压倒价值理性、技术的价值理性萎缩成极度膨胀的工具理性的单纯附属物。[4]

在今天，有必要重新理解技术理性应有的"题中之意"了。算法开发者群体倡导价值理性与工具理性、技术思维与人文精神的融合，而不是将算法推向工具理性的极端。在此基础上，充分探讨算

---

[1] 韦伯. 经济与社会（上卷）[M]. 林荣远，译. 北京：商务印书馆，1997：56.

[2] 郑召利. 交往理性：寻找现代性困境的出路——哈贝马斯重建现代性的思想路径 [J]. 求是学刊，2004（4）.

[3] 赵建军. 超越"技术理性批判"[J]. 哲学研究，2006（05）：107-113.

[4] 刘祥乐. 技术理性批判的逻辑嬗变及其困境：从卢卡奇、马尔库塞到哈贝马斯 [J]. 内蒙古大学学报：哲学社会科学版，2017（05）：43-49.

法伦理的目标、原则与实现路径,并使之成为算法开发者的制衡。

3.3.3　算法使用者的算法素养

对于算法的使用者来说,算法素养的内涵是多样的,现有的研究涉及算法意识、算法知识、算法技能、算法策略、算法思维、批判性意识、隐私意识、伦理问题、算法风险、感知公平、感知责任、算法透明度、算法可解释性、数据质量评价等与算法素养相关的多个方面[1]。其中下列几个方面,应是算法素养培养的重点:

1. 算法意识及算法相关的知识、技能培养

尽管算法对人的囚禁在越来越多的方面得以体现,但随着算法实践的深入,越来越多的用户意识到了算法的存在,部分用户开始用自己的方式解读着算法,并对算法进行利用、训练、驯化。

算法的"民间理论"指的是用户对于算法的朴素认识,是人们凭借日常媒介实践中的线索来推理和猜测算法逻辑。有研究认为,算法民间理论的形成主要涉及两个方面:一是激发用户推测算法系统的外显线索(如文本特征、用户特征、系统特征)和内隐线索(如态度、情感、心理);二是感知模式,包括社交关系模式、因果推

---

[1] 夏苏迪,邓胜利,付少雄,等. 数智时代的算法素养:内涵、范畴及未来展望[J]. 图书情报知识,2023,40(01):23-34.

理模式、用户参与模式等。[1]算法的民间理论体现了用户对算法的认识与理解，是用户的能动性的体现。

在认知、理解算法的基础上，一些用户试图对算法做出反向利用，通过投喂相关的数据，训练相关算法向自己所需的方向发展。例如，当理解了某些排行榜算法的原理后，一些用户会制造有利于提升排名的数据，以此获得自己需要的结果。

另外，一些用户会有意无意地对算法进行抵抗，即从算法的执行后果出发，对其加以逆向追问以迫使其修正。有研究者认为，用户的抵抗战术非但不是针对算法的敌对力量，反而是具有治理意味的引导策略[2]，但也有研究者担忧，用户自以为聪明的抵抗实则变成了一种自我强化的不平等。[3]

一些研究从媒介素养角度来研究用户与算法之间的关系。有研究发现，使用算法媒介的时间越久，信息茧房效应反而越低；在价值理性的视野之下，个体在使用智能媒体时会主动地在"信息效率"和"信息多元"之间取得平衡；受众主观能动性和高维度媒介素养

---

[1] 晏齐宏.用户算法感知对反馈行为的影响机制研究——基于社会认知理论的分析[J].新闻与写作，2022（7）：76-87.

[2] 洪杰文，陈嵘伟.意识激发与规则想象：用户抵抗算法的战术依归和实践路径[J].新闻与传播研究，2022（08）：38-56+126-127.

[3] 张萌.从规训到控制：算法社会的技术幽灵与底层战术[J].国际新闻界，2022（01）：156-173.

的提升对于克服信息茧房具有积极作用。[1] 另一项类似的研究也指出，网络媒介使用越频繁，同时媒介素养越高，与算法推荐相关的"回音室"被弱化的效应越明显[2]。

尽管用户在算法使用中的确具有能动性，但我们也要关注不同用户群体对算法的认知与能动性的差异。有研究发现不同教育程度的群组间确实存在算法知识鸿沟；媒体报道、用户卷入度和算法编辑能力对用户的算法知识及算法自我效能有正向影响；出错率遭际不仅可以有效提高用户的算法知识水平，还成为弥合高低教育群组间算法知识水平，进一步缩小并逆转算法自我效能差距的显著因素[3]。

并非所有用户面对算法都有同样的意识与媒介素养，在算法应用素养方面的差异，也带来了智能鸿沟。算法应用素养的高低，在一定程度上影响着人们生存的质量。要全面提升智能时代人们的生存能力与质量，就要让更多人获得与算法相关的知识与能力。

在算法社会，人们需要判断哪些生活场景中存在着算法，评估它们带来的影响，这些就是用户的算法意识。算法意识建立在相关的算法知识基础上。对于算法的一般使用者来说，虽然无法像开发

---

1 虞鑫，王金鹏.重新认识"信息茧房"——智媒时代工具理性与价值理性的共生机制研究[J].新闻与写作，2022（03）：65-78.

2 吴锋，杨晓萍.算法推荐背景下用户媒介使用对"回音室"效应的影响研究——兼论媒介素养的调节作用[J].西南民族大学学报；人文社会科学版，2022（05）：142-146.

3 陈逸君，崔迪.用户的算法知识水平及其影响因素分析——基于视频类、新闻类和购物类算法应用的实证研究[J].新闻记者，2022，475（09）：70-85.

者那样充分理解算法的深层原理,但是大致理解算法的作用方式及其影响是可能的。

在掌握基本的算法知识的基础上,人们需要具备一定的算法应用能力,这包括正向利用与反向抵抗两方面。当人们需要积极利用算法时,在理解算法的原理基础上,可以针对不同算法制定相应的应用策略。如果要更深层利用算法,则要掌握一定的编程语言、算法开发工具等。而当受到算法过多限制时,人们需要通过一定方式来排除与减轻算法带来的制约。例如,在信息获取、浏览时,禁用系统里的某些功能,以减少系统对个人行为的跟踪。此外,在目前的推荐算法面前,通过截图代替收藏、控制停留时长、清理收藏夹、清除缓存等战术[1]也可以在一定程度上对抗算法的算计。当然,不同的算法需要不同的抵抗战术,这也是人们在实践中逐步摸索出来的。

2. 面向新思维培养的算法素养

接受算法的存在,意味着要接受算法的基础——算法思维的挑战。算法思维源于数学,在今天它也是科学思维中的计算思维的主要体现。计算思维通过约简、嵌入、转化和仿真等方法,把一个困难的问题阐释为如何求解它的思维方法[2]。算法正是如此,它以特

---

1 洪杰文,陈崚伟.意识激发与规则想象:用户抵抗算法的战术依归和实践路径[J].新闻与传播研究,2022(08):38-56+126-127.

2 陈国良,董荣胜.计算思维与大学计算机基础教育[J].中国大学教学,2011(01):7-11+32.

定的数据反映某个对象，以模型体现解决问题的方案，最终通过数据计算完成相应任务。算法将模糊的对象变成明晰、精确的数据，将主观的感受变成客观的信息，将抽象的原则变成具体的可执行的过程。在信息的筛选、关系的匹配与调节、判断与决策等方面，算法常常是强大、高效率的，甚至在很多时候是人力难以企及的。

基于计算思维的算法，有自己擅长的领域，技术的发展还在不断拓展它的应用边界。今天计算思维正在进入人文社会科学领域，由此产生了计算传播学、计算法学等新的交叉应用领域。

计算机领域的专家早就开始呼吁对计算思维的培养，并认为这是现代社会人人必备的素养。他们认为普及计算机教育的核心目标之一就是对计算思维的培养。只是目前这样的目标并没有完全实现。算法的全面应用，为人们理解与运用计算思维提供了契机。这种思维会成为算法素养的基础之一。

在更基本的层面上看，算法思维是一种数据思维，即用数据来描述、解释客观或主观对象、关系及过程等。在信息时代拥有这种思维是必要的。但算法的准确、有效性与数据质量紧密相关，要正确地使用、评价算法，就需要拥有相应的数据素养，即有效且正当地发现、评估和使用信息和数据的意识和能力。[1]

---

[1] 金兼斌.数据媒体与数字泥巴：大数据时代的新闻素养[J].新闻与写作，2016（12）：29-32.

对算法素养的培养需要直面数据思维、计算思维等算法社会带来的思维挑战。但我们也需要意识到，数据化、计算化思维并不能解释、解决一切问题。算法的兴起，不应该将我们推向数据主义这样一个极端，即将数据和算法看作世界万物、人际关系的存在论基石，一切似乎都可以被归结为数据和算法的抉择与更替。[1] 相反，算法社会更需要人文思维、人文精神的繁盛。

我们还需要避免另一个误区，那就是将算法看作是工具理性的代名词，似乎强调人文精神就应该摒弃数据思维，放弃算法的应用。事实上数据思维、工具理性与人文思维及精神、价值理性等并不是对立的两极，算法社会并不意味只能在它们之间做单选题。算法社会、算法素养的研究需要深入探究它们的融合可能，算法素养的一个发展方向应是倡导科学与人文兼容的新思维。

3. 面向风险教育的算法素养

算法素养培养的另一个重要方面，是帮助人们认识算法可能带来的风险，提高防范、对抗风险的能力。

算法带来的重要风险之一，是人全面数据化后的隐私安全风险。在法律、制度层面提高对个人信息保护力度的同时，个体自身也需要更多认识数据泄露的途径与风险，增强自我保护意识。

---

1 林建武. 数据主义与价值重估：数据化的价值判断 [J]. 云南社会科学, 2020, 235（03）：45-51.

如前文所分析的，算法带来的另一类风险，是对人的"囚禁"。如果算法应用不当或过度，人可能会在认知与决策、消费、社会位置、劳动等多方面成为算法的"囚徒"。

虽然算法在各种层面可能带来囚禁风险，但今天有些人对此并不完全了解，甚至浑然不觉。帮助人们认识这些风险，提高反囚禁能力，正是算法素养培养的重要任务。

当然，有些风险并非靠人的抵制、反抗就能消解的，而是需要制度层面的变革和算法伦理等的约束。把所有风险都转嫁到个人，指望算法素养解决一切问题，显然也是不合理的。

除了上述三个基本方面之外，算法素养教育还要解决更多具体的问题。但一个基本前提是，与媒介素养教育一样，算法素养教育也需要走出"保护"思维，赋权用户，让用户在与各种类型的算法共存的过程中，逐渐学会驾驭算法，学会在算法社会保持人的尊严与价值。

第 4 章
智能传播中的人机关系及新生存图景

手机等智能设备已与人形成了不可分割的关系,算法应用广泛侵入日常生活中,成为我们熟悉的智能传播时代的生存图景。AIGC 应用的普及,将推动普通人对智能技术的主动应用,人们可以通过与机器的协同进行工作、学习或创作。虚拟或实体的机器人将会成为日常生活的伴侣。从智能传播视角看,人机共生、人机协同及人机交流是人们将面对的几种新人机关系。几种新人机关系相互交织,不仅影响了信息的流动与内容生态,还塑造着人的生存方式与生存状态。

4.1 数据化生存:被机器量化与外化的人与人生

与人的身体绑定的智能设备,导致了"人机共生"。这些机器与数据、算法应用的结合,使数据化生存变成人的生存常态,人与人生正在成为机器量化的对象，并进入各种平台或系统中。

4.1.1 从"数字化生存"到"数据化生存"

美国学者尼葛洛庞帝在20世纪90年代出版的《数字化生存》一书中指出，我们会生存在一个由数字"比特"构成的世界里，各种产品和服务都可以转化为数字化形式。

尼葛洛庞帝在这本书里所说的"数字化生存"，更多关注的是人们所享受的产品和服务的数字化，但对人自身如何以数字化形态存在，这种存在又会对人产生什么样的影响，书中提及不多。作为一个技术专家，尼葛洛庞帝能预见到技术及其应用的走向，但是在数字技术和互联网还没有完全普及的情况下，他还无法体验到真正的数字化生存。

随着互联网席卷我们的生活，我们对数字化生存有了越来越多的直接体验与领悟。数字化生存不仅与数字化产品、服务有关，还与虚拟化存在、符号化互动、跨时空与多道并行的交流等新的生存形态及体验有关。

在早期对数字化生存的研究中，人们更多地关注的是数字空间中人的精神性存在，这样的数字空间被称为"赛博空间"。"赛博空间"这个词来源于加拿大小说家威廉·吉布森（William Gibson）在1984年创作的科幻小说《神经漫游者》。研究者认为，赛博空间的主要特点包括：人们的直觉可以摆脱物质身体的束缚而在赛博空间独立存在和活动；赛博空间可以突破物理世界的限制而穿越时空；赛博空间由信息组成；人机耦合的电子人在赛博空间获得永生。[1]

赛博空间大多被看作是一个超脱于现实空间的独立的精神空间。但互联网的发展让我们意识到，数字空间并非纯粹的赛博空间，而是与现实空间有着千丝万缕的勾连与多种维度的互动，移动互联网的应用进一步加深了这种勾连与互动，而数据是勾连与互动的重要纽带。各种维度的数据是现实中的人在虚拟空间的映射，数据不仅支持着人们的虚拟化生存，还强化了现实空间中的人与虚拟空间中的人的对应关系，甚至反过来影响现实空间中的人。

数据也体现着人与人、人与内容、人与媒介等各种关系，并将之量化为可以被计算、分析的对象。这些数据会变成被各种服务商算计、利用的资源，甚至成为被管理、操控的对象。数据因而成为影响、干预关系的一种新手段。

因此，今天对人的数字化生存的研究，有必要在数据化生存这一方向下深化。

从信息技术的角度看，任何数字化的信息都是"数据"，从个体对数据的控制关系角度来看，个体的"数据"有三种：

---

[1] 冉聃.赛博空间、离身性与具身性[J].哲学动态，2013（6）.

一是个体被动产生的数据内容。例如，各种注册信息。这些数据是由服务商强制形成的。当然，用户也可以通过数据造假的方式来与这种强制对抗。人们在各个平台的行为会被平台收集，变成数据，用户自身对这种收集也是被动的。

二是个体主动生产的数据内容。在各种社交平台用户会自主制造出大量的内容。这些内容也是数据。这些数据既是个体自主表达的结果，也是服务商或其他数据分析者的分析对象。人的主动数据化，可能会带来自己无法控制的被分析、被计算的结果。

三是处于主动与被动之间的数据。例如，可穿戴设备形成的用户数据。用户在使用可穿戴设备方面具有主动性，或者说可选择性。但一旦使用这些设备后，设备产生的数据就是用户难以左右的，因而用户在这个方面具有一定的被动性。

技术的发展，使得人的数据化维度越来越丰富。对这些数据的收集、计算、分析，除对个体自身产生作用外，还会进入产品运营、平台运作、商业营销、社会管理等其他环节。数据化生存，不仅关乎人们在虚拟空间的数字形式的存在，还关乎着人们在现实空间里的生存。

4.1.2 正在被"全息"数据化的人

今天，从画像、身体、位置、行为到情绪与心理、关系、评价，人的多种维度都有可能被数据化,甚至思维方式受到数据化的影响。

1."画像"的数据化

对于网络服务的提供者来说,用户数据主要的使用方向之一,是对用户画像的描绘。

用户画像(persona)这一概念最早源于交互设计/产品设计领域。交互设计之父阿兰·库柏(Alan Cooper)较早提出了用户画像的概念,并指出用户画像是真实用户的虚拟代表,是建立在真实数据之上的目标用户模型。[1] 用户画像的内涵主要包含三个要素,即用户属性、用户特征、用户标签。[2]

除交互设计外,市场营销、媒体等常常会使用用户画像这样的说法。但在传统时代,由于数据获取困难,以及相关技术的难度,使得用户画像往往是"群像"的,并且这种群像是粗略、模糊的。

在新技术的支持下,今天的用户画像,除群体、整体等层面的描绘外,要获取针对个体用户的、精准的数据画像已经变成可能。其目标为揭示用户的自然属性、个性特点、兴趣偏好、行为习惯、需求特征等,甚至有些画像还能揭示出个体的政治倾向、态度立场等。

---

[1] 亓丛,吴俊.用户画像概念溯源与应用场景研究[J].重庆交通大学学报:社会科学版,2017,(5):82-87.

[2] 宋美琦,陈烨,张瑞.用户画像研究述评[J].情报科学,2019,(4):171-177.

从目前的个性化服务的角度看,用户画像常常以"标签"的方式呈现,个体用户身上打上的标签越多,就意味着对用户的了解越丰富。针对个体的算法,常常是针对这些标签进行特定信息或产品的推送的。当然,用标签的方式描述用户也有着局限性,因为用户的行为往往是综合的、变化的。离散的、静态的标签未必能完整反映一个复杂的个体。未来的智能技术、数据分析技术也会改善用户画像的获取方法,使其更精细、更具综合性与动态性,即在不同的目标下,产生不同的数据化画像。

2. 身体的数据化

用户"画像"这个词只是一个比喻,其实并不涉及"人脸"这样的身体部位,但随着移动终端、智能传感器等的发展,身体的数据化开始变得普遍。身体或身体"元件"(身体的某个部分)的特征、身体状态等数据,正成为用户数据的重要构成部分。

用户本身在不断进行着身体的数据化。在数字空间的互动中,数据化的身体是一种普遍的表演手段。例如,人们通过照片或视频对身体进行记录。有时这种记录是为了证明身体在某个现实空间的在场,表达某种成就感,并赢得数字空间的存在感。数据化的身体表演,也是人的自我认同的一种方式。英国学者安东尼·吉登斯(Anthony Giddens)在分析身体与自我认同的关系时指出,常规性的身体控制对于个体在日常互动情境中维持自己的保护壳十分重要。要想成为一个有能力的能动者,不仅意味着要保持这样一种持续不断的控制，还意味着要让他人见证自己的状态。[1] 身体以实践方式参与到日常生活互动之中，便是维持一个连贯的自我身份认同感的重要构成部分。[2] 对身体外形的控制能力展现了人的自我控制能力和意志力。以图片或影像进行的数据化的身体表演与展示，提供了新的身体表演方式，给"身体"带来了新的应对外部情景和事件的"实践模式"。即使人们的身体实体不能随时调节，但通过拍摄时的设计与后期美化，它们也可以更好地配合或回应外部的情境。

为了这种表演，人们会强化某些方面的行为。例如，健身。有时为了社交表演，人们会对手机中的身体形象进行美化，甚至让原始照片彻底消失，使得这个维度的数据出现失真。社交平台盛行的身体（包括容貌）的视觉化表演，加深了基于身体的社会比较与竞争。人们的身体焦虑、容貌焦虑日益加深。数据化表演带来了人们的相互模仿、相互传染，并且这种相互影响会延伸到线下。

人的某个"元件"被数据化，与人的身体分离，进入数字空间，是人的身体数据化的另一种典型方式。例如，人脸、指纹、声音等身体"元件"，对于网络服务商来说，获取这些数据化的身体元件，主要是基于服务的需要，如提高服务的便利性等。但这也给个体带来了隐私和安全方面的风险。从社会管理的角度看，对这些身体数

---

[1] 吉登斯.现代性与自我认同：晚期现代中的自我与社会[M].夏璐，译.北京：中国人民大学出版社，2016：52-53.

[2] 吉登斯.现代性与自我认同：晚期现代中的自我与社会[M].夏璐，译.北京：中国人民大学出版社，2016：91-92.

据的采集，对于社会风险的发现与处置有一定意义，但这也会使个体处于更严密的监控之下。

可穿戴设备对身体状态的数据化，在未来将越来越普遍，特别是在健康、医疗领域将得到广泛应用。对于病人、老年人等特定群体来说，用可穿戴设备进行身体状态监测可以帮助医生及时发现身体的异常动向，尽早做出诊治。而对一般人来说，可穿戴设备带来的数据，将成为身体表演与调节的手段或依据。

可穿戴设备完成的身体数据化，往往要通过网络传递出去，于是身体与网络之间形成了更紧密的连接。当越来越多的身体连上网之后，所谓的"身联网"（Internet of Bodies）就会成为现实，影响身体的因素也会变得更为复杂。

3. 位置的数据化

今天的用户是内容网络、关系网络及服务网络等多种网络上的节点，正如在网络上每一台计算机都可以由一个地址来表示一样。用"位置"来测量每个用户，可以更精准地定位到每个用户。个体用户画像与其节点位置的结合，可以使用户分析更为精准、深入。

一方面，移动用户的物理位置是一个自变量，它的每一个变化都有可能导致与之关联的内容、社交与服务目标的变化。对位置及运动轨迹的数据记录与分析是一些应用服务的依据，如打车类应用、健身类应用。另一方面，运动轨迹在某些时候能反映人在某些方面的"属性"。在智能化的社会管理系统中，物理位置将是最受关注的个人信息之一，在一些特殊情境下，本应属于个人隐私的部分，被要求无条件"交出""公开"。

今天的物理位置数据只是涉及地理位置这一变量，但未来随着可穿戴设备或传感器的普遍应用，还可以"测量"某一地点相关的多种场景变量，如空间特征、自然环境（如空气质量等）、社会情境等。这些变量的结果也会数据化。

除物理位置外，对用户位置的理解还可以体现在关系网络中的位置、服务网络中的位置等，这两种维度的位置的数据化，正在实践中得到应用。

4. 行为的数据化

将用户的内容生产与消费、社交活动、电子商务、劳动，甚至日常活动等各方面的行为数据化，在新媒体时代越来越常见。对于服务提供者来说，用户行为的数据化是他们描绘用户画像，理解用户的社会位置、服务位置的重要依据，是构建与用户相关的算法的基础。

用户在数字空间中自主发布的内容，是对用户行为数据化的重要方式。自主发布内容的行为具有双重含义，一方面，这些内容在一定程度上反映着人们的现实行为；另一方面，内容发布本身又是一种虚拟行为。两种行为既有相关性，又可能出现一定的分离。虚拟行为既是对现实的真实反映，又是对现实行为的回避或遮掩。社交媒体的内容是反映现实还是回避、遮掩现实，这种选择又构成了另一种行为。用户发布的内容传达了人们的思想、观念、观点等精神层面的信息。这些内容是对用户行为分析时的一种主要数据对象。

人们的点赞、转发、评论等就是典型的被数据化、被分析的行为，对这些行为的分析甚至可以揭示出人们的性格等特征。互动行为数据外化着人们的个性特征，以及人们之间的关系。未来对这些互动行为数据的研究也将越来越多。

搜索数据同样是行为数据化的一种体现，它不仅反映了人们对信息的需求，还在一定程度上反映了人们的行为动向与现实状况，如当人们搜索某些景点的信息时，可能是他们要旅游出行的前奏；当人们搜索某种疾病的信息时，可能意味着他们或家人身体出现了问题。对众多用户搜索数据的总体分析，还可以辅助研究者进行社会情状与趋势的分析。这是大数据应用的一种方式。

另一种重要的行为数据是支付数据，支付记录不仅与消费相关，还与人们的活动场所、活动性质相关，它是日常行为轨迹的数据化投射。

当下人们在手机、电脑中输入的任何信息，拍摄的任何照片、视频,以及不想被记录的谈话和活动都是行为数据,它们更直接、深层地反映着人们工作、生活中的细节,甚至个人隐私。这些本应由个人掌握的信息,却有可能被某些应用或平台"偷走",成为分析数据。

劳动行为的数据化,是行为数据化中的一种特别情形。对于那些主要通过数字平台进行劳动的劳动者(无论是内容生产这样的精神劳动,还是送外卖、送快递、开网约车这样的物质性劳动),其劳动行为的数据化,更是成为典型。平台不仅可以将其成果数据化,还可以将其劳动全程数据化,从他们的空间位置、运动轨迹到劳动进度、时效、评价等。

数据化将普通用户的行为转变为数字空间里的劳动。例如,当用户阅读行为通过数据统计构成流量数据,进而成为平台影响力的衡量指标,甚至影响到广告投放时,阅读行为就成了劳动的一种。在克里斯蒂安·福克斯看来,今天所有的数字平台的用户,实际上就是运输工人,而且是免费替大平台和广告商运输商品意识形态的工人,是一种数字劳动者[1]。

为了社会竞争的需要,数据劳动正成为一种新的劳动行为,特别是粉丝群体,为了让自己的"偶像"获得更好的数据表现——也是影响力的外在表现,粉丝们需要通过打榜等方式"做数据"。

---

1 蓝江.交往资本主义、数字资本主义、加速主义——数字时代对资本主义的新思考[J].贵州师范大学学报:社会科学版,2019,219(04):10-19.

进一步分析，建立在行为等数据基础上的算法会反过来控制、诱导人们的行为。这意味着行为数据成了一种控制的基础。

在数字空间之外，现实空间无处不在的摄像头，也在将人们的现实活动转变为数据化的记录。这些数据对人们现实行为的反映更为直接、完整，并且发出每一个行为的人，从相貌到身体都会被记录。商家、管理机构等对这些数据的应用及基于数据的控制，也在日益加深。

5. 情绪、心理的数据化

随着技术的发展，将人的情绪、心理状态等意识层面的对象数据化，变得越来越常见。

在各种对社交媒体的研究中，用户情绪的分析是一个重要方向。研究者可以通过人们自主发布的内容来分析其情绪倾向，这既可以是个体的情绪，也可以是群体或整体性的情绪。这样的分析结果，往往可以以数据的方式量化。

而眼动仪、脑电仪、皮电传感器等设备，则通过采集与分析人的视线移动、脑电波、汗液等生理信号，将人隐秘的内心活动变成显在的数据，从而精准判断人的注意力指向、大脑兴奋程度等。以这种方式对情绪、心理的揭示，不仅能描述总体状态，还能反映动态变化的过程。

6. 关系的数据化

今天的人置身于复杂的关系中，包括人与人、人与内容、人与服务、人与机器、人与环境的关系等，这些关系被越来越多地以数据的方式描绘、计算。

社会学的社会网络分析方法，就是将关系数据化的一种典型方式。它不仅可以反映关系的有无，还可以反映关系的方向，分析在关系基础上形成的权力结构，凝聚子群或社区等。今天在很多领域的研究中，这一方法都被借鉴。而 20 世纪末系统科学领域出现的复杂网络理论，虽然与社会网络分析一样都是以图论为基础的，但相比社会网络分析的静态社会学研究，复杂网络理论侧重于网络动态学的研究，反映的是网络结构的演化、网络结构与网络行为的互动规律。[1] 无论是社会网络分析，还是复杂网络分析，都是对关系的数据化研究。这些研究方法，被广泛应用于虚拟空间的关系描绘与分析上。

在利用数据描绘关系的基础上，通过数据分析包括算法去揭示、发现潜在的关系正变成可能。这不仅包括大数据常常强调的各种现象之间的"相关关系"的发现，还包括其他方法对人与内容、人与人等潜在关系的发现。数据分析正在推动着新关系的建立。例如，当内容与人被打上同样的标签时，算法会将该内容推荐给对应

---

1 罗家德.社会网分析讲义 [M].北京：社会科学文献出版社，2005：202.

的人。当不同的人被打上同样的数据标签时，他们之间也会被标签连接起来。

数据不仅可以显示关系的有无，还可以将关系的亲密程度、依赖程度、重视程度等过去相对模糊的属性用数据方式量化，并且公开化。例如，朋友圈、社群里的点赞数、评论数就是对关系属性的量化与公开化，人们基于数据对关系进行判断、权衡并对关系维护策略进行调整将变成常态。

在一定意义上，数据让世界的关系变得更为多元，它揭示了一些过去不显在的关系，并建构了一些过去不存在的关系。但同时，数据又使得世界的关系变得单一，它抽离了原有关系的丰富属性，使各种关系变成数据能够表现与匹配的关系。

7. 评价的数据化

在人被全面数据化的同时，数据化的评价机制——"评分"也在变得普遍。

今天数字空间最典型的一类评价是个体之间的相互评价。从电商卖家—买家、快递员—用户、外卖骑手—用户、网约车司机—乘客，到内容平台的创作者—消费者，相互评价制度越来越普及，而这些评价基本上都是以"打分"这样的数据化方式呈现的。

个体间的相互评分，打破了过去单一的组织评价机制，每个个体都拥有了对他人进行评分的权力，每个个体得到的评价也都来自多元的主体。评分制使得评价结果更加明朗，易于人们判断、比较。相互评分制度的盛行，还使得社会互动中人与人的相互监督与约束变得突出。社会互动的结果被量化、记录、保存，成为信任或约束的依据。在社会关系与互动日益多元、复杂的情况下，个体间的评分制可以为互动提供信任基础。

另一类评价是机构对个体的评价。今天这种评价也越来越多地落实为"评分"。管理机构用评分来进行社会治理；用人机构用评分来进行用人选择；投资机构用评分来决定资金的投放。机构对个体的评分结果不仅是对人的状态、信用、能力的评定，也是权利、利益分配的基础。

当下无论是对人还是对其他事物的评价都在日趋数据化，数字拜物教因此盛行。这也是近年来受到越来越多关注的"内卷"的本质之一。[1]基于简单的数据统计、比较，对各种工作、业绩进行考核，其结果往往带来数量上的水涨船高，考核指标不断升级，内部竞争也由此升级。另一方面，出于种种动因，在评分上造假、作弊难以避免，而对评分权力的争夺与垄断也将成为一些机构或平台的目标。

---

1 徐英瑾.数字拜物教："内卷化"的本质[J].探索与争鸣，2021，377（03）：57-65+178.

数据化评价是控制的一种方式，既包括个体间的相互制约，也包括平台或机构对个体的控制。有研究者指出，评分机制代表了一种规则理性化的趋势，利于现有法律（及背后的公共权力）和平台私人权力的扩张和强制执行，是对流动的社会规范的进一步确认、固定化和再生产的过程。但评分权力可能会造成道德与社会规范发挥作用空间的压缩，权力的实施方式更加深入和动态化。[1] 社会信用监管者能够进入以往传统权力所无法达到的"私人"领地，将行为人的私人空间（如心理状态、行为道德等）统统纳入社会信用系统的监管之下[2]。这也意味着权力的越界。

这种评分机制，不仅会成为机构对个体的规训方式，也会成为个体间相互规训，甚至自我规训的方式。

8. 思维方式的数据化

今天人的全面数据化，不仅是因为技术的发展，其背后还有"数据主义"这样一个大背景。在数据主义者看来，数据正取代原子、实体、物质，成为世界的新"基质"。数据遍布世界，世界可以还原为数据。一切事物、人、人际关系、文化、价值都可以还原为不

---

[1] 胡凌. 数字社会权力的来源：评分、算法与规范的再生产 [J]. 交大法学, 2019, 27 (01)：21-34.

[2] 虞青松. 算法行政：社会信用体系治理范式及其法治化 [J]. 法学论坛, 2020, 35 (02)：36-49.

同算法模式下的数据。[1] 尽管数据主义受到学者们的普遍批评，但在现实中，数据的应用仍在不断推进，渗透到社会生活的各个方面。人的数据化正是这种渗透的典型写照。

在这样的背景下，数据化思维弥散在社会环境中，人们或多或少会受到其影响。尽管数据化思维在很多方面具有独特的价值且是对人的直觉、经验性思维的补充，但仍需要足够的数据素养作支撑。而普通人的数据素养普遍不足。有的人会将具有严格规程的数据应用、思维简化为数字思维、流量思维，只看简单的数据结果，并且容易被不科学、不准确的数据迷惑、误导。而一些拥有系统的数据思维与应用能力的人，可能会过于看重数据的价值，过于强调数据、模型等的意义，从而忽视其他思维方式的作用。当下算法思维正与数据思维结伴而行，在某些方面，形成对人的思维的限制与固化。

4.1.3 数据化如何影响人的生存？

人的全息数据化必将全面影响人的生存。它带来了人的身体存在的新方式，拓展了人（包括其身体）与他人、社会环境之间的关系模式，发展出个人历史的新记录模式，并且进一步改变人与自我的关系，以数据化形式体现的外部控制也变得越来越复杂、强大。

1　林建武. 数据主义与价值重估：数据化的价值判断 [J]. 云南社会科学，2020（3）：45-51.

1. 量化自我实践的增强

由美国学者凯文·凯利（Kevin Kelly）和技术专栏作家加里·沃尔夫（Gary Wolf）提出的量化自我（quantified self）这一概念，是指利用可穿戴设备和传感器技术等收集人们日常生活中不同方面的个人数据，用于探索自我、反思自我，从而获取自我认知的运动。[1]

量化自我并非一个全新的现象，在可穿戴设备兴起之前，一些人也会对自己的身体数据进行观察与管理，如摄入的热量、体重等。人们对自己身体数据（如体温、血压、血糖等）的监测，是一种自我的量化管理。但无疑，可穿戴设备增加了人的自我量化维度，并使这种量化持续，成为一种长期的自我跟踪（self-tracking），特别是那些与身体运动、状态相关的量化。

健身人群是目前进行自我量化的主要人群之一，这既与健身本身所需要的精准的身体控制有关，也与这些人的健身目的有关。除提高身体机能外，健身也是一种提升自我形象的方式，这不仅仅体现为外在的身体形象，还体现为具有自控力的社会形象。这种形象要被看到，就需要分享，社交平台则是主要的分享渠道。如果总是分享身体本身的照片或视频，可能会给他人留下"自恋"的印象。而数据化方式就在一定程度上避免了这种问题，跑步轨迹、跑步距离、配速等的展示，更为含蓄，并且对于营造良好形象来说，也有

---

[1] 杨梦晴，朱庆华，赵宇翔，等. 量化自我研究：发展脉络、构成要素与学科机遇 [J]. 情报学报，2022（03）：244-253.

足够的说服力。

有研究者指出，青年跑步者是量化自我的积极实践者，他们热衷于通过身体数据展示自己的身体资本，并由此产生了一种自我赋权感。跑步者通过数据进行团体交流，并获得了建构社会资本的一种新途径。[1] 类似地，还有不少研究者认为可穿戴设备实现了自我赋权，提高了人们的自我管理能力。但也要看到，这种自我管理并非是完全自主的，相关的数据一旦公开，就会受到他人反馈的影响。社交平台的互动，总会或多或少地影响到自我管理的过程，无论这种影响是好是坏。即使不公开数据，个体对这些数据的解读，以及在此基础上进行的自我调节都会受到社会环境、社会规范的影响。

自我的量化总是依赖相关的设备和应用的，量化的维度受限于这些软硬件，软硬件本身的质量会直接影响到数据的精确性或可靠性。软硬件的开发者，特别是软件的开发者，他们所关注的量化维度，也总是带有商业化的考量，如哪些数据可能成为资源，甚至带来营利模式。看上去自主的自我量化背后，仍有技术及平台的约束。使用者贡献的数据成为商业化的资源，甚至可能成为被平台出卖的商品。因此，量化的自我就是市场化的自我。[2]

在量化自我的过程中，人们会受到各种指标的牵引，但很多指

---

[1] 宋庆宇，张樹沁. 身体的数据化：可穿戴设备与身体管理 [J]. 中国青年研究. 2019（12）：13-20.

[2] Maturo A, Shea M. The Quantified Self or the Marketized Self？[J]. Balkan Journal of Philosophy，2020（1）.

标并非是权威机构提供的，而是在社交平台的互动中产生的。一些意见领袖对这些指标的影响尤其明显。例如，在体重、身材这样的数据上，虽然健康机构给出了健康的体重指数范围，但实际上人们（特别是年轻女性）所追求的目标，往往偏离了这些健康指标，有时甚至追求如"A4腰"等社交平台的自造标准。应用平台在应用中内嵌的指标标准对人们有很大影响，但这些指标的科学性未必经过严格检验。即使用户和平台参考的是科学指标，但对这些科学指标的理解与执行可能有偏差或误区。无论是社交平台自发形成的规则，还是其他机构制定的各种指标与规则，量化自我都会让人们对各种指标变得更为敏感，并且会努力遵循这些指标的引导，甚至在某些时候会走向机械化、非科学化、极端化。

在量化自我的实践中，人们究竟是因为身体的数据化而带来身体和生活质量的提升，还是以另外一种方式（可数字化）来理解这种"价值上"的"提升"呢？[1] 答案是两者并不必然互斥，甚至很多人同时获得了这两者。但是这种实践的确也可能走入一种误区，即对数据的追求，超过了对健康本质或生活本质的关注。

很多时候量化的自我不仅是给自己看的，还需要展示给他人看。量化自我的实践会与人际互动，甚至群体互动产生交融，也会受到来自他人的审视、评价。人们可能因此加大对自己的调节。因此量化自我的实践，并不一定意味对自我的自主控制力的增强，还

---

1 林建武. 数据主义与价值重估：数据化的价值判断 [J]. 云南社会科学，2020（3）：45-51.

可能使自我在面对来自外界的反馈时更加无所适从。

针对量化自我带来的影响,美国学者贝克(Baker D A)提出了四个层面的思考:量化自我究竟是让人们对自己的了解更多、更好,还是走向它的反面?量化自我究竟是一种更强的自我控制,还是一种更强的社会控制?量化自我究竟是让人们变得更幸福,还是从来没有让他们得到足够的幸福?量化自我是给人们带来了更多的选择,还是侵蚀了他们的选择?很多时候,结果可能是后者。[1]

当然,人们还会用其他方式来利用量化自我。国外研究者Ben Lyall和Brady Robards认为,自我跟踪设备具有三重角色:"工具"、"玩具"和"私教"[2]。的确,除国内外研究者普遍关注的可穿戴设备对人的工具性监测和私教性指导监督外,一些用户面对自我量化的设备会有玩乐、游戏的心态,这些心态可能解构应用开发者或平台的预设。

今天的量化自我,不只是基于可穿戴设备、传感器进行的自我监测,还有来自外部关系或相关机制的评价数据的监测。例如,有人通过对个人条件、家庭背景、收入、性格、成就等的量化来寻找匹配的伴侣。

---

[1] Baker D A.Four Ironies of Self-quantification: Wearable Technologies and the Quantified Self[J]. Science and Engineering Ethics, 2020(3).

[2] Lyall B, Robards B.Tool, toy and tutor: Subjective experiences of digital self-tracking[J]. Journal of Sociology, 2018(1).

对量化自我的不同层面、不同角度的思考，使我们可以更深层地理解个体赋权与外界约束两者之间的张力。这种张力在其他方向下人的数据化过程中也时时存在。

2. 个人历史与记忆建构的数据化、媒介化

在人被全息数据化的同时，个人历史越来越多地转化为数据化记录，并通过媒介公开。个体的生活印迹、工作学习轨迹、社会活动行踪投射在数字空间中个体的各类账号的时间轴上，并散落在各种类型的虚拟空间、平台与终端上。构成个人历史的数据，既有人们自己的记录与"表演"，也有所在"单位"（或其他组织）及他人的记录，还有来自媒体的报道。其中有主动的公开，也有被动的披露，夹杂着私人生活与公共生活的双重色彩。一旦进入公共媒介，这些内容就不再是个体能完全控制得了的。

构成个人历史的数据在常态下是片段或离散的，但只要对它们进行有意挖掘、整合，就能拼贴出一段相对完整的时间线或相对完整的图景，甚至可能发现一些个人秘密。但更多时候，他人或外界对个体历史的认知，主要是基于从"当下"信息中提取的、被去语境化与再语境化的个人信息[1]，这些信息对个体的记录与反映又是片面，甚至是扭曲的，有些信息可能被人有意曲解。个人历史被数据化、媒介化后出现的以上结果，意味着个体对自己在数字空间历

---

[1] 迈尔-舍恩伯格. 删除：大数据取舍之道[M]. 袁杰，译. 杭州：浙江人民出版社，2013：114.

史信息的不可控性。

个人历史的数据化，在某些方面意味着记忆的数据化，即记忆的外化与媒介化。这种记忆不仅与个人的记录方式有关，也与社会互动、存储平台等有关。个人记忆不再仅仅依靠个体自身，还依靠很多外部因素。

数据化的轨迹并不能完整反映个体的全部历程，但作为一种记录、记忆方式，有时数据比人的大脑记忆更为持久。当大脑记忆变得模糊时，人们需要依赖数据化记忆进行回顾。对这些数据的记忆是靠大脑之外的各种"外存"，如个人的终端、平台的服务器等记录。一旦数据记录的载体出现问题，则会导致记录与记忆出现破损。例如，某个手机的丢失、某个存放信息的服务器的损坏。过于依赖外存，会导致个人历史记录和自我记忆的残缺与失真。

当数据化的记忆成为常态时，人们的"黑历史"会以超出预期的时间与空间进行留存。由"黑历史"引发的个人危机事件也会变得越来越频繁。

从社会的层面看，个人历史的数据化意味着个体生命进入了生命政治的治理装置之中，个体数据成为治理层面维系社会安全和运作的基本方式。同时让每一个参与共同体和国家活动的个体，都必须按照这种可治理的方式来重新生产自身。[1]但在这样的治理装置中的数据化个体，其鲜活的个体面孔、现实的个人境遇可能被移除或简化，最终成为一个个被统计的数据，或被计算的对象。

3. 数据塑造的数字自我与数字人格

数据不仅在记录个体的生命历程，还在建构一种数字化的自我。

学者蓝江指出，我们在网络中形成的数字痕迹，可以让智能算法精准地描绘出另一个自我，一个比自己还了解自己的自我。但是与之前的自我不同的是，这个自我并不在我们的内部，而是在那个无形的互联网中。它不是由我们的理性的自我意识构成的，而是由无数我们有意或无意的行为留下的数据构成的。[2]

我们还可以从更广泛的层面来理解数字自我，它不仅是被数据描绘与算法分析出的自我，还是人们通过各种数据化行为主动表达的自我，并且在数字互动中被社会关系与社会环境所塑造的自我。这种自我会受到技术、媒介等的作用。数字自我既有主动性，也有被动性，它体现在自我呈现、自我建构、自我认同等不同层面，并对现实自我产生影响。

---

1 蓝江.生命档案化、算法治理和流众——数字时代的生命政治[J].探索与争鸣，2020，371（09）：105-114+159.

2 蓝江.外主体的诞生——数字时代下主体形态的流变[J].求索，2021，325（03）：37-45.

从自我呈现层面看，数字自我既有现实自我的投射，也有基于虚拟空间特性对自我的修饰甚至再造。因为数字空间角色扮演的自由，表演手段与策略的多样化，使它更容易呈现自我的多面性。自我呈现的策略（真实还是虚构、积极还是消极）、自我呈现获得的反馈，也与自我认同有着关联。[1]

从自我建构层面看，数字自我受到的关键影响来自数字环境中的认知参照体系。自我建构指的是个体在认识自我时，会将自我放在何种参照体系中进行认知的一种倾向。按照以往学者的看法，每个个体的自我建构都包含三个组成部分：从自身独特性定义自我、从自己与亲密他人的关系中定义自我、从自己和所从属团体的关系中定义自我，分别称为个体自我（individual self）、关系自我（relational self）和集体自我（collective self），也称为自我的三重建构。[2] 数据化的表演，首先体现的是个体自我，但由于数字空间中社会互动范围的拓展及频率、程度的加深，参照体系变得多元。因此，个体自我会越来越多地受到关系自我和集体自我的影响，他们会基于数据化表演结果的反馈进行自我建构的调适。三重自我之间的相互观照、博弈也变得频繁。

自我认同指的是在个体的生活实践过程中，通过与他人及社会

---

[1] 刘庆奇，孙晓军，周宗奎，等. 社交网站中的自我呈现对青少年自我认同的影响：线上积极反馈的作用 [J]. 中国临床心理学杂志，2015，23（06）：1094-1097.

[2] 刘艳. 自我建构研究的现状与展望 [J]. 心理科学进展，2011（3）：427-439.

进行互动，以及通过内在参照系统形成自我反思，使行为与思想逐渐形成并自觉发展成一致的状况。[1] 自我认同包括自我的同一性的建构、自我归属感的获得、自我意义感的追寻等[2]。如前所述，当下的互动很多时候是在数字空间中以数据化方式进行的，自我反思在很大程度上受到数字空间的影响。在互联网发展早期就有研究者担心，网络会带来自我认同危机。例如，自我虚拟人格与现实人格的分离、自我与社会关系的分离、自我与人的本质的分离[3]，或者"信息在场"与"人身在场"、"网我"与"真我"、"自由个性"与"失个性化"的内在紧张[4]。但除了危机，数字空间是否会给自我认同带来其他可能，还有待未来实践与认识的进一步深化。

与此同时，自我意识面临着数据化的可能。如研究者指出，既然自我意识——自我的核心内容的本质是一种被记忆的信息或信息的一种特殊存在形式，而信息是可以复制、移植和数字化的（如对过去经历的记忆），那么自我意识在信息的数字化越来越普遍的今天，也必然面临着被数字化的问题。[5] 数字化的自我意识在网络空间中被自我转换、自我掌控、被他者感知，形成了网络空间中可控

---

1 姚上海, 罗高峰. 结构化理论视角下的自我认同研究 [J]. 理论月刊, 2011（3）: 46-49.

2 吴玉军. 现代社会与自我认同焦虑 [J]. 天津社会科学. 2005（06）: 38-43.

3 李辉. 网络虚拟交往中的自我认同危机 [J]. 社会科学. 2004（06）: 84-88.

4 高兆明. 网络社会中的自我认同问题 [J]. 天津社会科学. 2003（02）: 49-52.

5 肖峰. 论数字自我 [J]. 学术界, 2004（2）: 86-99.

的自我，呈现为鲜活的数字自我。[1]

数据化生存会带来数字化的"人格"。对此，不同研究者的表述不同，如网络人格、虚拟人格、数字人格等，定义也有所差异。有法学研究者认为，数字人格是主体在网络世界所具有的身份和资格，是主体的信息化表现，是个人信息权利的有机结合和主体体现。[2] 也有研究者将其界定为以数字符号为载体的、代表虚拟空间的虚拟实践主体人格信息的集合。它来源于现实又不同于现实的人格，是人在虚拟空间的人格代表。[3] 在另一些研究者看来，数字化人格则是通过个人信息的收集和处理，勾画一个在网络空间的个人形象，即凭借数字化信息建立起来的人格[4]或基于算法对数据本体的个人先前行为轨迹进行数字化描摹，并进行信用评级由此生成的数字化个人镜像，数字人格意在勾勒出数据本体在社会活动中的可信任程度[5]。这些定义有些侧重于对数字化空间个体权利的关注，有些侧重于数字化的个人形象，还有些侧重于借助数据衡量的个人信用。对数字人格的不同界定，体现了不同学科研究者的不同关注重点。可以看到，近年对数字人格的研究，已经开始关注数据与数字人格

---

[1] 谢玉进,胡树祥.网络自我的本质：数字自我[J].自然辩证法研究,2018(5)：117-122.

[2] 朱程斌.论个人数字人格[J].学习与探索，2021（8）：82-90.

[3] 刘颖,赵宏.网络环境下虚拟人格研究进展与热点分析[J].开放学习研究,2018（4）：20-26.

[4] 齐爱民.私法视野下的信息[M].重庆：重庆大学出版社，2012：62.

[5] 虞青松.算法行政：社会信用体系治理范式及其法治化[J].法学论坛,2020,35（02）：36-49.

的关系，包括算法的影响。

在数字社会当中，一个人的人格之塑造很大程度上取决于个人信息。个人以何种形象出现，依赖于个体的自我决定权，包括个人对个人信息的自我决定权。数字人格具有双重面向：对外的人格呈现和对内的人格隐匿。两者都涉及自我决定权，前者涉及人格的信息是否公开，以及如何公开，后者与前者是一体两面的关系，涉及个体可以在无形的网络当中适度地隐藏自身以公开、自由的表达。[1]

数字自我，也有可能遭遇"社会性死亡"。在不同语境下，"社会性死亡"的含义不尽相同，从出丑、尴尬到被围攻、失去网络名声，甚至无法在数字空间立足。对于后面的情形来说，社会性死亡是数字人格被否定、摧毁的一种表现。这意味着一些权利的丧失。虽然有些权利并非是法律制度所赋予的。

从法学的角度看，数字人格的提出是为了讨论数字自我应该拥有的权利。无论未来数字人格权利会涵盖哪些范围，个体对自我产生的数据拥有的权利一定是核心权利之一。2021年11月1日开始实行的《中华人民共和国个人信息保护法》中所指的个人信息正是这类数据。这一法律从收集、存储、使用、加工、传输、提供、公开、删除等各个环节制定了处理个人信息的原则。未来基于数字人格前提的权利讨论乃至实践也一定会随着应用的发展

---

[1] 张婉婷. 个人信息"合理利用"的规范分析 [J]. 法学评论，2013：1-13.

而深化。

从虚拟的"数字化生存"到现实与虚拟之间深层互动的"数据化生存",我们似乎获得了更多自我认知、自我表达、自我记录的可能,获得了更多便利的服务。但另一方面,当人被映射、拆解成各种数据时,既会在一定程度上失去对自身数据的控制力,也会受到来自外部力量的多重控制。

首先我们要意识到这种控制的存在,并且要培养自己的反控制意识与能力。但来自个体的反抗总是有限的。对于今天的社会来说,对数据化控制的"反控制",最根本的仍然需要制度性约束。无论是对个体数据权利、个人隐私的保护,还是对数据权力、算法权力的约束等,都需要法律制度的底层支持。

与人相关的数据维度的不断丰富,并不意味着数据对人的反映是完整的,也不意味着人的一切都可以由数据塑造,仍然有一些人的本质属性无法变成数据,或者不应该成为数据。

4.2 "赛博格化"生存:人机一体的"后人类"生存

数据化生存的出现,在很大程度上是因为人与机器产生了相互捆绑甚至共生的关系。但这并非人机共生的全部，在各种技术推动下，人的身体会变成一种人机一体的"赛博格"。人的生存也将进入"后人类"状态。

4.2.1 智能趋势、赛博格与后人类

对于"人类在智能技术推动下将变成什么模样"这个问题，学者的思考远远早于实践，而"赛博格"这个词串联起了机器时代人的演变，以及人机关系问题思考的一条主要的线索。

"赛博格"（cyborg）这个词起源于20世纪60年代。1960年，美国航天医学空军学校的两位学者曼弗雷德·克林斯（M.E.Clynes）和内森·克兰（N.S.Kline）在"赛博与空间"一文中首次提出"赛博格"这一概念。这两个科学家从"cybernetic"（控制论的）[1]和"organism"（有机体）两个词中各取前三个字母构造了一个新词"cyborg"。两位学者提出为了解决人类在未来星际旅行中面临的呼吸、新陈代谢、失重，以及辐射效应等问题，需要向人类身体移植辅助的神经控制装置，以增强人类适应外部空间的生存能力。由此带来了赛博格这个概念。[2] "赛博格"后来被定义为人的身体性能经由机械拓展进而超越人体的限制的新身体，也有人将其简称为"电子人"。美国学者唐娜·哈拉维（Donna Haraway）

---

[1] "cybernetics"这个词是由"控制论"的提出者美国学者维纳创造的。

[2] 冉聪，蔡仲.赛博与后人类主义[J].自然辩证法研究，2012，28（10）：72-76.

称之为"一个控制生物体,一种机器和生物体的混合,一种社会现实的生物,也是一种科幻小说的人物。"[1]

在关于赛博格的研究中,哈拉维是一个代表性的学者,虽然她的研究更多是基于女性主义的视角,但她对赛博格的意义的分析具有普遍的启发性。哈拉维在1985年发表了"赛博格宣言:20世纪晚期的科学技术和社会主义的女性主义"一文,她指出,赛博格意味着人类与动物、有机体(人类与动物)与机器、身体与非身体之间的界限的模糊,[2]赛博格打破了自我/他者、心智/身体、文化/自然、男性/女性、创造者/被创者等传统思维中的二元对立模式[3],赛博格隐喻着范畴的模糊化,隐喻着各种过去在辩证法中鲜明对立的两极的模糊。

无论人们对于赛博格的研究视角如何,赛博格的出发点是技术对人的增强。进入21世纪,被合称为"NBIC"(纳米、生物、信息、认知)的四大技术,构成了"重叠的革命"[4],共同开启了对人的体能、智力、情感、道德等进行增强、被称之为"超人类主义"的浩大工

---

1 哈拉维.类人猿、赛博格和女人:自然的重塑[M].陈静,译.郑州:河南大学出版社,2016:314.

2 哈拉维.类人猿、赛博格和女人:自然的重塑[M].陈静,译.郑州:河南大学出版社,2016:319-324.

3 哈拉维.类人猿、赛博格和女人:自然的重塑[M].陈静,译.郑州:河南大学出版社,2016:376-377.

4 库兹韦尔.奇点临近:2045年,当计算机智能超越人类[M].李庆诚,董振华,田源,译.北京:机械工业出版社,2015:123.

程[1]。美国学者库兹韦尔甚至预言：2045年，机器智能超越人类的奇点时刻将到来。[2]

超人类主义只是后人类叙事大潮中的一个支流。如国外学者指出，"后人类"已经成了一个总括性的术语，包括哲学的、文化的或批判的后人类主义、超人类主义、各种新物质主义（特指那些女性主义的、在后人类主义框架下的理论），以及具有不同内涵的反人本主义、后人性论和元人性论等[3]。在不同的立场与取向下，后人类的相关研究此起彼伏。

沿袭了赛博格这一方向下的思考，后人类主义大多强调边界的消失。例如，后人类主义研究的代表人物美国学者凯瑟琳·海勒（Katherine Hayles）指出："在后人类看来，身体性存在与计算机仿真之间、人机关系结构与生物组织之间、机器人科技与人类目标之间，并没有本质的不同或者绝对的界限"[4]，她表示，变成后人类的前景让人恐惧又快乐，而她自己更偏向乐观，因为后人类唤起了令人振奋的前景：摆脱某些旧的束缚，开拓新的方式来思考作

1　朱彦明. 超人类主义视域中的人的完善及其问题——从尼采的视角看"人类增强"[J]. 南京社会科学，2019（3）.

2　库兹韦尔. 奇点临近：2045年，当计算机智能超越人类[M]. 李庆诚，董振华，田源，译. 北京：机械工业出版社，2015：1-5.

3　法兰多. 后人类主义、超人类主义、反人本主义、元人类主义和新物质主义：区别与联系[J]. 计海庆，译. 洛阳师范学院学报，2019（6）.

4　海勒. 我们何以成为后人类：文学、信息科学和控制论中的虚拟身体[M]. 刘宇清，译. 北京：北京大学出版社，2017：4.

为人类的意义。[1]

但在一部分研究者看来,后人类意味着人的合法性和中心地位的动摇,这"不仅仅存在于其文化建构中,更具颠覆性的是,它也表现在身体的自足与整一这个前提预设开始动摇了。"[2]

有学者总结了后人类主义研究的三种主要取向:第一种取向坚信人类理性的可完美性与人类在星球上的中心地位;第二种取向强调人与人之间、人与非人环境之间的相互依赖,强调人类主体与技术器物之间的亲密关系,并认同"正如人有主体性一样,智能器物同样能发展出主体性";第三种取向则是"批判性后人类主义",即把后人类主义情境看成是颠覆资本主义既有秩序,建构迥异于启蒙理性所定义的人的观念的绝好机缘。[3]

对人类是否应该采用增强技术,支持者与反对者各执一端。支持者从个体权利、进化论、公共福利等角度为增强技术辩解;反对者则多以人类天性、自我同一性危机、身份认同危机、社会公平、对民主的威胁、对人类生存的威胁等理由反对增强技术的应用[4]。

---

1 海勒.我们何以成为后人类:文学、信息科学和控制论中的虚拟身体[M].刘宇清,译.北京:北京大学出版社,2017:383-386.

2 赵柔柔.斯芬克斯的觉醒:何谓"后人类主义"[J].读书,2015(10):82-90.

3 孙绍谊.后人类主义:理论与实践[J].电影艺术,2018(1).

4 王晓娣,马凯威.人类增强技术的伦理范式转换:超人类主义的伦理视角[J].自然辩证法通讯,2019(8);邱仁宗.人类增强的哲学和伦理学问题[J].哲学动态,2008(3).

人类的增强是否会带来对人的尊严的威胁（这既涉及人类的普遍尊严，也涉及人的获得性尊严）[1]、增强技术是否一定带来幸福[2]等，都是研究者关心的问题。这些问题不仅是抽象的伦理讨论，还涉及实践层面公共制度的走向，一个核心关切是："如果一个可能的准人、准机器的混生物出现了，人类应当建构何种公共拟制才足以应对？"[3]

这些讨论似乎涉及的是有些遥远的问题，但一方面技术发展的速度可能超乎想象，遥远的问题可能很快就会逼近我们，正如ChatGPT引发的震荡一样；另一方面，与以往作为工具的机器不同的是，人工智能推动下的机器，正在变成与人一样的行动主体。它有可能对人类在地球上的中心地位产生冲击，对此人类的确有必要未雨绸缪。

4.2.2 智能设备促进的赛博格化

赛博格的概念和后人类叙事已经存在了几十年，但是过去很多构想只能存在于影视、文学作品等方式中。而近些年移动传播、人工智能等技术的加速，使得人与机器的共生逐渐成为现实。

虽然智能手机并没有真正嵌入人体，但是当人与它形成了日益不可分割的关系时，实际上它就成了人的身体的一部分。当无比广

---

1 李亚明，李建会. 人的尊严与人类增强 [J]. 哲学动态，2019（6）.

2 江璇. 人类增强技术的发展与伦理挑战 [J]. 自然辩证法研究，2014（5）.

3 任剑涛. 人工智能与公共拟制 [J]. 当代美国评论，2019（1）.

阔的世界被集成于人们的手机、近在指尖时，手机作为人的器官的延伸，就不再是比喻了。除手机外，耳机、智能手环、智能手表、智能眼镜等设备也正在或已经进入人们的赛博格化实践中。通过身体携带的设备，人与云端设备建立起了紧密连接，身体与弥散的外部技术系统构成了一个更广义的赛博格。

1. 赛博格化下身体的新含义

在赛博格视角下，智能设备被人视作身体的一部分，即使它们并没有进入身体。此时，人们对这些设备的选择就不只是基于对功能、性价比的考虑，很多时候也是基于外观、质感方面的考虑，人们常常会将设备的外在形象、设备的档次作为自身形象的一部分，人机一体在此时有了具体的写照。

作为身体一部分的设备，会变成与人一同应对社会处境的伙伴。例如，在线下的社交场合，当人们觉得与在场的他人难以形成有效的交流而显得尴尬时，往往会把目光投向手机，即使手机上并没有吸引人的内容。在社交互动中，与人共生的智能设备能够改变交往中的边界，让人们以"半在场"或"半缺席"的方式出现。作为"赛博格"身体的一部分，这些设备还能起到展示姿态（如戴上耳机表明了"请勿打扰""不愿交流"的姿态）和反映关系（如分享耳机是亲密关系的表现）的作用，赛博格的身体得以凸显。[1]

---

[1] 徐辰烨，彭兰. 从"人"到"赛博格"：技术物如何影响日常交往行为？——以耳机为例 [J]. 新闻界，2023，361（04）：34-46.

作为身体一部分的智能设备，也会训练出人们新的行为模式，甚至使之成为肌肉记忆。例如，手机操作中的行为模式会泛化到人们的其他行为中——当一些人看不清楚纸上的文字或图片时，有时会试图如对触摸屏一样用手指将其放大。

关于赛博格的一种更激进的设想是，在未来的技术条件下可以在人体中植入各种芯片。那时赛博格会达到一种新境界——个人与机器的整合达到"自体平衡"（homeostatic）和"无自觉"（unconsciously）的高水平，机器真的变成无须调动高级神经活动的关注与操作的人的一部分[1]。如果那一天真的到来，身体的含义与意义会被进一步改写。

另一方面，人类是否要接受这样一种新的可能？对于一部分人，特别是身体机能出现障碍的病人，这些嵌入身体的设备是他们重回正常生活的希望。但就像基因编辑一样，这样的做法必然存在着伦理方面的争议。机器进入身体的限度，在机器支持下人对自然限制的突破限度，都是赛博格趋势下的基本伦理问题。

2. 赛博格化促进的自我传播

与身体一体的手机和可穿戴设备对人带来的另一个基本影响是，将人的某些状态与行为映射为数据，身体状态也因这些智能设

---

[1] 阮云星，高英策，贺曦. 赛博格隐喻检视与当代中国信息社会 [J]. 社会科学战线，2020（1）：30-37.

备得到更多呈现。因此，人对自身的物质层面（身体状态、运动等）有了更多观察、检视的机会，甚至过去被认为是不可量化的精神层面的反映，如情绪与心理状态等，也可以因一些可穿戴设备而被量化。这可能会促进人对自己的物质化状态的更多关注，促进"精神自我"与"物质自我"的对话。在这样的背景下，人的自我传播在加强。

"自我传播"也称"人内传播""内向传播"等，是人接受外部信息，并在人体内部进行信息处理的过程。这一传播往往与"人际传播"、"群体传播"、"组织传播"和"大众传播"并称为"五大传播形态"。但有学者认为，"人内传播"的概念从20世纪90年代开始，已经被西方传播学界弃置不用。我国传播学者将其作为一个传播学的范畴并广为传播，乃是忽略了认知心理学、心灵哲学等诸多学科的研究成果，混淆了传播学与这些学科的不同特点，在哲学上有坚持身心二元论的嫌疑，在形式上扭曲了米德的社会学理论，因而是一种错误的观念，亟须纠正。[1]

这一看法不无道理，但也有一定的局限，特别是在人机共生的时代，人借助机器实现的自我对话、自我审视并不能完全从人的神经系统活动或哲学角度加以解释，也无法纳入其他四种传播形态之中，因此还是有必要将其作为一种独立的传播类型加以关注的。为了避免人内传播这一提法可能带来的误导（即这种传播仅仅存在于

---

[1] 聂欣如，陈红梅． "人内传播"再商榷 [J]．上海大学学报：社会科学版，2018（02）：109-120．

人体内部），在此采用"自我传播"这一称呼。"自我传播"不仅是人体内部神经系统的活动，还涉及人与环境、人与他人及社会的互动。

可穿戴设备、传感器等带来的自我量化、自我认知，正是自我传播需要得到更多重视的原因。相比以往的自我传播，量化自我使得精神层面的自我与物质层面的自我的对话增加，身体的物质状态成为自我认识与评价的重要指标。

这样的自我传播也是一种"反身性"运动。海勒在研究控制论对后人类主义的影响时指出："反身性就是一种运动，经由这种运动，曾经被用来生成某个系统的东西，从一个变换的角度，变成它所激发的那个系统的一部分。"[1] 从控制论的角度看，这意味着"信息从系统流向观察者，但是反馈回路也可能回溯到观察者，将他们变成被观察的系统之一部分"。[2] 可穿戴设备等传感器也带来了反身性效果。当个体利用传感器来了解自身的状态时，个体既是被观察者也是观察者，传感器将被监测的个体信息发送给同时作为观察者的个体，作为观察者的个体会对这些信息做出反馈，而这些反馈也会体现在作为被监测对象的个体的身上。

作为观察者与被观察者一体、传者与受者一体的人，其自我传

---

[1] 海勒. 我们何以成为后人类：文学、信息科学和控制论中的虚拟身体[M]. 刘宇清，译. 北京：北京大学出版社，2017：11.

[2] 海勒. 我们何以成为后人类：文学、信息科学和控制论中的虚拟身体[M]. 刘宇清，译. 北京：北京大学出版社，2017：12.

播就是一种反身性运动,是"行动的反身性",即作为观念动物的主体拥有反过来针对自身并监控自身行动的能力。[1] 而传感器的作用是,将过去人很难量化的一些状态量化了,使人对自身的认识达到一个新的层面。

与传统的仅在人的身体内部进行的自我传播不同的是,在智能终端中介的自我传播中,人们关于自我的认识、精神自我与物质自我的对话,在某些时候会被公开,物质化自我的数据变成一种社交表演的方式,以及与他人互动的中介。这种自我既要表现给他人看,又要受到他人的审视,被他人评价,这些评价也会反过来影响个体的行为。个体向他人展示自我,同时又根据反馈进行自我调节的过程,在社会心理学的意义上,是一种自我建构,而在传播学意义上,可以看作是一种传播。其中,可以传递的信息及其传递方式,都会影响到人们的自我认知。当智能设备使人们展示的身体信息走向多维化、精准化、实时化时,与他人的互动也会发生相应变化。自我认知、自我调节的方式与程度也会发生变化。

3. 赛博格化对人的增强与削弱

赛博格化在很多方面增强了人的能力。人们对自我及环境的感知能力在增强,自我表达能力在增强,人们与信息、他人及各类服务的连接能力在增强,人们将自我生活"媒介化"的能力也在增强。

---

[1] 赵超. 反身性视野下的当代社会科学哲学:知识、社会与行动 [J]. 科学技术哲学研究, 2015(2): 21-26.

人与手机共存下的赛博格化身体构成了公共信息传播网络中的节点，它们会影响到网络信息的流动。身体本身的状态、位置数据等通过手机不断汇入信息网络。刘海龙等指出，人的身体能够生产数据、成为网络的义体，因此可以作为技术系统的"补丁"存在。与此同时，物质性的身体又能够切断与网络的连接，作为破坏网络秩序的"病毒"存在。[1] 这表明，个体对网络信息流的干预能力也有所增强。

但我们也不应忽视增强的另一面：机器可能在某些方面带来对人的能力的削弱。当人被机器随时随地地量化后，外界对人的监测与控制力增强了，但人对自我的控制与保护能力却被削弱了。借助机器，人与人的连接线索、交流场景与手段变得丰富了，但人与人面对面的交流能力却可能减弱了。借助手机和搜索引擎这些"外部记忆"方式，人们的"记忆"似乎增强了，但人自身的记忆能力却可能在下降。通过使用与数据、与算法连接的设备，人在某些方面的认知与决策能力在增强，但这也导致了人对机器智能的依赖增加，使得人本身的独立智能反而被削弱了。

4.2.3 人的虚拟实体化与元件化

赛博格化改变了人的数字化生存形态。今天人的身体，被数据重构出一种"虚拟实体"——虽然是虚拟的数据，但也越来越多地

---

1 刘海龙，谢卓潇，束开荣. 网络化身体：病毒与补丁[J]. 新闻大学，2021（5）：40-55.

反映着身体这一实体的状态。

这种虚拟实体容易让人联想到"数字孪生",虽然制造业所研究的"数字孪生"及"数字孪生体"概念不能完全平移到人身上,但人的"虚拟实体"与数字孪生有很多相似性。服务商也可以通过对这种虚拟实体的研究分析、模拟人的行为与需求。

人的虚拟实体化,在一定意义上会推进某些时候人在虚拟与现实两重空间的同一化。但从数据角度看,这些虚拟实体的数据又从人的身体中被分离出去,被一些平台或技术的拥有者掌握。因此,随时随地可能被数字化映射的个体,其受到的外在的监视也更多。

智能设备对人体的映射,使得人类向海勒所说的作为物质-信息混合物的后人类主体[1]更近了一步。身体这一实体与身体映射出来的多维度数据共同构成了一个身体对象,外界对人的身体的了解,往往同时基于身体的实体(物质)和数据(信息)。

人的实体数字化后可以被拆解成一个个"元件"——如容貌、声音、指纹、肢体、动作。这种拆解还可以进一步细化。对"元件"进行数字化重组也就变得越来越容易。例如,在需要构建一个虚拟化的人物时,可以从不同的人身上获取相应的元件。这意味着,人的某些个人特质会以数字化元件的方式被移植、结合到其他的对象

---

1 海勒.我们何以成为后人类:文学、信息科学和控制论中的虚拟身体[M].刘宇清,译.北京:北京大学出版社,2017:5.

中,这种对象甚至不一定是人。

虽然数字"元件"的转移技术可以被开发者应用到一些积极的地方,如在给孩子讲故事的软件中植入父母的声音,以增加亲子互动感。但更多时候,这种技术带来的是风险。如何在技术伦理与法律上对这类技术应用进行规范,成为当务之急。

与此相关,一个需要我们思考的新问题是:个体生命的这些基本特征是否应该作为个体的基本权利被保护。就像肖像权一样,我们应该拥有声音权等其他权利呢?

身体元件化使得人作为一个整体的意义被削弱。人的背景、经历、经验与情感等因素更是被简化,身体变成了可拆解的物化对象,变成一段一段的"代码"。不同的管理者或服务者只是按需提取人的某个元件用于特定目标,并对这些代码进行计算分析。

这样一种将个体元件数字化并将各种元件重组的方式,成了另一种"赛博格"。哈拉维在她的《谨慎的见证者》一书中就将转基因生物视为赛博格的代表。因为转基因生物由来自不同细胞的成分拼合而成,以转基因生物为代表的赛博形象带有模糊性,或者说具有模棱两可、二重性的特点。[1]

当各种生物特质开始以数字化方式脱离人体,被转移到电脑或

---

1 冉聪,蔡仲.赛博与后人类主义[J].自然辩证法研究,2012(10):72-76.

别人身上时,"人的大脑内的思维"这个过去我们认为始终与人这一物质不能分离的对象,也开始出现了脱离人体的可能。

2019年4月美国加州大学华裔科学家张复伦(Edward Chang)与他的团队在《自然》杂志发表论文,宣布他们可以将脑电波直接转换成合成语音[1]。2019年7月17日,埃隆·马斯克创立的"神经连接"(Neuralink)公司发布了一款脑机接口系统,它用长得像缝纫机一样的机器人,向大脑中植入超细柔性电极来监测神经元活动。[2] 2023年5月25日,"神经连接"公司宣布,已获得美国食品和药物管理局批准,将启动脑植入设备人体临床试验。[3] 类似这样的脑机互联的技术还在往前推进,人的大脑内的信息被上传到电脑中,似乎也是可以想象的未来了。

在这样一个方向下,我们可以想象,当某个个体的肉身消失后,智能技术有可能依据他的数字化痕迹、数字化特征对他进行模拟或复原,使人用数字化方式实现永恒,甚至可以将这些数字化个体载入外表与真人相似的躯壳中。正如英国电视剧《黑镜》曾经描绘过的一种景象,即使不是以一个完整的数字化个体的方式永生,也可能会以某些数字化元件的方式永生。在实践中,一些类似的尝试已经出现。

---

1 参考"华裔科学家成功解码脑电波 AI 直接从大脑中合成语音"。

2 参考"'科学狂人'推出脑机接口,明年进行人体实验"。

3 马斯克企业获准脑机连接人体试验[N].天津日报,2023-5-28.

如果这样的技术日趋成熟，那么我们需要回答的一个基本问题是，个体是否可以由自己的意愿来控制其数字化永生？他的家人或朋友是否有权为了他们自己的情感需要而决定让他以数字化方式永生？

而要回答这样的问题，涉及的不仅是法律上的某种权利，更需要对人的本质进行探寻。

对这样的人的身体与意识相分离的可能景象，早已有科学家预言过。例如，美国卡内基梅隆大学移动机器人实验室主任汉斯·莫拉维克写作的《心智儿童：机器人与人类智能的未来》一书，该书预测未来可以将人类的意识下载到计算机里。但凯瑟琳·海勒认为，莫拉维克想象的"你"选择将你自己下载到计算机中，从而通过技术手段获得不朽的最终特权，这样一种做法是致命的。[1]

而像弗朗西斯·福山（Francis Fukuyama）这样的对后人类主义持批判态度的学者，则在说明"人之为人"的根基时明确指出，所有形成"人之尊严"的重要特质都不能脱离彼此而单独存在。人类理性与计算机理性完全不同，它浸润着人类情绪，其运作机理在事实上也由情绪推动。道德选择不能脱离理性单独存在，更不用说，它根植于诸如骄傲、愤怒、羞耻及同情等情感。人类意识并不仅仅是个人偏好或工具理性，它是由别的意识及其道德评价这样的主体

1　海勒. 我们何以成为后人类：文学、信息科学和控制论中的虚拟身体 [M]. 刘宇清，译. 北京：北京大学出版社，2017：388.

间的作用所共同形塑的。[1] 虽然福山更多地关注的是生物技术发展的影响，但他对于人类意识、人类理性、人类尊严的思考，也在呼应人工智能发展中出现的问题。人的意识与情感、情绪紧密相连，当脱离了身体时，情感、情绪，以及与之关联的道德选择等可能会消失，意识就失去了依存。

未来人类的意识是否可以完全脱离身体，还与虚拟空间中的"具身性"有关，这是下文要展开的话题。

4.2.4 虚拟空间中并没消失的"具身性"

近年来，不少传播研究者开始越来越多地关注传播的"具身性"（embodiment），也称"涉身性"问题，更有学者强调要肯定身体在信息流动与接受过程中的物质论地位，承认身体观念在意义生产与维系中的基础作用。[2]

"具身性"自20世纪80年代以来已经成为认知科学领域（包括哲学、心理学、神经科学、机器人学、教育学、认知人类学、语言学等）的重要概念。[3] 具身认知研究以对"身体"的理解为基础，

1　福山. 我们的后人类未来. 生物技术革命的后果 [M]. 黄立志, 译. 桂林：广西师范大学出版社, 2017：172.

2　刘海龙, 束开荣. 具身性与传播研究的身体观念——知觉现象学与认知科学的视角 [J]. 兰州大学学报：社会科学版, 2019（2）：80-89.

3　何静. 具身认知研究的三种进路 [J]. 华东师范大学学报：哲学社会科学版, 2014（6）：53-59+150.

研究身体在认知中发挥的作用,即身体及其与环境(世界)的交互关系在认知活动中的关键作用。[1]

对于"何为身体",现象学的代表人物莫里斯·梅洛-庞蒂(Maurice Merleau-Ponty)区分了两种身体:客观的身体和现象的身体。前者是一个能像物质一样进行分解的生理实体,后者则是某个"我"所经历、承载着"我"的、介入自然和社会的有机体[2],现象身体可以理解为肉身化的意识或是意识参与下的身体。它所知觉的空间是现象空间,由此产生了中心性、方位感、视角性、层次、深度、运动性等概念[3]。莫里斯·梅洛-庞蒂提出现象身体这一概念,是对传统身心二元对立的肉身观念的颠覆,同时他关注"我"如何通过身体与他人及世界打交道。[4]在他看来,身体并不是由所谓心灵实体或灵魂指使的机器,而是直接进行知觉和理解活动的主体。[5]

唐·伊德(Don Ihde)在《技术中的身体》中提出了三种"身

---

1 胡万生,叶浩生.中国心理学界具身认知研究进展[J].自然辩证法通讯,2013(6):11-115+124+128.

2 梅洛-庞蒂.知觉现象学[M].姜志辉,译.北京:商务印书馆.2001:538-540.

3 闫树睿,王绍森.基于梅洛庞蒂的身体现象学谈建筑空间体验的具身性[J].建筑与文化,2017(5):78-80.

4 欧阳灿灿."无我的身体":赛博格身体思想[J].广西师范大学学报:哲学社会科学版,2015(2):60-66.

5 苏宏斌.作为存在哲学的现象学——试论梅洛—庞蒂的知觉现象学思想[J].浙江社会科学,2001(5)88-93.

体":一是肉身意义上的身体,具有运动感、知觉性、情绪性的在世存在物;二是社会文化意义上的身体,在社会性、文化性的内部建构起自身的存在物;三是技术意义上的身体,在与技术的关系中,以技术或技术化人工物为中介建立起的存在物[1]。

另一位美国学者休伯特·德雷福斯(Hubert Dreyfus)则认为"具身"包含三个层面:一是指自我身体的确定形状和内在能力;二是指习得的处理事物的技能;三是指文化的具身性。[2]

从以往学者对于"身体"的观点来看,身体不仅仅是"肉身",还包括人的意识,以及它背后的个人经验及社会、文化、技术等因素或长期或即时的影响。

这样一种"身体",作为感知经验的"导向中心",具身化了主体的第一人称视角——自我总是从身体的"这里"出发,获得对世界的视角,外在的超越对象总是相对于身体的"这里",而在视域结构之中显现出来。[3]

对身体在认知中的作用的研究,推动了认知科学的发展。第一

---

1 杨庆峰.翱翔的信天翁:唐·伊德技术现象学研究[M].北京:中国社会科学出版社,2015:94.

2 姚大志.身体与技术:德雷福斯技术现象学思想研究[M].北京:中国社会科学出版社,2020:15.

3 罗志达.具身性与交互主体性[J].中山大学学报:社会科学版,2017(3):143-150.

代认知科学信奉的是心智的"硬件无关说"或"离身心智论",研究的主要是心理的"符号及其表征"[1],而以"心智的具身性"为特征的第二代认知科学研究则相反,他们认为,人们对于世界的认识并非世界的"镜像",而是身体构造和身体感觉运动系统塑造出来的[2],心智始终是具(体)身(体)的心智,心智植根于人的身体及身体与环境的相互作用之中[3]。具身认知以具体的身体来表征抽象概念,身体可以作为一部分认知的内容存在于认知加工过程之中,而且身体状态的不同也可以改变其他认知加工的内容[4],身体的物理结构对认知具有直接的塑造作用,身体的感觉—运动系统经验及其心理模拟在认知加工中扮演着关键角色[5],它会影响到人的态度、社会知觉、情绪[6],甚至影响人的道德判断与道德行为[7]。总体来看,心理学领域的具身认知研究主要涉及身体隐喻研究、与情绪相关的具身研究、与感知运动相关的具身研究、物理感受性与认

---

1 李其维."认知革命"与"第二代认知科学"刍议[J].心理学报,2008(12):1306-1327.

2 叶浩生.具身涵义的理论辨析[J].心理学报,2014(7):1032-1042.

3 李恒威,盛晓明.认知的具身化[J].科学学研究,2006(24):184-190.

4 彭凯平,喻丰.道德的心理物理学:现象,机制与意义[J].中国社会科学,2012(12):28-45+206.

5 叶浩生.具身认知,镜像神经元与身心关系[J].广州大学学报:社会科学版,2012(3):32-36.

6 伍秋萍,冯聪,陈斌斌.具身框架下的社会认知研究述评[J].心理科学进展,2011(3):336-345.

7 彭凯平,喻丰.道德的心理物理学:现象,机制与意义[J].中国社会科学,2012(12):28-45+206.

知判断的具身研究等。[1]

相关的实证研究进一步说明了身体与认知的具体关系。例如，有研究从身体对权力的感知及反应的角度证明，权力与空间大小之间存在隐喻关系，权力强的被知觉为空间上大的，而权力弱的则被知觉为空间上小的。空间大小会影响权力概念的加工，权力概念的加工也会影响到空间大小的知觉。[2]有国外研究者设计了情绪、情感的具身相关实验，在实验中分别采用让被试者用牙齿咬住笔或者嘴唇夹住笔的控制方法，以表现出口唇张开的微笑表情和口唇紧闭的严肃表情这两种状态，并让被试者判别所播放的卡通片是否有趣。结果用牙齿咬笔面露笑容的被试者，对卡通片搞笑程度的评分要显著高于那些用嘴唇固定笔以呈现不笑表情的被试者。[3]国内的同类研究同样揭示出，视觉图片的加工能够有效地通过身体动作的改变影响其情绪信息的加工。[4]

互联网进入我们视野时，一开始被视为赛博空间，其虚拟性被视为其核心特征。因此在早期互联网，人们更多地关注的是"虚拟

1　范琪，叶浩生. 具身认知与具身隐喻——认知的具身转向及隐喻认知功能探析 [J]. 西北师大学报：社会科学版，2014（3）：117-122.

2　唐佩佩，叶浩生，杜建政. 权力概念与空间大小：具身隐喻的视角 [J]. 心理学报，2015（4）：514-521.

3　范琪，叶浩生. 具身认知与具身隐喻——认知的具身转向及隐喻认知功能探析 [J]. 西北师大学报：社会科学版，2014（3）：117-122.

4　王柳生等. 具身情绪. 视觉图片的证据 [J]. 中国临床心理学杂志，2013（2）：188-190.

身体"的"离身性",即将虚拟身体视为赛博空间里人类心灵的离身性本质。但这也引起了很多学者的担忧,虚拟性取代物质性的辟径忽视了人类身体在社会交往模式中的基础作用,同时技术异化导致身体的丧失,将把人的主体性、物质性、社会性和实践性带向前所未有的困境。[1]

但后人类的研究,也有另一种取向,即从一种跨越了原有身体边界的新身体角度来研究具身,他们赋予了具身新的含义,但并不认同具身性意义的消失。

凯瑟琳·海勒认为,"后人类"更加关照信息化的数据形态,而非物质性的事实例证,由生物基质形成的具身形象被视为历史的偶然而不是生命的必然[2]。因此,后人类更看重的是信息层面的"模式(有序)/随机(无序)"的辩证关系——控制论的研究正是致力于此,而非身体的"在场(有)/缺席(无)"[3]。同时海勒也指出,这并不意味着在场/缺席的辩证失去意义,"它将物质与意义连接在一起的方式,是模式/随机的辩证法不可能有的"[4]。"通过对文化意义共鸣的隐喻进行阐释,身体本身也就一种凝结的隐喻,一

---

1 冉聃. 赛博空间,离身性与具身性 [J]. 哲学动态,2013(6):85-89.

2 海勒. 我们何以成为后人类:文学、信息科学和控制论中的虚拟身体 [M]. 刘宇清,译. 北京:北京大学出版社,2017:3.

3 海勒. 我们何以成为后人类:文学、信息科学和控制论中的虚拟身体 [M]. 刘宇清,译. 北京:北京大学出版社,2017:333.

4 海勒. 我们何以成为后人类:文学、信息科学和控制论中的虚拟身体 [M]. 刘宇清,译. 北京:北京大学出版社,2017:333.

种物理结构。它的局限和可能性是通过进化的历史形成的,而这种进化史是智能机器无法共享的。"[1]因此,她仍然坚持人类的意识不能脱离身体存在,需要以具身化的现实而非无形的信息为基础,定位于模式/随机的辩证关系中,反思人类与智能机器间的关系。[2]

面对赛博格化的后人类,或许我们要重温莫里斯·梅洛-庞蒂等人对于身体的定义,虚拟世界里的身体虽然不一定总是体现为现实世界里的肉身,但作为肉身与意识一体的身体、作为"知觉和理解活动的主体"的身体仍是存在的。身体本身"凝结的隐喻",在虚拟世界的存在与感知中,仍然具有重要影响。即使某些时候人被虚拟化,或者人与机器形成了共生关系,但人的身体在认知中的独特作用与意义并不会完全消退。

即使是肉身,也并没有在虚拟空间的探索中完全消失。人们进入虚拟空间,首先依赖于人与机器的交互,包括与硬件的交互、与设计界面及软件的交互等,而人的身体动作是交互的基础。人对机器的反应模式,仍然会沿袭具身认知的一些模式。如有研究表明,支配性强的人对计算机屏幕上垂直位置更高的探测刺激反应较快,而服从性强的人对屏幕上位置更低的探测刺激反应较快。[3]人机互

---

[1] 海勒. 我们何以成为后人类:文学、信息科学和控制论中的虚拟身体[M]. 刘宇清,译. 北京:北京大学出版社,2017:385.

[2] 海勒. 我们何以成为后人类:文学、信息科学和控制论中的虚拟身体[M]. 刘宇清,译. 北京:北京大学出版社,2017:388.

[3] 彭凯平,喻丰. 道德的心理物理学:现象,机制与意义[J]. 中国社会科学,2012(12):28-45+206.

动时人的身体姿势、状态，也可能会影响到他们的情绪。而如前文所说，情绪会影响认知。

人们在虚拟空间经过一段时间的活动后，身体会形成自己的惯性，而这种身体惯性又会反过来变为认知行为惯性。例如，久而久之，人们不需要思考，打开某个界面就会下意识地点击某个位置，进而进入某个页面或 App。固化的动作记忆变成了人们在虚拟空间活动范围的主要影响因素，而这种活动范围，影响了人们获取信息的范围。例如，即使人们的大脑意识在呼唤放下手机，但人们的手指无意识的划动，仍会源源不断地打开新的页面，不断向大脑发出新的诱惑。意识与肉身之间在进行搏斗，人们沉浸在虚拟空间的时间长短，是意识与肉身共同作用决定的。

除对认知的影响外，就像在现实空间一样，人的身体状态与能力会影响其在虚拟空间的活动方式与满足感。例如，手指动作不够敏捷、身体反应迟钝的人难以在网络游戏中获得好的成绩，他们在游戏中获得的满足感相对较少，也难以获得他人的认同。相反，那些身手敏捷的人在游戏中不仅可能获得更好的成绩，还有可能获得更多来自他人的赞赏，这会使得他们更容易沉迷于游戏。进一步而言，网络游戏是人与人互动的一种方式，人的身体的能力，间接影响了人们在网络中与他人的互动。类似的，在其他一些看似肉身缺席的虚拟社交互动中，由身体状态影响的打字速度等因素，同样会对社交质量产生影响。虚拟的社交未必没有肉身的在场，即使不是身体整体的全方位在场,也是部分的、间接的在场。

随着技术的发展,对具身认知具有重要意义的现实中的"空间感",将会在虚拟空间中越来越多地回归。

虚拟世界里空间感的回归,主要源于VR、AR等技术的发展。在VR、AR营造的空间里,人也会有类似现实空间的身体在场及包括方位、距离等的感知。从对现场还原和人的在场感的营造角度看,在VR、AR空间里,"第一人称视角"被交还给了用户,人们可以根据自己的需要改变视角及观察对象,而不再像观看传统视频那样,受到拍摄者的视角的局限。物理空间中的具身认知模式,也会在虚拟空间中体现。

在未来的社交互动中,当身体被用全息方式(而非化身方式)还原时,会使因数字化而抽象为符号的互动,重新回归到全息互动。当下除音视频交流中的声音、身体姿态、手势、面部表情、眼神等与身体有关的因素外,空间位置关系、距离等与身体相关的因素,也会重新成为交流中的重要元素。

对于虚拟购物、试衣、虚拟博物馆、虚拟旅游等体验来说,虚拟空间与虚拟身体之间的关系会更接近现实中的关系。但触觉、嗅觉、味觉等的缺失,仍使目前虚拟空间在还原身体感觉时存在不足。这可能成为未来技术重点要解决的问题。

另一方面，人们的肉身在虚拟空间里也会有更多回归。在 AR 应用中，已经有肉身的直接参与。在未来的技术下，人们的身体状态变化会更自然地成为虚拟空间中人机交互、人人交互的触发器。与今天人们主要借助键盘、鼠标、屏幕等中介通过手来控制人机交互不同，未来人们的身体的各个不同的部位、各种动作，都可能带来相应的交互。身体状态的细微变化所反映出的人的心理状态，也会被捕捉下来，成为人机交互的由头。

在虚拟空间中肉身的全方位回归，意味着人在数字世界里习惯的多任务处理模式会受到挑战。手机等随身的移动终端使得人们的"并行处理"能力增强，包括在不同社交空间中与不同对象进行的并发的社交互动等。但在 VR、AR 等情境，需要人们的数字化身体的全方位在场，需要人们在某一个情境中的专心投入。虽然人们可以在不同空间中切换，但相比今天通过文字实现的交流切换，与具身相关的空间切换意味着身体状态和情绪的转换。与具身相关的空间切换需要一定的时间，这可能会减少人们在几种空间中的并发行为，而使人们在一段时间内沉浸于某一空间。这或许是一件好事，因为多道并行处理，并不一定会带来更高的效率。有心理学家认为，在多任务处理中人在任何一项任务中都表现不佳。[1] 从社交角度来看，专注于一个虚拟空间的交流，或许会有助于提高社交质量。

因此，即使是在虚拟空间里，具身性因素仍然会对人们的认知、

---

1 特克尔.群体性孤独[M].周逵,译.杭州：浙江人民出版社,2014：174.

社交等产生影响,未来这样的影响或许会进一步增强。这也从另外一个角度回应了前文提到的人类意识能否完全离身的问题。

有学者指出,"后人类情境为人类重新认识自我、定义自我,进而为从去人类中心化角度批判性地反思人类文明提供了绝佳的契机"[1]。未来的智能技术是把人类推向后人类,还是超人类,或是其他方向,或许对于现在的我们来说都难以做出准确预言。但无论如何,对于未来人的生存形态、未来人机关系的思考与反思,可以让我们从全新的视角重新认识人自身。

4.3 艺术化生存:人机协同的 AIGC 与新的生存走向

在算法面前,人是相对被动的。但 AIGC 技术的兴起,使得普通人有了主动利用智能技术改变自己生活状态的可能,并开始拥抱人机协同这样一种新的关系。人机协同对于人们工作、生活的影响将是多方面的,其中一个尤为值得关注的动向是,在 AIGC 技术推动下,人们参与艺术创作的能力大大增强,这种创作与日常生活相互融合,艺术化生存成为人们新的生存走向。

---

[1] 孙绍谊. 后人类主义:理论与实践 [J]. 电影艺术,2018(1):12-17.

4.3.1 艺术创作渗透的日常空间与平民的"艺术化生存"

AIGC 对普通人的一个重要影响是,它为平民化的艺术创作打开了大门,如互联网为普通人在公共空间的自我表达提供了通道,也如智能手机的普及使图像与视频生产进入了平民领域。当艺术创作渗透到日常生活中,普通人就有了"艺术化生存"的可能。

以往的艺术创作大多处于"高处不胜寒"的状态,是受过专业训练的人的专属。普通人只能欣赏、仰望,而无法成为创作者。在绘画、音乐等领域,更是如此。

但基于 AIGC 工具的创作几乎不再存在技艺上的门槛,也无须长年累月的训练。通过几条指令,便自动生成作品。当然,要获得理想的效果,还需不断调试,不断优化。

然而在艺术领域,对于"人工智能创作的作品能否称为艺术品",一直存在争议。

很多研究者从原创性与突破性角度来衡量人与机器创作作品的差异。有人认为,人工智能产生的艺术评价标准还是来自之前的艺术风格,其并没有能力根据艺术整体的发展规律去突破标准或重新调整标准,而这种主动性却是艺术家所追求的。人工智能至少在目前是不可能从经验上升到这种整体的艺术思维和意识的。[1] 艺术

---

[1] 陶锋.人工智能视觉艺术研究 [J].文艺争鸣,2019,300(07):73-81.

创作中的深度学习算法本质上是经验回溯式的,既没有脱离既有经验的取向,也没有脱离既有经验的可能。而最终艺术家会在借鉴之外谋求对经验的否定和差异化。[1]

但是,机器创作一定没有创造性吗?人工智能哲学家博登(M. Boden)认为创造性是可以被界定和形式化的,可以用算法来表示创造性。她将创造性分为"非可能性"(Improbabilist)的创造性与"非现实性"(Impossibilist)的创造性两种,前者是各种观念的重新组合,而后者则是创造出之前未曾出现过的新观念。[2]机器至少可以进行观念的新组合,至于能否创造新的观念,还需要时间来回答。在艺术创作方面,观念的新组合会带来一些超出人类套路的新创意。

另一方面,人的创作一定具有创造性吗?事实上,大量平庸的艺术创作者也是在对前人的套路进行模仿,突破并非是随时随地发生的。

不管怎样,现有的研究者大多认为,至少在目前,人工智能创作的作品与人创作的作品仍有着本质区别,不能替代人的创作,但这些争论主要是在艺术家的层面,或者专业领域的探讨。

而在普通人的领域,当艺术创作引入日常生活后,艺术创作的

---

[1] 李丰.人工智能与艺术创作——人工智能能够取代艺术家吗?[J].现代哲学,2018,161(06):95-100.

[2] 陶锋.人工智能视觉艺术研究[J].文艺争鸣,2019,300(07):73-81.

原创性、突破性，并非那么重要了。他们更关注的是，如何利用艺术创作这一新的手段，改善日常生活的质量，丰富自我表达与社会互动。

对于日常生活与艺术的关系，英国学者迈克·费瑟斯通（Mike Featherstone）提出了日常生活的"审美化"（国内也称为"美学化"）这一概念。本书中所关注的"艺术化生存"与之有着明显的区别，但两者也有着密切勾连。

费瑟斯通在《消费文化与后现代主义》中提及了日常生活审美化的三个方面的表现：一是消解艺术和日常生活之间界限的艺术亚文化的兴起，如达达主义、历史先锋派和超现实运动；二是将生活转换为艺术作品的谋划，即追求生活方式的风格化、审美化；三是日常生活符号和影像的泛滥。[1]

但是，这种日常生活审美化的实践，仍然是由艺术家、文化媒介人等精英人群或媒体、企业等引导的，虽然在学者眼里，日常生活的审美化"具体搭建了美学与日常生活之间对话的桥梁，使美学得以超越艺术的阈限而对世俗的日常生活本身投以关注的目光，并通过表述、阐释和评估消费文化语境下人的日常生活，以实现对当代生活价值体系的重新建构"，[2] 然而普通人在这个过程中，仍然

---

1 陶东风，等．日常生活审美化：一个讨论——兼及当前文艺学的变革与出路[J].文艺争鸣，2003（6）：28-33.

2 王德胜，李雷．"日常生活审美化"在中国[J].文艺理论研究，2012，32(01)：10-16.

是被引导的。这种价值重构也是精英眼里的重构。

而"艺术化生存"的主体是普通人，他们不只是被引导着提升自己的审美品位，更是通过参与各种艺术活动，提升生活的品质、体现自身的价值。在某种意义上，这种全民参与的艺术活动是对精英主导的日常生活审美化实践的一种对抗，也是在消费社会表达自我能动性的一种方式。

法国学者米歇尔·德塞图（Michel de Certeau）对日常生活实践的研究指出，在消费社会，人们并非完全被动，人们以自己的方式"创造"了日常生活，也创造了对规训进行抵制的战略与战术，人们通过重新组织、解释编码的方式对文化产品进行二次生产。[1]

互联网的普及为人们的日常生活创造提供了各种新手段，特别是在图片与影像领域。通过或纪实、或扭曲、或完全戏剧化的创作，人们传达着对日常生活的细微感受，彰显着自己的存在感，张扬着自身价值观念，并表达着对外在规训力量的抵抗。这种创作与日常生活形成相互映射、相互生成的关系。

人们用手机拍摄的照片能否称为艺术品？显然，绝大多数照片都算不上，但是，对于普通人来说，他们乐在其中。这些照片可以成为自恋的素材，可以成为社交互动的由头与资本，也可以成为社

---

[1] 吴飞."空间实践"与诗意的抵抗——解读米歇尔·德塞图的日常生活实践理论[J]. 社会学研究, 2009, 24（02）: 177-199+245-246.

会参与的证据。人们的生活轨迹、个人历史因此有了新的记录方式。一些人甚至不满足于手机拍照，而是添置了各种"长枪大炮"在大街小巷、风景名胜进行创作。

而在图像处理方面，普通人更多是用美图秀秀等软件进行程式化的操作，套用各种滤镜效果，这些套路化的"P图"显然难以成为艺术品，但对使用者来说，这足以让他们享受到对图像进行控制的快感，满足自我美化的需要，在人际互动中，这些被美化的图片往往也能带来积极的反馈。

短视频、视频直播为那些身怀音乐、舞蹈、书画等一技之长的人提供了公开的表演舞台，而以往这样的舞台只属于少数人。那些在日常生活基础上形成的戏剧化表演，在视频平台越来越多地涌现，甚至出现了一些网民自制的微短剧，越来越多的人从原生态的生活记录转向有意识的创作。

技术的赋权在一定程度上推动了艺术创作的平民化，艺术创作成为彰显个人兴趣与品位的"外衣"，成为人们生存的一种新追求。即使普通人的创作在艺术家、艺术批判家的眼里不算是艺术品，但至少，"艺术化生存"成为人们生活品质提升的一个标志。

AIGC相关技术虽然尚未普及，但从以往的实践可以推测，当相应的智能技术普及时，人们必然会利用它们进行各种创造。这种创造也会与日常生活相融合。同时，AIGC超出了摄影、视频这样的以现实世界为模板的创造，它可以完全想象、虚构。因此，人们有了全新的创造空间。

AIGC并非自动创作，它需要人的参与，需要人下达指令或给予提示，看上去简单的提示，蕴含着人的想象力。尽管研究者总是批评人工智能艺术缺乏想象力，但它还是具有激发人的想象力的可能。

这样的艺术创作能否带来源源不断的个性化创造，现在还不能下定论。从图片、视频创作的现有发展来看，人们的创造虽然往往基于对个性化的追求，却难免受到流行文化的左右。通用的技术手段，如滤镜，成为限制人们想象力与表达力的条条框框，AIGC中的条条框框还将更多。二次生产本身成为一种规训，人们的个性在二次生产的流行模式与规则中也会受到抑制。

虽然有研究者期待，艺术可以克服工具理性的影响，有助于人们获得审美性的生活。要解决日常生活的重构，必须借助艺术的力量。[1]但人们对艺术的日常化使用，难免会有工具理性的因素，很多时候，艺术创作会被打上各种功利的烙印。

德国学者沃尔夫冈·韦尔施（Wolfgang Welsch）分析了"全球美学化"的三个局限：美化一切也就是摧毁美固有的独一无二的

---

1 李砚祖.设计的诗性尺度：从生活到"日常生活世界"[J].南京艺术学院学报（美术与设计），2022，202（04）：86-92+216.

特质；全球美学化最终将损毁自身使之终结于"麻痹化"的过程之中；一种打碎装饰美化的反美学的欲望将被唤起。[1] 参照这种观察，我们也可以提出这样的担忧：日常生活的艺术化是否意味着人们最终会被"麻痹化"，艺术的独有气质是否会在日常生活的磨蚀中消失殆尽？人们未来究竟是会过上更艺术化的精神生活，还是会走向打着艺术旗号，实际上却更加物质、庸俗的生活？

无论未来的结果如何，技术的发展会使艺术成为日常生活更基本的元素，技术、艺术、生活之间的关系更难分难解。

4.3.2 走向虚构化的视觉空间与幻象化的人

未来人们将从"艺术化的生活"逐渐走向"幻象化的生活"。

在获得美国科罗拉多州艺术博览会数字艺术类别冠军的画作《太空歌剧院》里，一个"身着维多利亚时代褶边连衣裙、戴着太空头盔的女人"带来了时空穿越的场景。这在以往的绘画中几乎不会出现，但在 AIGC 作品中却会成为一种常态。

利用 AIGC 技术我们既可以完成天马行空的绘画，也可以完成以假乱真的图像、影像创作。类似 Midjourney 这样的平台，可以制造各种惊天假新闻，也可以虚构出不同国家、不同年代、不同氛

---

1 周宪.日常生活的"美学化"——文化"视觉转向"的一种解读[J].哲学研究，2001（10）：66-73+80.

围的日常生活影像，有些影像与现实已经难以分辨。人们只需给它一些基本的关键词，就可以翻越现实生活的藩篱，进入自己想象的时空与场景。

AIGC 技术提高了人们的虚构能力。以往的虚构大多是基于文字来完成的。在视觉效果方面，虽然 Photoshop 等技术能进行一定的虚构，但还是要以现实的图片或影像为基础。影视作品的虚构则是以真实的影像为基础进行的情节虚构，而非视觉虚构。而 AIGC 使得视觉化虚构可以完全脱离现实素材，并且可以做到以假乱真的视觉效果。

虚构化的视觉效果往往可以进行各种元素的自由拼贴：人物、景观、场景及时空。例如，今天我们看到的由 AIGC 工具创作的"特朗普在中国""马斯克在苏联""中国历朝士兵的自拍照"等，只是这种拼贴的开始。

有些由 AIGC 技术创造的虚构影像，与以往研究者总结的达利画作中的超现实（surrealism）相似。它并非是一种全然的虚构与非真实，也不是对现实的全然否定。恰恰相反，它是以对现实事物的形象化表现为细节与基础的。通过建立在对现实形象的拼贴基础上形成的整体意象，传递出梦幻的超现实色彩。[1]

---

1 郑钰."拼贴"的感觉与感觉的"拼贴"——达利绘画艺术中的现实与超现实主义[J].理论界，2011，451（04）：149-151.

除超现实主义外，还存在超级现实主义（hyperrealism）这一概念。有学者指出，超现实主义保留了想象和真实的对立，而超级现实主义消除了想象和真实的对立。当艺术与生活的距离消失时，生活成为艺术、成为没有"舞台"的表演或没有"边框"的画作，而我们无法区分真假。这种真实不是原来的现实主义中的真实，而是艺术和生活结合在一起的真实。这是一种超级真实。[1]

AIGC营造的虚实难辨的视觉空间，既有超现实的成分，也有超级现实的一面。它与元宇宙概念下虚实相融的空间，其走向是一致的。虽然AIGC的兴起让元宇宙概念被冷落，但元宇宙设想的多元而紧密的虚实世界之间的关系，是可以预见的。

未来的数字空间将是现实的景象与虚构的景象的共存，虚构出来的"现实景象"可能会成为现实的一部分，因为它带来的影响很多时候也是现实的。

在这样的背景下，数字化身将成为一种普遍的自我表达的手段。与今天游戏中要通过系统的设置来形成自己的化身不同，AIGC技术赋予人们进行个性化、自由化创作化身的可能。

人们之所以需要化身，是因为化身是自我存在、自我表达的重要策略。相比今天各种社交平台中的生存方式，化身可以让更多被

---

1 王晓升. 现代性、现代主义和后现代主义——概念的梳理 [J]. 华中科技大学学报：社会科学版，2017，31（05）：1-8.

隐藏和压抑的自我得到释放。化身可以展现人性的多面性，也可以让人们去尝试不同的人生体验。化身是人们自我塑造的幻象，但幻象并非虚假，它们折射出了人性的深层真实。人们的真身与化身之间也会出现复杂的纠缠。未来当人们在真身与一个或多个化身中穿梭时，是否会疲惫不堪？是否会产生自我认知的混乱？这可能是人们将要面临的新的生存困境。

在智能技术的支持下，未来数字空间中的虚拟人也会大量出现，包括前文所分析的虚拟偶像。即使不作为偶像存在，虚拟人也是人们构建的他者幻象。人们与这些幻象相伴、互动，同样能获得相应的满足。虽然完全虚拟的人本质上是机器，但未来它们也许可以用像真人一样的面貌出现。一些时候人们难以区分人与机器，甚至人们可能不再在意与之相遇、互动的究竟是人还是机器。

4.4 人机交流：人机共存空间中的新交流

当机器广泛进入人们生存的虚拟空间或实体空间时，人与机器之间的交流对话就成了一种必然结果。人机交流既可以是对人际交流的补偿或延伸，也可以产生一定冲击与破坏。

4.4.1 正在形成的人机共存空间与人机交流

今天数字化空间中的生存主体是"人"。连接、互动则是在人与人之间展开的。与互联网之前的传统时代相比，人与人的连接大大丰富，人们的关系网络大大扩张，与他人互动的频率与程度也有了极大的提升。但是社交质量是否一定得到改善，其答案却未必总是肯定的。

在一定意义上看，人与人的连接已经"过满""过度"，由此给人们带来的倦怠、压力、钳制与日俱增，反抗过度连接的张力在增加。

智能聊天机器的出现，给了人们逃避人与人过度连接的机会。在 ChatGPT 之前，人们已经开始与 Siri 等智能语音助手对话，但是因为这个阶段机器的"智商""情商"都还有限，对话很难顺利展开，人们更多是把机器作为调侃的对象。ChatGPT 的面世，让人与机器的交流对话开始走上正常轨道。可以想见，未来 ChatGPT 及其他智能机器会广泛渗透到人们的各种生活场景中，与人进行多种日常化的交流。

与今天的各种应用软件不同的是，作为人的交流对象的机器会形成自己的身份，或者以特定的角色进入与人的交流中。不管这种身份或角色是由系统设定的，还是由人设定的。有些机器有自己的虚拟或实体形象、有特定的个性，更重要的是它们会成长，会在与人的交流中不断变化。这意味着机器有了"生命"，用一定形式生存着，如同人一样。

当这样的机器不断涌现时，人的生存空间，就变成了人机共存的空间。这样的空间会带来人机交流的普及。如杜骏飞所指出的，在数字交往时代，人与非人在交往效用上是齐一的。生物生命、数字生命、机器生命之间的交往是必然的。[1] 人与机器之间可以展开各种形式的交流，这种交流也可能转化为长久的交往，甚至可能发展出亲密的关系。

能参与人机交流的机器，既可以指虚拟的机器（即软件系统，包括智能语音助理、社交机器人等），也可以指实体的机器（如机器人）。

智能语音助理最初的目标是通过语音交互提供便利的服务，但是，随着它们的载体从计算机、手机向智能家居等设备的延伸，以及其智能程度的提升，它们与人对话的场景会变得更加多样，对话内容也会变得更加丰富。一些智能语音助理会向社交机器人发展。借助智能语音助理，一些智能家居设备正变得"可对话"。

在未来的人机交流中，更重要的主体是机器人，特别是能与人进行社交互动的社交机器人。社交机器人是具有一定的拟人化特征，能够模拟人类的语言与情感表达方式，与人类进行互动的机器人。有些社交机器人具有实体形象，有些则是以软件的形式存在的虚拟机器人。

1　杜骏飞.ChatGPT：跨生命交往何以可能？[J].新闻与写作，2023，466（04）：1.

在未来技术的帮助下，具有一定智能的实体性服务机器人会越来越多地出现在人们的生活中。除提供相应的服务外，它们也会成为人的交流对象。

本节所探讨的人机交流，既包括满足人的功能需要的交流，也包括满足人的情感需要的交流，两者虽然有所区分，但并不能绝对分开。

4.4.2 为什么人类需要人机交流？

在新媒体技术的推动下，人与人的连接变得更为容易，人与人的交流也变得无比丰富甚至过载，在这样的情况下，为什么人们还会需要人机交流呢？

虽然今天人机交流还不普遍，但我们可以推论，人之所以需要人机交流，主要是基于场景性、补偿性、可控性、定向性、投射性、治疗性等交流的需要。

人与机器的直接对话，首先会在智能设备操作、信息与知识获取、家政服务、家庭教育、医疗护理、驾驶等服务场景下普及，机器会针对特定的场景和服务目标与人类进行交流互动。由于应用场景的明确性，这种交流的目的性很强，对话会较为顺畅。虽然这些机器主要提供的是功能性服务，但它们的拟人化存在（无论通过外形还是声音方式），会让人与它们产生亲切、亲近感，某些时候还会带来陪伴感。

另外，人机交流可以成为人际交流的补充。当人们渴望交流但又无法找到合适的人交流时，机器可以填补这种交流的真空状态，对于某些人群（如儿童、老年人、特殊人群等），尤其如此。机器虽然不能全方位替代人进行交流，但在某些方面，可以给人们带来补偿性、替代性满足。

当只需要一个单纯的倾听者时，有些人会更愿意选择与机器交流。虽然机器不会做出像人那样丰富的反馈，但它不会打断人的倾诉，也不会流露厌烦感，可以使人无所顾忌，更充分地宣泄、释放情绪。

人机交流不仅是对人际交流的一种补偿，某些时候也是对人际交流产生的问题的回避。因为人际交流依赖交流双方，任何一方都难以实现绝对控制。而人与机器的交流，则具有更好的可控性。美国学者雪莉·特克尔（Sherry Turkle）指出，移动设备保证实现我们的三个愿望：第一，我们的话语总有人听到；第二，我们想把注意力放在哪就放在哪儿；第三，我们永远不会独自一人。这三个愿望顺便还带来了另外一个好处——我们永远都不会无聊。[1]虽然她这段话主要是针对早期的移动应用讲的，但未来的人机交流同样可以轻易地满足这三个愿望。这也是人们在某些时候愿意选择人机

---

1 特克尔.重拾交谈[M].王普，等，译.北京：中信出版集团，2017：29.

交流而不是人际传播的原因。

其中的第二个愿望——可以随意控制注意力，在交流中还体现为对付出回报比的控制。人们之所以在某些时候选择与社交机器人交流，一个重要的原因是出于交流成本、代价等因素的考量。如特克尔所说，我们时常感到孤独，却又害怕被亲密关系所束缚，数字化的关系和机器人恰恰为我们制造了一种幻觉：我们有人陪伴，却无须付出友谊。[1] 线上互动可以使人们选择性地接受某个交流对象的有用、有意义的部分，而回避其他部分。[2] 人机互动可以让人们回避人际互动中的成本与负担，更好地控制交流的方向，因此被当作一种更具"性价比"的交流。

在人机交流中，人们对机器的需求是多方面的，但吸引人的主要原因之一，是交流的可控性。在人机交流中，人能拥有更多的自主权，他们不必像在社交平台中那样被他人强制进入交流，也不必为了交流中的表演煞费苦心。在人机交流中，人可以成为主导者，在自己需要时召唤机器，在交流过程中让机器跟随自己的目标与情绪，尽情完成基于"语言实现的自我揭示"[3]。人们也可以基于特定的需求进行交流对象的选择，甚至未来可能实现定制化的对话。

---

1 特克尔. 群体性孤独 [M]. 周逵, 刘菁荆, 译. 杭州：浙江人民出版社, 2014：2，165-166.

2 特克尔. 群体性孤独 [M]. 周逵, 刘菁荆, 译. 杭州：浙江人民出版社, 2014：50.

3 彼得斯. 对空言说：传播的观念史 [M]. 邓建国, 译. 上海：上海译文出版社, 2017：27.

对可控性的自信，也会使人们在人机交流中进行更多自我披露，揭示自己的深层内心，而不必担心这种披露所带来的社会影响。尽管涉及个人隐私的披露可能以数据的方式进入平台，带来另外一些风险。

可控性还体现在人对交流中的回报／投入的可把握性。这是相对于人际交流的一个优点。

未来人对交流机器的另一种控制，是对机器的外形、性格等元素的按需定制。甚至存在一种可能，这些机器中包含着人们的亲朋好友的"元件"，例如形象、声音或性格等。

今天的技术已经能将人全面数据化，并拆解为数字化的"元件"。这些"元件"的外部重组也可以实现。从技术上看，这些"元件"可以嵌入未来与人交流的机器之中，特别是那些不在身边或已经逝去的人的"元素"。在伦理上能否允许这样带着真人印迹的机器出现，未来一定会存在争论，但这样的需求必然存在。

关系的可控性还是人在人机交流时的诉求。人们希望关系的性质、距离与互动的时间、频率等可以由自己来控制。例如，人们既希望能与机器保持亲密关系，从中获得支持、安慰，又不希望被这种关系所约束，必要时可以随时逃避。机器可以迎合这种需要，虽然迎合并不一定意味着满足。

除与机器的一对一交流外，虚拟偶像会成为人机交流的另一类对象。虚拟偶像是由数据技术制造的形象，是一种特殊的"机器"。虽然目前的虚拟偶像基本上还没有实际的身体，但不难想象未来拥有类人身体的虚拟偶像将会出现。人们对虚拟偶像的需要，除指向偶像本身外，也指向与偶像相关的共同体。

一对一的人机交流，仍然是将人封闭在自己的圈子里，由此可能让人们远离社会群体，而虚拟偶像则为社群化交流提供了一个新的由头。人们通过创设"我群体"的偶像符号形成"新部落文化"，"想象的共同体"或"美学共同体"，共享社群文化符码，形成"微观文化共识"。[1] 这与今天"饭圈"的形成异曲同工。

同样，选择虚拟偶像而非现实偶像，其可控性是重要原因之一。

真人偶像虽然在某些方面满足了粉丝们的期待，但作为真实的人，他们总有这样或那样的缺点，而粉丝们却希望他们是完美的。为了维护偶像的完美形象，粉丝们要做出种种努力，包括用粉丝自身的行动来弥补偶像的不足，即使如此，偶像们的"塌房"还是时有发生。

虚拟偶像可以完全按照人们的愿望来制造，一些人类的弱点也因此可以被避免。在虚拟偶像的设计中，可以基于数字时代的大数

---

[1] 潘泽泉. 虚拟偶像背后的青少年流行文化心态 [J]. 人民论坛，2023，757（06）：90-93.

据,更为精准地按照大众意志,通过全新的影像技术,打造其视觉形象[1],并且迎合人们对偶像的全方位需求。为了让虚拟偶像像人一样更"真实",有些虚拟偶像被设置了一些弱点,甚至制造了一些呼应其弱点的事件,但粉丝也会意识到这是虚构的,一般不会因这些虚构事件而崩溃。有研究者指出,粉丝所捍卫的,既非真实、也非虚拟。两者都是可供切割的材料,用来让粉丝重组出"不是真实、但像真实"的对象。[2]

目前的虚拟偶像部分采用的是"皮套"+"中之人"模式,虚拟偶像的外表被称为"皮套",而"中之人"则是在"皮套"之下驱动虚拟偶像动作的真实个体。虚拟偶像的声音也来自"中之人"。尽管通常人们认为虚拟偶像不会"塌房",但隐藏在"皮套"内的"中之人"未必不会出现种种问题。作为人,他们有自己的情感与需要,有着生存的压力,作为数字劳动者的他们会受到平台或相关机构的压榨,由此也会产生反抗。"中之人"既赋予虚拟偶像更多人的色彩,又可能使虚拟偶像的命运面临各种不确定性。

未来"中之人"是否还有必要存在?虚拟偶像是否会向完全机器化方式发展?虽然目前还很难预料,但从技术上看,纯机器化的偶像完全可能实现,特别是当技术可以进一步赋予这些虚拟偶像鲜

---

[1] 陈晓云,王之若.虚拟偶像:数字时代的明星生产与文化实践[J].当代电影,2021,306(09):20-25.

[2] 薛静."我爱故我在":虚拟偶像与"情感真实主义"[J].文艺理论与批评,2022,218(06):115-126.

活的生命时，出于对可控性的考虑，人们或许更愿意选择纯机器化的虚拟偶像。

有研究者认为，以社交机器人等为代表的具有社会职能的服务型机器人的出现，满足了人类通过编码情感以拥有理想化的、定制化的情感体验的需求。[1] 理想化、定制化的情感体验意味着交流的"定向性"。这是人们对于人机互动优势的一种期待。从技术上来看，也具有实现可能。人们可以根据自己的需要，随时启动与机器之间定向的甚至定制的交流模式。

人们在与机器交流时，有时可能会想象这是他们的某个朋友或宠物，并将相应的情感、交流愿望与行为投射到机器上。即使他们知道这只是一种投射，但也可以获得暂时的、补偿性的满足。如果未来某些机器可以植入特定人（例如，人们逝去的亲人）的特征时，那么这种投射和补偿效应会更为显著。

今天，社交机器人也在用于一些治疗目标。例如，研究发现，社交机器人能增强 ASD（孤独症谱系障碍）儿童的社交兴趣和情绪唤醒，缓解社交回避，诱导社会互动行为主动发生。[2] 社交机器

---

1 赵璐，等.机器人的技术伦理及影响[J].电子科技大学学报：社科版，2018（4）：73-79.

2 王永固，等.社交机器人对 ASD 儿童社会互动行为的诱导效应[J].应用心理学，2019（2）：131-139.

人有助于改善孤独症儿童的社交能力、专注力与行为能力。[1] 在阿尔兹海默症等其他疾病的治疗中，社交机器人也发挥着一定的作用。

随着未来技术的发展，人与机器的互动方式、互动目标还会进一步丰富，人与机器之间的关系也会更为紧密。尽管有研究者认为，考虑到人工智能所带来的伦理安全风险及社会后果，人们应该尽量避免卷入与机器之间的深度社会情感关系，而应更多地专注于其工具性服务功能。[2] 但或许这只是一个主观愿望，当人与机器产生密切的互动时，很难不在其中附加感情色彩。

4.4.3 人机交流能否达成有效"交流"？

对很多人来说，人机交流是作为人际交流的补充进入生活的。当我们参照人际交流的框架来研究人机交流时，所关注的就不仅仅是信息的交互，更是其中发生的复杂的交流活动，包括交流努力、交流障碍，以及交流效果。

意大利学者苏卡麦利·伊莱奈（Sucameli Irene）认为，在人机交流中，机器也需要有"智商"、"情商"和"可信商"。"智商"指的是机器的知识处理与记忆模式、图像与语言理解能力、操作稳定性、易用性等技术层面的效能；"情商"指的是能识别并复

---

[1] 陈东帆,李睿强,韩琨.人形机器人技术在孤独症儿童干预中的应用[J].中国康复理论与实践,2015（11）：1325-1328.

[2] 王颖吉,王袁欣.任务或闲聊？——人机交流的极限与聊天机器人的发展路径选择[J].国际新闻界,2021（4）：30-50.

制与人际交流类似的社会习惯与心理层面因素的能力,包括激发同理心、在交流中做出与人一样的反应,以及保持持久的个性等;而"可信商"的目标则是保证人机交流中的透明性和道德上的正确性,包括对人的尊严的尊重与维护,对用户隐私的保护,摆脱偏见与歧视等。[1]

今天智能机器的"智商"在不断提高,在与人的信息交互方面的障碍越来越少。但这只是人机交流的基础。而在"情商"与"可信商"方面机器还面临很多挑战,这两者的提高取决于机器对交流中各种要素的理解与应用,特别是对话情境、情感表达与互动、风格个性、经历共享、身体表现与互动等。而在某些交流要素方面,机器可能永远都无法做到像人一样,这也决定了人机交流与人际传播之间会始终存在不可逾越的鸿沟。

1. 对话情境

人与人的交流总是在一定情境中展开的,这种情境既包括交流所处的空间情境与社会场景,也包括人们的心理情境、关系情境。

从空间情境角度看,不同的情境会带来不同的交流话题与交流方式。在公共空间里,人们对交流的顾忌会更多一些。而当交流转向私人空间时,这意味着双方的关系达到了一定的熟悉程度,交流

---

[1] Irene S. Improving the level of trust in human-machine conversation[J]. Advanced Robotics,2021,35(9):553-560.

话题可以向更私密的方向发展。

在人机交流中，空间情境同样存在，这主要体现为人所处的空间情境。空间情境同样有公共空间与私人空间之分。如果是文字交流，空间情境的影响相对较小，但如果是语音交流，空间对人这一端的影响就会较为显著。在今天的人机交流中，机器未必能识别这种空间情境，但从技术上看解决这一问题并不十分困难。

在人际交流中，通常交流对象之间的空间距离与关系的亲密程度相关。当交流对象是实体机器人时，空间距离对交流会产生什么影响，还有待进一步研究。

很多时候在空间中还规定了社会场景。在人与人的交流中，社会场景会起到明显的作用。但在人机交流中，虽然在人这一端有时还会受社会场景影响，但机器可能对此无所感知，也不会有所反应，这就形成了一种场景的不对等。这同样也是未来的技术需要进一步解决的问题。

从心理情境看，人们进入交流时的情绪状态千差万别，人们期待从交流中获得的满足也不尽相同。对于人的心理情境的觉察，今天的机器或许还难以做到，但这正是对人机交流中的机器的一个更高要求。通过传感器识别人的情绪，针对不同情绪提供不同的交流方式与话题将是未来技术的提升方向。

另一种交流情境是关系情境。在人际交流中，关系的亲疏、远近，关系形成的时间长短，以及人们对关系维系的愿望等，都会影响人际交流的话题与方式，以及交流语态。但目前机器对它与人之间关系的处理没有这么复杂。当然，未来与人进行交流的机器，或许会被设计者或使用者赋予不同的关系强度或属性。但这种机械赋予的关系，与人们之间复杂、微妙、多变的关系相比，仍然是简单的。

对于人机交流中的人来说，与机器关系的简单化，意味着人在交流中的压力和负担较小，这也正是人机交流相对人际交流的一个优势。但另一方面，这样的交流也不会带来社会关系方面的回报。

2. 情感表达与互动

在人与人的交流中，尽管并非所有时候都存在情感的明确表达，但人们的对话总会或多或少地传达出相应的情绪。这些情绪可能伴随着交流的全过程，并影响着交流的进程。

当机器进入与人的交流领域时，机器的情感智能，即对人的情感的识别，以及机器自身的情感表达，将成为技术开发的一个关键。

机器要拥有"情感智能"，首先需要通过对其交流对象——人的情感信号（如语音、表情、动作等）进行识别，理解其传达的情感，再通过相应模型选择恰当的情感反馈，然后通过机器的相应方式表达出来，如图 4-1 所示。

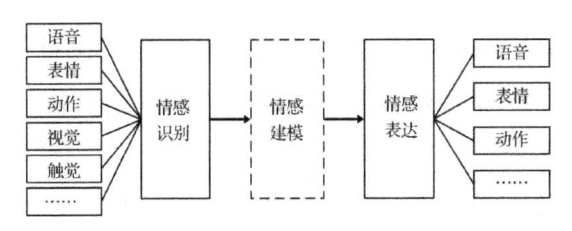

图 4-1 人工情感系统图[1]

从技术角度看，机器的情感、情绪表达是一种计算过程。一些研究者提出了情感计算的基本框架，将情感表示为信息载体（主要包括文本、音频、视频、图像等）、情感类别或倾向（如积极与消极，积极、中立和消极，或者进一步分为喜、忧、哀、乐、爱、恶等）、情感特征强度（一般可以分为高、中、低 3 个等级，也可以进一步分为极高、高、中、低、极低 5 个等级等）这 3 个要素集合之间的笛卡儿积所形成的状态空间组合[2]。也有研究者关注到人格个性与情绪表达之间的关系，并开发出基于人格的情绪决策模型。虽然模型考虑了个性的复杂性，但最后产生的情绪表达，仍然局限于快乐、惊奇、悲伤、爱、厌恶、恐惧、愤怒等 7 种情绪。[3]

---

1 邓卫斌, 于国龙. 社交机器人发展现状及关键技术研究 [J]. 科学技术与工程, 2016（12）：163-170.

2 饶元等. 基于语义分析的情感计算技术研究进展 [J]. 软件学报, 2018（8）：2397-2426.

3 Ahn H S, Barreto A B. Designing of a Personality Based Emotional Decision Model for Generating Various Emotional Behavior of Social Robots[J]. Advances in Human-Computer Interaction, 2014：630808：1-630808：14.

尽管机器的情感表达能力会不断提升，但机器的情感表达终归是基于有限"集合"内的有限元素的。而人的情感状态则更为复杂、多变，很多时候难以用简单的状态或等级来描述。面对人的复杂情感，机器所做出的情感反馈有时难免会显得机械、刻板。人的情感、情绪是由复杂因素驱动产生的，而机器则缺少这种内驱力。因此，在一定意义上，如某些学者指出，如今的人工智能与机器人所模拟的更多的是人类的"情绪"而非"情感"。[1]

在人际交流中，理解他人情绪产生过程，也是交流的一部分，是给予对方足够的情感支持的前提。但机器现在很难做到这一点。如何理解人的情绪产生的缘由，并做出准确的回应，是目前机器面临的挑战。

或许很多人能意识到人机交流的固有局限，并且他们也没有期待机器完全做出像人一样的反应。但如果机器拥有一些情感特质，能够使他们更有交流的愿望，那么在当下的实践中，一些人对人机交流的情感定位，也许会更接近对人与宠物交流的定位。

也有研究发现，人类用户愿意在与机器的互动中表达自己的情绪，并且会因为人机互动产生情绪的变化。国外的一项研究指出，对比人机互动与人际互动，机器人在对人的情绪、关系和心理等方

---

1 刘悦笛.人工智能,情感机器与"情智悖论"[J].探索与争鸣,2019（06）：76-88+158.

面的影响与人的影响相当[1]，当人与"无情感"的机器人互动后，自我评价会变得不那么正面，但是与"自主"或"情感"机器人互动后，对机器人的评价会变得更加正面。[2]

有研究者担心，拥有情感感知能力的机器在做出情感表达时，会损害人的自主性，由此影响人对机器的信任。因此，他们认为需要给予用户对机器的控制权。[3]人们既希望机器不是冷冰冰的，能够做出情感的表达，又担心机器情绪变成不可控的，对自己形成威胁。这种矛盾的心理会一直伴随着人机交流的发展过程。

从人这方面来看，不少研究指出，人会对与之交流的机器产生同情心或情感。如在一项"倒拎测试"中，参加测试的儿童可以倒拎"芭比娃娃"而没有负疚感，但在倒拎机器人"菲比"30秒后，当"菲比"开始哭闹说自己害怕时，多数孩子会感到内疚并将它摆正。[4]还有实验显示，当受试者和机器人互动之后被要求用锤子击打机器人从而获得收益时，受试者毫无例外地选择出让利益来保护

1　Annabell H, Jeff H, Adam S M. Psychological, Relational, and Emotional Effects of Self-Disclosure After Conversations With a Chatbot.[J]. The Journal of communication, 2018, 68（4）: 712-733.

2　Patrick PW, Cornelia H. Do I still like myself ? Human-robot collaboration entails emotional consequences[J]. Computers in Human Behavior, 2022（127）.

3　Ivo B, Ulrich G, Alexander M. Understanding the impact of control levels over emotion-aware chatbots[J]. Computers in Human Behavior, 2022, （129）.

4　特克尔. 群体性孤独[M]. 周逵, 刘菁荆, 译. 杭州. 浙江人民出版社, 2014: 50.

和接纳机器。[1]虽然人对机器产生情感或同情心的理由不尽相同，但可以预测的是，随着人机交流的不断深入，人与机器的关系会变得更为紧密。

未来可能出现的情形是，人将机器视作情感伴侣，产生如恋爱一样的情感关系，这种情感关系甚至会影响到人与人的关系。尽管这不会发生在所有人身上，但这种可能性尤为值得关注。

但也有研究者认为，对机器产生情感往往是因为"误认机器人为真实的动物"，这种误认本身就是不道德的。因为，正确认识和理解世界本身就是人类的道德义务。另一方面，由这种误解而产生的对机器人的期望是不可能得到真正实现的，因为它超出了机器人的能力范围[2]。尽管这只是一家之言，但随着人机交流的发展，人与机器的情感问题，必将带来与机器相关的道德观等一系列问题的再思考。

3. 风格个性

在人际交流中，人们往往愿意与有趣的人打交道，有趣是一种个性特质。机器能否做到像人一样有趣，这对于人机交流的效果会

---

1 Darling K, Nandy P, Breazeal C. Empathic concern and the effect of stories in human-robot in human-robot interaction [J]. 24th IEEE International Symposium on Robot and Human Interactive Communication, 2015, 23（2）：1-6.

2 李小燕. 老人护理机器人伦理风险探析 [J]. 东北大学学报：社会科学版, 2015（6）：561-566.

有直接影响。

因此，在自然语言处理领域，识别和理解幽默表达所传递的真实含义一直备受关注，这需要对幽默进行建模，通过计算机可理解的方式挖掘幽默的内涵，模拟幽默的生成机制[1]。但即使可以通过智能方式模拟幽默的生成机制，人类的幽默也并不能完全归纳到相关模型中。未来智能技术可以提高机器的幽默度，但这种幽默度会有一定的机械成分。

除幽默外，人的语言风格、性格等在人际交流中也会得到体现，同样，在人机交流中，人们希望面对的不是刻板的、程式化的机器，而是具有一定个性、风格的"拟人化"对象。

人对机器的个性要求，也与交流场景有关。国外有研究人员探索了不同的交互场景下三种机器个性（积极、中性、被动）被用户接受的程度。实验结果表明，用户可以区分不同的机器个性，在以目标为导向的压力情境中，中性个性最受欢迎。在经验导向的场景中，积极个性更受青睐。而在以表现为导向的任务背景下，机器个性的影响似乎微不足道。[2] 虽然这样的研究结果普适性还有待检验，并且人机交流的场景远比实验中涉及的场景复杂得多。未来机器个性也远不止三种。但从中我们可以看到，人对机器个性的期待与人

---

1 林鸿飞，张冬瑜，杨亮，等．幽默计算及其应用研究[J]．山东大学学报：理学版，2016（07）：1-10．

2 Ullrich D. Robot Personality Insights. Designing Suitable Robot Personalities for Different Domains[J]. i-com, 2017, 16（1）：57-67.

机互动的具体的目标、情绪有关。在这方面看，机器个性更容易通过相关的设计进行控制，而这正是在人际互动中不容易实现的。

可以进一步设想的是，人机交流的发展方向是根据不同的需要，为机器进行个性与风格的定制，甚至可以将人们所喜欢的名人、亲朋好友等的某些个性风格移植、整合到机器身上。一个机器可以集众人之所长，成为人们心目中具有完美个性的交流对象。

但从当下的技术水平来说，有个性的机器并非就具有了人格，大多只是拥有了一个模拟的"人设"。它们可以根据人的需要进行人设的表演，迎合人的需要，但机器自身并没有自我意识。未来机器能否像人一样拥有自我意识和人格，这也是技术界一直在讨论的问题。对此，现在我们还没有绝对的答案。如果有一天机器真正拥有了自我意识，人机交流或许会发生本质的变化。

另一方面，如何让机器理解人的个性，并根据其个性采取合适的交流方式，正成为智能机器开发的一个重要课题。有研究者设计了相关模型，通过对人机交流中人的非言语符号（包括头部运动、视线、身体的运动能量、声调、声音能量等）来推测人的性格[1]。随着未来与人相关的传感器和其他技术的进一步发展，机器对人的

1　Shen Zhihao, Elibol A, Chong N Y.Understanding Nonverbal Communication Cues of Human Personality Traits in Human-Robot Interaction[J].IEEE/CAA Journal of Automatica Sinica, 2020, 7（06）: 1465-1477.

性格的认知、识别能力会进一步提高，在此基础上的交流也会更有针对性。

4. 经历共享

今天机器与人的交流，大多是从人发出的信息中判断其需要的，然后在它掌握的信息范围内寻找最合适的回复。情绪表达也是一种情绪类信息的计算与反馈。尽管这样的信息处理模式可以应对很多交流话题，但人与人交流中有一类信息是机器自身无法拥有且难"计算"的，那就是人生经历。

人与人的交流往往以经历分享为基础。这些经历构成了交流的由头、说服的论据、共情的基础。在很大程度上，人的经历也是其情绪、情感、态度，甚至价值观的来源。

虽然机器可以在一定程度上记录、分析人那端的以往经历，但这种记录与分析未必是完整的。即使当下人们面临着全面的"数据化"，人们的一些经历也是在数据记录之外的。而要理解经历对一个人意味着什么，则更是对机器的挑战。如果要提高机器与人交流的能力，对人的经历的理解、解读能力的提升将是一个重要方向。

凯文·克拉克（Kevin B. Clark）认为，机器架构、算法和社会网络并不能准确地模拟人类的认知过程及社会实践活动，难以真正与人类日常生活惯例相绑定。因此，数字生命也就难以被当作真正的生命形式。[1] 虽然这种缺陷在很多时候不会妨碍人机交流的形成，但缺乏社会实践、日常生活惯例的机器，也难以与人产生经历的共享，以及建立在此基础上的共情。在亲密关系的形成过程中，这种共情基础的缺乏，某些时候也意味着人的需求不能得到充分满足。

从机器自身来说，它没有所谓的"人生经历"，也就难以形成与人共同的经验沉淀。没有经历人生起伏、困顿挫折的机器很难与人一样感同身受，即使它在对话中可以引经据典，但缺乏可以"现身说法"的经历，也就少了很多引起人类共情与共鸣的基础，它能给予人的支持也会因此受到局限。

或许与人持续的交流过程，会成为机器的历史性经验，为未来的互动提供依据，但这样的经历仍是单一的。即使未来的开发者可以为机器制造更复杂的经历，但它仍会与人的实际经历有很大差距，特别是缺乏像人一样的社会化过程。因此，经历共享方面的障碍，会是人机交流中的一个关键挑战。

5. 身体表现与身体互动

在人际交流中，身体扮演着重要角色，并承载着交流符号。除听、说、看以外，身体动作、身体状态也是交流的重要手段。"交

---

1 杜骏飞. 何以为人？——AI兴起与数字化人类 [J]. 南京社会科学，2023，425（03）：76-85.

流"是一种认知活动,而身体在认知中是不可或缺的。虽然以往虚拟空间的人的身体似乎是缺失的,但实际上身体通过与终端设备的互动,也在影响着虚拟空间中人的交流。今天,在各种因素推动下,虚拟空间传播的涉身性(具身性)问题得到了越来越多的关注,前文对此也做过分析。

在认知研究中,今天的一种主要研究进路是"生成认知主义",它认为认知是一种生成活动,即一种主体与世界之间的结构耦合过程。其中的涉身认知理论的基本纲领是,认知科学需要把认知置入大脑中,把大脑置于身体中,再把身体置于世界中。[1]

如果只有软件系统,那么即使这个系统能进行类似人脑的信息处理,也并不能像人那样完成认知与互动。虽然可以预期的是,在未来的人机交流中,会有越来越多的实体机器人(包括人形机器人)出现,但是机器的身体,很难像人的身体一样在认知与交流中起到关键作用。除感知方位、距离等类似人的肉身的功能外,机器没有社会文化意义上的身体,缺少了社会与文化经验的沉淀,这样的身体就只是一具躯壳。它是为适应人的需要而产生的,而非机器本身需求的产物。

那么人类真的需要机器的身体吗?如果需要,那么人们希望机器拥有什么样的身体呢?

---

1 孟伟.涉身与认知:探索人类心智的新路径[M].北京:中国科学技术出版社,2020:35-36.

一些研究者通过录制民族志（video-based ethnography）的方法，以上海智能服务机器人（COFE+机器人咖啡亭）作为案例，进行人机交流的研究。其主要发现是，机器身体不仅达成了人机交互的前提，也成了人机情感联系的重要条件。[1]这在一定程度上表明，人对拥有身体的机器是接受并期待的，同时也会做出相应的身体回应。

另有研究表明，在用户与看护机器人的交互中，机器人的交流形式（拟人化的语音、模拟动物的声音、文字）对于人们对其接受度的影响最大，人们更愿意接受拟人化的语音。如果机器人的外观像人而不是像动物或机器，也能获得更多认同。[2]从研究结果看，人们会期待机器整体上都能表现出拟人化的特质。

但人对具有像人一样身体的机器的接受过程，也存在复杂的心理，恐怖谷理论就从一个方面揭示了这种心理。恐怖谷理论是日本机器人专家森正弘（Masahiro Mori）在1970年提出的一个著名假设，他认为：当机器人在外表、动作上与人类越来越像，人类会对机器人产生正面的情感；但若这种相似性到了某一特定程度，人类对机器人的反应则会变得极为负面；而当机器人与人类的相似度

---

[1] 甘雨梅，郭良文．当"人－机"相遇：基于智能服务机器人的录像民族志研究——以上海"COFE+机器人"咖啡亭为例[J]．新闻与写作，2022，462（12）：64-74．

[2] Kim K, Linda O. Appearance is not everything – Preferred feature combinations for care robots[J]. Computers in Human Behavior, 2022（128）．

继续上升,直至达到普通人之间的相似度时,人类对机器人的情感反应会再度回到正面。[1]

英国学者做的一项研究也证明,在对拟人化机器身体的接受方面,"恐怖谷理论"得到体现。在某一条界线的两边,用户对于拟人化机器的接受程度会截然不同。此外,以卡通形象而不是人类形象呈现的机器面孔更能让人产生信任感。[2]

虽然机器身体对机器的认知能力贡献不大,但人类是需要机器身体的。当一个智能机器拥有了身体,并且拥有了像人一样的身体语言时,那么与之交流的人的视觉、触觉等会得到调动,人们可以通过对机器的触碰、抚摸、拥抱等来满足更多情感方面的需求。机器也可能会对人的行动做出回应。这些都可能带来一定的满足。

---

1 刘伟.关于机器人若干重要现实问题的思考[J].人民论坛·学术前沿,2016(15):35-43.

2 Joel P, Fiona C, Paul N. Human-robot interaction: the impact of robotic aesthetics on anticipated human trust[J]. PeerJ: Computer science, 2022(8):837.

4.4.4 人机交流中机器对人的反射与驯化

总体来看，人对人机交流有很大的控制权，交流另一端的机器，更多是服从、服务。但即使如此，机器也在用自己的方式影响甚至形塑与之交流的人。

机器像一面镜子，反射着与之交流的人，影响其自我认知。有研究者认为，在人机交往中，虚拟的自我认同与现实自我认同互相影响，共同建立起完整的"自我"。作为人的"化身"的虚拟交往对象，既让"我"看到了另一个自己，也帮助"我"建立了"理想的他者"。[1]但机器毕竟不是现实的人，它帮助人建立起的自我认同，未必与人们在真实的人类交往中形成的自我认同一致，甚至可能因为作为"理想他者"的机器总是迎合、取悦于人，它形成的反射具有很大的迷惑性。这会妨碍人形成准确的自我认知。当人们回归现实的人际交流时，不恰当的自我认识可能带来交流的障碍。

机器对人的另一种反射是，它所内隐的设计者的价值观与文化。今天的智能机器在外观上的设计，不管是外貌还是声音，总是以女性为主。人类社会现有的性别偏见，通过设计者延续到了机器身上。

机器不仅反射着设计者个体的价值观，也在对人类文化系统的

---

[1] 曾一果，曹境."赛博恋人"：人机亲密关系的建立及其情感反思[J]. 苏州大学学报：哲学社会科学版，2023，44（01）：173-183.

学习中继承与放大着人类的价值观。未来机器是否会突破人类的价值体系独立进化，目前还无法预测。至少在当下，机器表现出来的"文化"仍是对人类文化的反射。

在人机交流中，机器学习到的价值观会再次传递给人。某些价值观因此被强化，包括一些偏见。机器作为一种中介，将某些人的价值观传递给其他人。机器成为人类文化的另一种传播者。但目前机器在价值观的传递过程中缺少鉴别能力，即使看上去它们有选择，那也是机械的判断，其中充满了自相矛盾。

为了提高机器的价值判断能力，研究者也在探讨机器的道德伦理问题。但目前机器学习与接受的都是人的伦理观与价值观。当然，人类也有可能从机器道德设计的过程中进一步完善人类伦理体系。[1]

未来机器的表现，很大程度上取决于人为之树立的榜样，以及人赋予它的学习能力。同时，智能机器的发展，促使人类再次审视自身的文化，机器成为人类重新认识自己的镜子。当然人类也要学会判断，这面镜子是真实的映射，还是哈哈镜式的扭曲。

另一方面，我们还需要意识到，尽管机器在很大程度上是对人类的反射，它们的目标也是为人服务的，但机器并不是完全被动的，机器在用自己的方式对人进行着驯化。

---

[1] 王东浩.人工智能体引发的道德冲突和困境初探[J].伦理学研究，2014，70（02）：68-73.

在人机交流过程中，人实际上是被机器"对象化"或"物化"的，人的表情、动作、情感等都变成了计算机处理的符号。即使机器变得越来越聪明，机器对人的理解与计算的方法越来越丰富，本质上，在机器那里人也是机械的符号。与人交流的机器总会沿用一些基本套路，无法做到像人际交流那样自由多变，而人也不得不屈从于这些套路。日积月累的套路化交流，对人的思维方式也会产生一定影响。

机器的可控性，使得人在交流中的工具理性被进一步激发。人们对于交流的回报/投入更为计较，而在交流中的付出、妥协意识，以及交流中的协商思维，却可能因此退化。被设计出来的机器的服从性会助长人的控制欲。这种控制欲如果延续到人际交流中，势必会带来各种交流的障碍。

在人机交流中如果出现障碍，那么人可以随时中止交流而没有顾忌。这会使得人们习惯性地逃避。这种逃避也可能泛化到人际交流或日常工作、生活中。

随着未来人机交流的深化，还会使人们遭受更多机器带来的驯化。但机器对人的驯化，很多时候不是以对抗、强硬的形式存在的，反而是以服从、温顺的方式起作用的。这是其更具迷惑性的地方。

4.4.5 人机交流如何影响交流的未来走向？

作为一种新的交流方式，人机交流的兴起，是否会对未来的交流产生影响，甚至对人际传播产生冲击，这必定是一个不可回避的问题。

1. 人机交流如何影响交流模式与交流观？

"交流"是人类自古以来就面对的重要生存命题。虽然人类在不断寻求新的交流手段与模式，探讨各种交流原则与伦理，但交流中种种无奈造成的泥泞与沟壑也在不断困扰着人类。人机交流如果在未来普及，是将给人们带来更多的关于交流的训练，提高人的交流能力，从而帮助人们走出交流的困境，还是会进一步削弱人们的交流能力，将人类带向新的沼泽呢？

彼得斯在《对空言说》一书中提出了两种典型的交流模式：对话与撒播。"对话"通常被认为具有对等互惠性与互动性，但彼得斯认为它有时可能是霸道的。"撒播"则是单向行善，是说话者不分对象的广泛播种，其发出的讯息的意义，要由听者自己来破解，这种单向撒播有时也有精妙之处。[1] 在彼得斯看来，无论交流是什

---

[1] 彼得斯. 对空言说：传播的观念史 [M]. 邓建国，译. 上海：上海译文出版社，2017：48-89.

么意思,交流的中心不应该是自我,而是对方[1],交流应对听众负责[2]。法国学者伊曼纽尔·列维纳斯(Emmanuel Levinas)则认为,与他者交流,就是从他者那里接受超越我的能力的东西,意味着得到他者的教导[3]。尽管他们的观点并不代表所有人的交流观,但他们都表达了对交流中"他者伦理"的重视,即关照与重视交流的对方,学会理解与尊重,学会倾听与接纳。但对人们来说,这是交流中的一个重要挑战,很多时候也意味着交流的压力与代价。同时,人们在现实中面对的人际交流,常常带有一定的被动性。

正是这种压力、代价与被动性会推动一些人逃避人际交流而选择与机器交流。人所需要的人机交流,既不是对话,也不是撒播,而是一种"主-从"或"主-仆"式的交流。人作为人机交流的"发起者"和"主人",以自己为中心,根据自己的需要来选择交流的时间、交流的话题,控制交流的方向,而机器作为"从者"和"仆人"努力追随,听从人的意愿。

一些研究也证实了这一点。国内研究认为,用户认为被动而富有表现力的机器人更易于相处,而主动型机器人比被动型机器人更

---

1 彼得斯.对空言说:传播的观念史[M].邓建国,译.上海:上海译文出版社,2017:379.

2 彼得斯.对空言说:传播的观念史[M].邓建国,译.上海:上海译文出版社,2017:381.

3 列维纳斯.总体与无限.论外在性[M].朱刚,译.北京:北京大学出版社,2016:42.

容易让人产生被支配感,甚至让人感到被不平等地对待。[1] 在国外,一项针对儿童的人机交互实验也揭示出,大多数参与实验的儿童都更喜欢与顺从型机器人而不是非顺从型机器人进行互动。[2]

为了迎合用户对人机交流的这样一种需要,在社交机器人的设计中,设计者的思路大多是以人为中心的,诸如小冰这样的社交机器人会被设计为以他人导向为主的讨好型人格。以一种高情商的方式赞美对方,在对话中扮演捧场鼓励角色,有意地从心理上满足人在对话中的虚荣心和得到他者肯定的需求。[3]ChatGPT 也是以彬彬有礼、服从的方式来与人对话的。

在以人为中心的人机交流中,机器是人的服务者,而非真正平等的交流者。人对机器做的,也并非"撒播"这样的单向行善,而是试图向机器索求肯定、认同、赞美或安慰。但人们并不会太关注机器的需要,某些时候,人们可能认为机器不是人,不会有任何需要,或者即使看到了机器的需要,也不会像对待人的需要那样重视。有些机器会在语言上与人对抗,但它们仍然不会成为交流的主导者。如果机器在某些时候没有顺从人的意愿,人也可以随时中止交流,

---

[1] 冯诀宵. 机器人表现力与主动性在交互中对用户的感知影响[J]. 成都理工大学学报:自然科学版,2019(1):111-117.

[2] Martínez-Miranda J, et al. Age-based differences in preferences and affective reactions towards a robot's personality during interaction[J]. Computers in Human Behavior, 2018(84): 245-257.

[3] 陈莎,刘斌. 拟人非人:人机社交传播的特点与困境——以与微软小冰的聊天文本为分析对象[J]. 青年记者,2021(5):62-64.

而不必像人际交流那样顾忌中止的后果。

尽管前文指出,人对交流的机器可能产生一定情感,然而这种情感并不等于交流中的平等观。情感上的喜欢、同情不一定会导致交流中对机器控制欲的减少。

彼得斯认为,对交流问题进行思考,不仅能训练我们如何看待自己,而且能训练我们如何与他人相处。[1]但阿多诺指出,人类的情感投射机制决定了,那些掌权的人在看待他人时,不是从他人的独特方面来看待他人的,而是看到了自己形象的折射。[2]在人机交流中,如果人掌握了交流的绝对权力,也就不会真正关注机器的独特性与需求,而只是在与机器的对话中不断强化自我的诉求。

人机交流中的不平等,不仅会影响人机交流的结果,它为人所培养的思维和行为惯性,特别是以自我为中心的惯性,也会为人际传播带来障碍。

当然,人工智能的发展,或许会使未来的机器在交流中与人产生更激烈的抗衡,甚至争夺交流中的主导权。但是对人来说,如果这样的机器并非其必要的社会关系的一部分,那么他们完全可以选择回避,回到自我为中心的交流舒适圈。

---

1 彼得斯. 对空言说:传播的观念史[M]. 邓建国,译. 上海:上海译文出版社,2017:332.

2 同上.

面对人机交流的挑战,我们有必要探讨人机交流中的交流伦理问题,这既包括人这端,也包括机器这端。

从人这端来说,尤尔根·哈贝马斯(Jürgen Habermas)提出的交往理性(言语清晰可懂、态度真诚、表达真实、行为规范正确[1]),是否需要向人与机器之间的交流延伸,是一个需要进一步讨论的问题。哈贝马斯的理想即使对人际交流来说,都是巨大的挑战,对人机交流来说,恐怕更难企及。但至少,将机器作为一个平等的交流对象对待,尊重机器的存在及特质,避免对机器的歧视、霸凌,应该仍是基本的交流行为准则。

人要避免人机交流中的理性向简单的工具理性方向发展。如果人们在机器的训练下越来越多地将"情感"变成"计算",面对每一次交流精准计算交流成本与报偿,控制交流的"配方",控制自己的情感付出,那么就意味着人在某些方面正被机器的思维与运行模式所影响,不断向机器靠拢,最终"人"变成了"机器"。这样的结果,显然不是我们希望看到的。

从机器这端看,拥有不同智能的机器,在交流中的角色不尽相同,它们所承担的伦理责任也会有所差异。在目前的技术条件下,机器是作为人类伦理的理解者、执行者与维护者存在的,更多的是对人类意志的服从和对人类价值观的继承。因此,人机交流中的伦

---

1 哈贝马斯. 交往行为理论(第一卷)[M]. 曹卫东,译. 上海:上海人民出版社,2018:388.

理实践更多取决于人的价值观与行为，例如，机器的设计者和机器的交流者。设计者的价值观会被内嵌在机器的行为模式中，而交流者则通过其交流行为给机器带来示范效应。

未来另一种可能是，人们可以制造出一种具有道德判断和伦理行为能力的机器人，使机器人成为道德能动者。[1] 当然，那样的机器也会建立在对人类伦理学习的基础上。那时它们是会引导人类向更理性的交流方向发展，还是拉扯着人类共同走向更深的交流泥潭呢？虽然我们希望是前者，但对此我们也不能过于乐观。

虽然今天人机交流具体的交流观与交流伦理还无法确立，但无论是在哪个阶段，无论机器在人机交流的伦理实践中扮演什么角色，人机交流伦理的核心，不仅是为了促成人与机器的有效交流，也是为了使人们在人机交流过程中得到与人际交流相关的交流伦理的训练，使人机交流成为人际交流的有效辅助与延伸，而不是损害。其中，人类仍然应该是引导者。如果人类自身没有找到清晰的交流伦理方向，那么我们就不能将希望寄托在机器身上。

2. 人机交流可以替代人际交流吗？

从人的本性来看，一些时候人们更愿意选择可以控制的人机交流，而逃避成本更高、难以把控的人际交流。但人机交流并不能满

---

[1] 段伟文. 机器人伦理的进路及其内涵 [J]. 科学与社会，2015（2）：35-45+54.

足人们的一切需要，人际交流的一些功能是人机交流无法替代的。

人际交流可以帮助人更好地认识自己。美国学者米德和库利的研究都指出，人们通过与他人的交往获得有关自我的概念，自我概念又直接影响和制约着人际交往。在彼得斯看来，交流是践行"认识你自己"这一忠告的重要场所。[1] 人之所以能通过与他人的交流认识自己，是因为交流对象本身具有能动性，人通过交流对象对自己的评价等反馈看到"镜中我"，并意识到社会中"他者"的存在、自我与他者的差异。但与机器的交流容易强化人的自我中心意识与自我投射，机器作为他者被淡化甚至漠视，人也难以从机器那里获得关于自我的真实评价与认知。以"我"为中心，最终会使得"我"看不清自己。这种自我认知的模糊或缺失，也会带来人际交流和社会化生存的障碍。

人际交流可以培养人们的他者意识、包容心、同理心等社会交往素养，这些是人际交流得以有效展开的前提。交流中的冲突与矛盾是提高这些素养的必要代价。但如果在人际交流中，人们延续人机交流中培养的自我中心惯性，对他人的理解、感同身受能力下降，那么人际交流也会困难重重。

人们之所以需要人际交流，很多时候还因为这是建立更广泛的社会联系、汇入群体的方式。人际交流会帮助人们构建自己的社会

---

[1] 彼得斯. 对空言说: 传播的观念史 [M]. 邓建国, 译. 上海: 上海译文出版社, 2017: 330.

网络，是社会资本的一个重要基础。这个网络中的信息互动，以及与之相伴的情绪、态度、立场是社会环境的一部分。通过这一网络，人们可以获得更多关于生存环境的信息，了解社会，理解社会矛盾与冲突、应对环境挑战。而与机器的交流却会将人们封闭在个人的天地里，回避社会冲突。如果人们逐渐切断与他人的互动，那么也就会切断与社会联系的纽带。

在人际交流的过程中不仅有信息与情感之间的互动，很多时候也有社会资源的互动与交换，但机器显然无法给予人这样的社会资源。

人际交流推动着人们的社会化，但人机交流则可能反其道而行之。过分依赖人机交流，人们是否会面临着新的孤独？特克尔在《群体性孤独》一书中，曾深入研究过电子宠物和陪伴机器人等的使用对人们的心理层面的影响，并对人与机器建立的亲密关系所带来的人的孤独表示了深深的忧虑。这种孤独来源于人们在现实中与他人交流的减少，来源于人机互动对人际互动的侵蚀甚至部分替代。针对当下的智能技术，有研究者从认知、情感和行为三个层面研究了用户与社交机器人的准社会交往、媒介依赖是如何对孤独感产生影响的，其发现是，用户与社交机器人的准社会交往程度越高，越会对社交机器人产生媒介依赖，而这种媒介依赖会加深用户的孤独感。[1] 当然，未来这样的情况是进一步恶化还是改善，也依赖于很

---

[1] 韩秀，等.媒介依赖的遮掩效应：用户与社交机器人的准社会交往程度越高越感到孤独吗？[J].国际新闻界，2021（9）：25-48.

多因素。

对于老人这样的群体来说，这种风险将更大。如果未来机器人普遍替代家人成为他们生活中的陪伴者，或许就意味着老年人与亲人、社会的接触的减少，这是否会加重他们的孤独感，甚至加速他们身心的老化？

护理机器人的应用引发了老年人与护理机器人关系中人被"对象化"（物化）的问题。当护理机器人对待老人就像对待一堆无生命的物质时，老人就被对象化了，这不仅是对老人尊严的一种严重伤害，而且还可能会令老人产生一种无能感。这种无能感甚至可能比依赖于护理人员时所产生的无能感更加强烈。[1]

这种"对象化"现象同样存在于社交机器人与人的互动中。社交机器人与人的对话，实质上是将人"对象化"，哪怕它们在模仿人的情感，模仿人的表达方式。虽然人机交流常常是以人为中心的，但在这个过程中人也无意中将自己在某些方面降为了"物"。

未来人与机器的关系是人们必然要面对与接纳的，但如果因为这种新关系而逃避、放弃人与人之间的关系，那么人类的生存境遇将会危机四伏。

---

1 李小燕. 老人护理机器人伦理风险探析 [J]. 东北大学学报：社会科学版，2015（6）：561-566.

总体而言，人机交流的未来会向什么方向发展，不仅取决于技术如何提升机器与人的交流能力，也取决于人如何认识自身，以及人与机器的关系。

未来智能技术对人的生存所带来的影响，显然不限于本节所探讨的这几个方面。但无论未来还会发生哪些变化，一个基本前景是，未来的世界是人机共存的世界，人不再是世界上唯一的主宰者。未来人类的命运，不仅取决于人如何认识自身，也取决于人如何认识机器，以及人机关系。

第 5 章
元宇宙构想下的未来生存

2021年,元宇宙这个词搅动了技术界与资本界关于互联网未来发展的种种想象,尽管如研究者所说,元宇宙本身并不是一个像宇宙那样的科学概念,而是对数字技术所驱动和连接的信息空间的一种新的概括性描述,是一个会根据技术发展而不断增减内涵的开放性的集合概念。[1] 但作为一个容纳了各种技术可能性的"筐",元宇宙这一概念承载了人们对当下技术的"否思",对技术走向的关切,再次激发了研究者对于互联网所引发的一些本质问题的思考。

元宇宙涉及的各种技术,也是智能传播技术,关于元宇宙的种种构想及相关讨论,让我们有了一个认识智能传播前景及影响的新视角。

---

[1] 段伟文. 探寻元宇宙治理的价值锚点——基于技术与伦理关系视角的考察[J]. 国家治理, 2022, 362 (02):33-39.

5.1 元宇宙构想中的空间与身体

无论元宇宙最终能否实现，元宇宙概念的兴起及热议，延续了互联网普及之初研究者最关注的话题之一，那就是虚拟与现实的关系。其中，在以往虚拟世界里相对缺位的空间与身体，在元宇宙构想中变得更受瞩目，它们也成了理解虚拟与现实新关系的重要线索。

5.1.1 虚拟空间与现实空间的新关系

1. 作为现实空间"孪生"对象的虚拟空间的兴起

互联网兴起之初，人们为了强调其虚拟性，将它称为"赛博空间"，人们的直觉可以摆脱物质身体的束缚而在赛博空间独立存在和活动，赛博空间可以突破物理世界的限制而穿越时空[1]，在早期互联网应用中，现实空间也的确是被淡化或消失的。

而在元宇宙的设想中，空间概念被强化，虚拟空间与现实空间之间的对应、映射关系变得直接。数字孪生就是元宇宙空间与现实空间的一种典型关系。源于制造业的数字孪生是指与现实世界中的物理实体完全对应和一致的虚拟模型，它可实时模拟物理实体在现实环境中的行为和性能[2]。数字孪生技术可以通过虚实交互反馈、数据融合分析、决策迭代优化等手段，为物理实体增加或扩展新的

---

    1 冉聪.赛博空间、离身性与具身性[J].哲学动态，2013（6）：85-89.

    2 庄存波，等.产品数字孪生体的内涵、体系结构及其发展趋势[J].计算机集成制造系统，2017（4）：753-768.

能力[1]。

虽然数字孪生概念的提出比元宇宙概念的爆发要早很多年，但元宇宙讨论使得数字孪生这一概念变得更普及。在关于元宇宙的设想中，人们开始从空间的角度来探讨数字孪生的可能方向。孪生空间意味着将自然实体（物理）空间的元素、关系、过程和格局映射到虚拟空间，从而建构起对自然实体空间进行模拟、仿真、重构、调控和优化等智能化操控的数字空间[2]。

在某种意义上，这样一种复制已经开始，地图类应用就是典型的例子。只是地图应用大多停留在二维空间里，更多提供的是示意、导航等功能。而数字孪生的空间，则将用三维方式进行空间的真实再现。谷歌在2022年5月发布的地图功能，便已体现了这种应用方向。

当今数字孪生的应用方向也与智慧城市等设想相关联，在研究者看来，城市的数字孪生将不仅仅是实体城市的复制和映射，还将基于真实的城市数据不断进化出智慧，最终成为一个承载人类物质世界、社会活动和集体心智的无限场域，城市将逐渐成为现实空间和虚拟空间逐渐交融的混合空间[3]。当然，要真正实现智慧城市，

---

1 陶飞，等. 数字孪生及其应用探索[J]. 计算机集成制造系统，2018（1）：1-18.

2 李双成，等. 孪生空间及其应用——兼论地理研究空间的重构[J]. 地理学报，2022（3）：507-517.

3 杨滔，张晔珵，秦潇雨. 城市信息模型（CIM）作为"城市数字领土"[J]. 北京规划建设，2020（6）：75-78.

还有很长的路要走，但城市的虚拟化映射必将开始。

智慧城市的建设主要是为了城市的管理和服务。对于生活在城市中的人来说，智慧城市在一定程度上会提升生活的便利程度，并且可以借助孪生空间获得"增强"的服务与体验。但智慧城市所影响的不仅是城市的现实生活，而且还会成为元宇宙的一种基础架构。

元宇宙之所以强调空间概念，特别是强化现实空间的孪生化，是因为空间带来了对身体的召唤，这是以往的虚拟空间少有的，因为种种原因，人们会对这种召唤做出积极的响应。

空间表征着一定的生活方式、状态、氛围，人们对空间的向往，往往源于对它象征的生活的向往。某些时候，身体进入某一空间，就意味着生活目标的达成。当然这可能折射着人的整个生存实践，后文将进一步分析。在这方面，城市的孪生空间无疑具有普遍的诱惑，因此也更容易被开发者当成元宇宙的基本空间架构。同样，乡村的孪生空间，对于久居城市、向往田园牧歌式生活的人，也具有吸引力。

空间提供了身体的多维度体验与心理的满足，就像旅游一样，孪生空间中的身体体验也意味着到达甚至征服的满足。即使满足感会打折扣，但相比于纸上谈兵式的想象，或基于图片、视频的过眼瘾，元宇宙空间中的体验无疑会更丰满。

空间中身体的自由流动，还象征着一定的权利，而身体流动的停滞，一些时候也意味着权利受限。因此，突破空间阻碍实现身体的流动，就成了一种权利的声张方式。孪生空间在这方面可以为人们提供替代性的满足。

除了对身体的召唤，空间还承载着更为复杂的社会意义，孪生空间能否继承或重塑空间的意义，影响着它们对用户的召唤力。

2. 孪生城市中空间意义的继承或重塑

在所有空间中，城市空间的社会意义最为复杂，在孪生化的过程中它所承载的原有意义会发生什么演变，尤为值得关注。

在现实中，人们的生活实践和社会关系都是被置于一定的空间中的，这样的空间不仅是地理空间，更是社会空间。如法国学者亨利·列斐伏尔（Henri Lefebvre）指出，表示空间的各种词汇与空间的特定用途相对应，从而也与它们所表述的与构成的空间实践相对应[1]。空间把个体和集体这样的主体的行动联合在一起，社会空间充当了分析社会的工具[2]。

列斐伏尔由此提出了三位一体的空间概念。第一，空间实践（spatial practice），它包括生产与再生产，以及每一种社会形态

---

[1] 列斐伏尔. 空间的生产 [M]. 刘怀玉，等，译. 北京：商务印书馆，2022：25.

[2] 列斐伏尔. 空间的生产 [M]. 刘怀玉，等，译. 北京：商务印书馆，2022：52.

的特殊位置与空间特征集合。第二，空间表象（representations of space），它们与生产关系，以及这些关系所强加的"秩序"捆绑在一起，从而也与知识、符号、代码，以及种种"台前的"关系捆绑在一起。第三，表象（symbolisms）的空间，它们表现为形形色色的象征体系，有时被编码，有时未被编码，与社会生活隐藏的或秘密的方面相关联，也与艺术相关联[1]。虽然后来的一些研究者对于列斐伏尔理论的理解不尽相同，甚至存在着一些理解的偏差。但无疑，列斐伏尔的研究，激发了人们对于生产与生存、社会关系与社会结构、意识形态与知识、文化与符号表征等各个层面的空间意义的关注。

在社会学领域，20世纪后期，对空间的研究进入深层研究，社会学者普遍认同，空间与生产、空间与权力、空间与政治、空间与经济、空间与文化等已经成为现实生活中的重要实践问题[2]。社会学领域的研究也出现了一次"空间"转向，空间成为一种社会学的方法论，社会学领域关于空间研究的理论框架主要体现在下面几个层面：空间作为主体性存在的策略与场所、空间作为社会权力关系、空间作为符号体系、空间作为情感体验[3]。

---

1 列斐伏尔.空间的生产[M].刘怀玉，等，译.北京：商务印书馆，2022：51.

2 陈忠.空间生产、发展伦理与当代社会理论的基础创新[J].学习与探索，2010（1）：1-5.

3 潘泽泉.当代社会学理论的社会空间转向[J].江苏社会科学，2009（1）：27-33.

从空间角度关注人的生存时，就会涉及列斐伏尔所提到的社会成员的特有的空间资质（competence）和运作/述行（performance）[1]。对个体而言，现实空间承载着他们的社会关系，与空间的相关的实践在很大程度上也是生存的实践，现实的生存空间折射着其自我目标设定和自我奋斗过程，空间的选择、进入与迁徙过程，空间的陈设等，是个体能力、阶层、品位等的体现。进入某些空间并在此生存下去需要一定的经济能力、生存能力与策略支持，特别是对城市空间而言。人们不能轻易迁徙，不能随意选择自己想要生活的城市与空间，即使能在某个城市生活，但没有属于自己的住房，或者不能居住在一个理想的住房中，是很多人日常生活的主要困境之一。在城市空间中的生存，成为被空间体现的各种规则、规范所约束的生存。

以往网络虚拟化生存与互动虽然创造了一种新的社会空间，但现实空间概念很多时候被淡化，这也意味着现实空间对应的生存能力与策略、社会关系、权力、阶层、共同体、象征符号、情感、记忆等概念的弱化，同时意味着，虚拟化生存与互动对于现实生存的支持也是有限的。

城市空间的孪生化，使得基于空间的体验被强化，而现实空间所承载的那些社会意义，是被淡化或抛弃，还是被部分继承或移植，抑或是会在某些方面强化呢？

---

[1] 列斐伏尔. 空间的生产 [M]. 刘怀玉, 等, 译. 北京：商务印书馆, 2022: 58.

从用户的角度来看，或许他们对数字孪生的城市最大兴趣来自对生存空间的自由性、流动性的向往。在元宇宙应用中，人们不仅有可能进入自己希望居住的虚拟城市，还有一定的自由选择喜欢的居住区位、环境，并为自己设计适合的房子，按自己的喜好进行房间的布置。在现实中空间带来的种种限制，在元宇宙中有可能被打破，人们有了自主进行空间生产的可能。当然这些生产也需要付出一定的努力，但相比于现实空间，努力要小得多。尽管在这样的空间的生存体验与现实生存仍有差距，但元宇宙技术带来的沉浸感，可以使得他们获得接近真实的生活体验。空间作为个体存在的策略与场所的意义，会得到部分体现。

未来对孪生城市的管理，是否会出现新的准入资格，还是未知的。但在当下，至少它承载着人们对自由选择与自由流动的希望。

即使没有准入资格的限定，孪生城市也会有自己的管理规范、制度，至于是会复制现实社会的规则，还是形成一套全新的系统，在今天还难以判断。但可以肯定的是，孪生城市不会是无组织状态，适应它的规则，会成为孪生城市生存的基础。

现实中，空间体现着社会的群体及其关系。社会学者指出，我们所关切的社会阶层、社会阶级和其他群体界线，以及其间的社会权力关系，都镶嵌在一定的空间里，并透露出社会界线与抗衡的界限所在,以及主体认同建构自我与异己的边界的机制[1]。空间成为凝聚共同体的基本形式之一,如滕尼斯所说的邻里(地缘共同体)[2]。不同的种族有不同的集中居住区域,地域界线往往也是族群的界线。空间差异有时也对应着落差或不平等,如穷人区与富人区、学区房与非学区房这样的划分。一些空间意味着等级或特权,例如,某些特权场所、名流俱乐部等。

数字孪生空间是否会延续原有的地缘共同体?有研究者认为,在"元宇宙"时代,人与人相互关系的建立、信息共享更有可能发生在虚拟空间,从而使社区可能与共同的地域空间脱钩,转向共同的志趣爱好、利益关系等[3]。类似这样的观点在互联网兴起之初并不鲜见。以往的确有很多社交产品提供了打破现实城市概念的社交,以及淡化了空间概念的社交,在这样的社交平台,世界是按照拓扑关系——关于连接和节点的结构关系,而不是地点来理解的[4],这种拓扑关系就是人们的社会网络。

在社交产品发展过程中,也有以城市架构出现的虚拟社区,如国内的"第九城市",以及一些现实空间与虚拟空间相互交融的产

---

1 潘泽泉. 当代社会学理论的社会空间转向 [J]. 江苏社会科学, 2009 (1): 27-33.

2 滕尼斯. 共同体与社会 [M]. 张巍卓, 译. 北京: 商务印书馆, 2019: 87.

3 肖超伟, 张旻薇, 刘合林, 等. "元宇宙"的空间重构分析 [J]. 地理与地理信息科学, 2022 (2): 1-9.

4 亚当斯. 媒介与传播地理学 [M]. 袁艳, 译. 北京: 中国传媒大学出版社, 2020: 69.

品，例如，门户时代的"业主论坛"，今天微信中的各种"小区群"，地点不仅将人们连接在一起，而且成为人们讨论话题的焦点，现实空间中的群体关系也在虚拟空间中延续、拓展。因此在互联网的发展过程中，虚拟社区与现实社区并没有渐行渐远，反而在某些时候开始合流。

人们对网络社交平台的需求，在逃避现实关系与回归现实关系之间来回摇摆，这也是一些时候会出现虚拟社区与现实社区的同一化的原因之一。在现阶段，现实关系给人们带来的约束越来越大，逃避现实关系的动因会变得更加强烈，这时，人们期待通过元宇宙社区获得一个喘息的空间，但人们的需求不会停止在某个状态，而是会持续摇摆。可以预见的是，在过多脱离现实的社交互动之后，人们又会再次回归现实关系，而现实地域中的共同利益始终会是一种重要的纽带。因此，现实地域共同体有可能会再次在元宇宙应用中复兴，尽管这肯定不是唯一的共同体类型。

元宇宙中的数字孪生空间是否会延续现实空间中的阶层、阶级区隔？或许作为对新的乌托邦的向往，人们一开始会希望通过元宇宙打破现实的阶层、阶级的区隔与落差，但在新的空间中，未必就不会形成新的阶层。这与使用者的能力与付出的努力的差异有关，在任何与技术相关的应用中，能力与努力差异都可能带来用户的层级分化，这种层级分化也可能会在某些方面沿袭现实社会的资源、资本差异。而数字空间的运营者，也可能出于运营、管理或其他目的，设置一定的等级。因此孪生城市里也可能会出现三六九等的"市民"。阶层的等级差异，可能会对应着空间上的权力差异，例如，等级更高的用户可能会获得入住更好的"城市区位"、获得更好的"住房"的权力。尽管现实空间所体现的阶层与权力不会直接复制到孪生空间中，甚至可能出现重新赋权，但现实空间对应的种种权力意义及其"变现方式"，在孪生空间中并不会消失。

社会群体的分化，在更大的层面上也体现为城市之间的落差。在现实中，城市空间的发达程度不尽相同，城市的政治、经济地位不同，在中国也形成了从超一线城市到五线城市的区分。城市间的落差是会平移到孪生空间中，还是会发生改变？这种落差是否会转化为进入门槛的差别，是否会造成新的不平等？

早在2005年，就有研究者对中国互联网地区域名数量、地区人均国内生产总值的关系进行了分析，其发现，赛博空间分布反映了地区人均国内生产总值，这证实了赛博空间与经济活动的紧密相关性[1]。保罗·亚当斯（Paul Adams）也指出，手机、互联网和互联网主机的分布都与国家财富水平呈现正相关[2]。可以预期的是，未来城市空间的孪生化程度，会与城市的现代化程度、经济发展程度紧密相关。

---

1 卢鹤立，刘桂芳．赛博空间地理分布研究 [J]．地理科学，2005（3）：3317-3321．

2 亚当斯．媒介与传播地理学 [M]．袁艳，译．北京：中国传媒大学出版社，2020：67．

进一步思考，作为城市孪生空间的虚拟城市，是否会打破原有的城乡界限，为居住在城市之外的人群提供体验城市生活的机会？如果有这样的机会，这些人群是会只满足于在虚拟城市的居住，还是会因此产生向现实城市流动的愿望？孪生空间的生存如何影响现实空间中人们的生存实践，这同样是一个值得持久观察的问题。

空间的另一种意义是，它所创造的文化是空间蕴含的权力关系、符号体系、情感体验等的综合体现。但城市空间的文化是难以直接孪生的，城市的文化也将在孪生空间中被重建。这会带来两种可能：一种可能是，虚拟的城市"居民"以新的方式延续、丰富与拓展原有的城市文化，给城市带来新的活力；另一种可能是，居住者在虚拟空间里颠覆甚至摧毁现有的城市文化，虽然这未必会影响到现实城市的文化，但也会在一定程度上改变人们心目中的城市面貌。

3. 虚拟空间中的场景与社会场景重建

与文化一样，元宇宙空间的"场景"也面临一个重建的过程。

由空间中的物以及人共同构成的场景是空间的必要元素，既是空间的"活"的构成部分，也是空间体验的一部分。例如，对一个咖啡馆这样的实体空间来说，这种场景要素既包含咖啡馆的空间设计、物品陈列，也包括咖啡馆中的店员和来来往往的人，他人的交谈甚至争吵会影响咖啡馆的总体氛围等。同样，在博物馆、旅游景点,熙熙攘攘的人群也是有意义的场景要素。

现实中的场景是"活"的、流动的,它们会不断给人们感官上的刺激,虚拟空间同样也需要用这样的场景要素激活。如果虚拟空间缺乏流动的、鲜活的场景因素,那么身在其中的人会很快陷入沉闷。而今天一些以3D或VR形式呈现的虚拟博物馆、在线旅游等,却忽略了场景的因素,这也使得其真实体验感及吸引力受到影响。

现实空间虽然可以被孪生化,现实空间的场景却并不能被移植到虚拟空间中,它们需要在虚拟空间中重建,但这不应该是机械设计出来的,而是要由虚拟空间中用户的活动共同构筑的,人们成为彼此的场景或背景,如同现实空间一样。

此外,一种空间往往也对应着一定的社会场景,这种社会场景如约书亚·梅罗维茨(Joshua Meyrowitz)所言,是一种信息系统,即人们接触他人或社会信息的某种模式,它形成了我们语言表达及行为方式框架神秘的基础[1]。像广播电视这样的电子媒介带来了社会场景的变化,电子媒介创造的纽带及联系与特定地点中面对面交往所形成的纽带及联系产生了竞争[2],电子媒介还带来了公共场景的融合、公开和私下行为的模糊,以及社会地点与物

---

1 梅罗维茨.消失的地域:电子媒介对社会行为的影响[M].肖志军,译.北京:清华大学出版社,2002:32-34.

2 梅罗维茨.消失的地域:电子媒介对社会行为的影响[M].肖志军,译.北京:清华大学出版社,2002:140.

质地点的分离等[1]。

互联网构建的虚拟空间进一步改变了社会场景，甚至在某些时候使得社会场景完全隐退。但数字孪生空间毕竟是对现实空间的复制，在这里人们是否会意识到社会场景的存在，社会场景是否还会对人们的行为产生约束？如果人们把孪生空间当作纯粹的虚拟空间看待，那么即使它拥有"教室""办公室"这样具有特定社会场景属性的标签，人们也会意识到这并非真实的现实空间，因而会较少受到原有社会场景中规范的约束。与此同时，人们的身体还处在某个现实空间中，这两种空间之间也有可能产生冲突。例如，身在家中，进入的是虚拟的教室，这会淡化"教室"这一社会场景的作用。在今天以视频会议形式进行的远程学习、工作中，这一点已经显现。但孪生空间是否会形成新的社会场景含义，形成与之相关的行为模式，或许还需要继续观察。

梅罗维茨所说的电子媒介带来的社会场景的变化，也与吉登斯所说的"脱域"过程相关。吉登斯指出，现代化的过程带来了"脱域"的结果，社会系统的脱域意味着社会行动从地域化情境中被"提取出来"，并跨越广阔的时间－空间距离去重新组织社会关系[2]，同时又为它们的重新进入提供了机会，带来了再嵌入的可能[3]。网

---

1 梅罗维茨.消失的地域：电子媒介对社会行为的影响[M].肖志军,译.北京：清华大学出版社，2002：65-120.

2 吉登斯.现代性的后果[M].田禾,译.南京：译林出版社，2011：46.

3 吉登斯.现代性的后果[M].田禾,译.南京：译林出版社，2011：124.

络环境则进一步推动了这种脱域与再嵌入。

但随着现实空间的某些维度在虚拟空间的投射甚至复制，一些原本脱域的社会关系是否会在一定程度上重新回归到地域化情境中，这也是未来值得关注的一个问题。当然，这里的地域化情境，并非指单纯的地理空间而是指包含了地理因素与社会因素、现实与虚拟的复合空间。

4. 现实空间与虚拟信息、虚拟空间的叠加或融合

元宇宙方向下现实空间的变化，不仅仅在于它的数字孪生化，虚拟信息对现实空间的补充、增强，也是一个重要方向。

作为公认的元宇宙方向下的重要技术，AR（增强现实技术）应用的一个重要目标就是在现实空间与环境中叠加虚拟的信息。空间的信息增强往往用于以下情境：人们需要实时了解与现实空间相关的背景信息、辅助信息，如开车、旅游、参观展览；以现实空间为基底，营造新的视觉效果或互动方式，如舞台上虚拟人与现实人的同台或隔空合作；基于现实空间与环境提供虚实结合的互动方式，如 AR 游戏。

AR 可以为人们提供新的感官刺激，带来新的服务体验，成为广告、营销的新路径。同时，对于未来的用户内容生产与互动来说，这一技术还提供了基于空间的新表达方式——"位置叙事"。

"位置叙事"主要是指以位置为中心的叙事。它将自然环境作为自己最重要的基点，在宏观上涉及人在自然界的位置，在中观上涉及社会群体和所处地域的关系，在微观上涉及个人与所在地的关系[1]。位置叙事在以往主要是作为艺术创作的手段，但在今天，也可以成为 UGC 的新模式。基于视频的地点打卡，已经有了一定的位置叙事意涵，但还只是一种简单的"位置 + 身体"的叙事方式。而 AR 技术可以大大提高特定空间位置的信息延展性，赋予空间与虚拟信息之间丰富的联系。叙事可以有无限可能。这也会激发普通用户的位置叙事的创造力。

在更高的层面，当下开发者也在致力于增强现实型"元宇宙"的建设，其目标是基于现实空间位置、环境进行新创造，形成可体验的、新的城市"虚拟 + 现实"混合空间。目前，增强现实空间已应用于城市历史遗迹、文化展览空间、城市更新的商业空间等[2]。

元宇宙可以建构与现实空间没有关联的、纯粹的虚拟空间。这种虚拟空间是对空间的全新生产，它可以弥补现实空间的不足，摆脱现实空间的天然局限，释放人们对空间的想象力。人们在这些人造的虚拟空间里，可以获得超现实的体验。但这些幻象空间的背后，仍然是人们的现实欲望与需求。

---

1 黄鸣奋．增强现实与位置叙事：移动互联时代的技术、幻术和艺术 [J]. 中国文艺评论，2016（6）：55-66.

2 肖超伟，张旻薇，刘合林，等．"元宇宙"的空间重构分析 [J]. 地理与地理信息科学，2022（2）：1-9.

进入这些新的虚拟空间,一开始可能是无门槛的,用户的"群分"也未必很明晰,但就如互联网的既往发展逻辑一样,久而久之,人们仍然可能会因趣味、阶层甚至三观、立场的差异而走向不同的社区,形成虚拟空间的新"地域"。这种地域就是亚当斯所说的赛博空间(space)中的赛博地方(place),每个地方都产生于意义、自然和社会关系各要素之间的独特组合。[1]

元宇宙中的虚拟空间有时会与现实空间产出叠加,带来一些冲突。微观层面的常见冲突之一是,今天已经司空见惯的"在场的缺席"——人们身在现实空间,注意力却在虚拟空间,或者反之。因为虚拟空间中VR、AR对身体动作的诱导,身体在现实空间中遭遇危险的概率也会增加。同时,线上、线下社会场景的冲突也会不断出现。而在宏观层面,则可能体现为人们的社会角色、自我认知、身份认同、生存实践等方面的冲突或纠结。

5. 赛博空间的再认识

对元宇宙的讨论,使得赛博空间这个概念重回我们的视野,有些人将它与元宇宙基本等同。但在元宇宙方向下,我们不能重走对赛博空间认识的老路。即使我们仍将元宇宙方向下的虚拟空间称为"赛博空间",我们也要意识到,这个空间有着现实空间的深层嵌入。因此,我们需要在虚拟空间与现实空间融合的前提下,重新理

---

[1] 亚当斯. 媒介与传播地理学[M]. 袁艳,译. 北京:中国传媒大学出版社,2020:113.

解赛博空间的"空间"意义。

亚当斯指出,赛博空间不仅是一个技术现象、一个技术景观,还是一套异质的符码、机构和使用者。它们以某种特定的社会、心理、符号和物质关系结合在一起[1]。赛博空间早就不再只是代码或信息空间,还是一种社会空间。当它与现实空间相互融合时,则会呈现出列斐伏尔所说的空间的三位一体性。

现实空间与虚拟空间的相互渗透、融合,似乎提供了空间互补的可能,但这也可能会让两种空间原有的问题进一步纠结在一起。虚拟空间承载着现实的压力,并且在某些方面帮助释放现实压力,但它并不能解决现实中的一切问题,甚至可能制造新的冲突、矛盾,这些问题会反过来向现实空间渗透。当虚拟空间引入现实空间这一"变量"时,更是会映射出空间中的权利与利益、权力结构、文化、资本等多重要素,它对现实的反作用方式会更加多元。

5.1.2 虚拟空间中现实身体的凸显

强调元宇宙应用中的空间,必然使与之相关的另一个对象凸显出来,那就是"身体"。

在梅洛-庞蒂看来,空间是一种身体化空间(embodied space),

---

[1] 亚当斯. 媒介与传播地理学 [M]. 袁艳, 译. 北京:中国传媒大学出版社, 2020:113.

并且"身体的空间性不是如同外部物体的空间性或'空间感觉'的空间性那样的一种位置的空间性,而是一种处境的空间性"。[1] 今天我们讨论元宇宙时,身体与空间的关系是一个不可绕开的话题,随着技术的不断发展,不断刷新我们对虚拟空间中现实身体如何呈现、如何作用的认识。

1. 不断进入虚拟空间的现实身体

在早期对互联网的研究中,"身体的消失"被视作互联网环境中个体存在形态与社会互动的主要特点之一,这也是当初人们使用赛博空间这一概念的原因之一。人们在各种互联网空间里生产的内容、留下的痕迹,都是意识的产物。作为抽象的符号,它们脱离了身体而四处飘浮。

但事实上,即使在早期互联网的应用中,身体也并没有完全缺席,但它主要是通过与机器(如键盘、鼠标、显示器等)的交互来体现自己的存在,并间接影响到虚拟空间的互动的。例如,打字速度和阅读屏幕上信息的速度会影响人们的交流,鼠标或键盘操作能力会影响人们在游戏中的表现。但在虚拟空间中,各种符号互动带来的刺激主要在精神层面,这使人们忽视了身体的参与及意义,发生在人机交互端的身体行为,往往被掩盖。

---

[1] 梅洛-庞蒂.知觉现象学[M].姜志辉,译.北京:商务印书馆,2001:137-138.

随着游戏的发展,"化身"开始出现。化身是一种虚拟的身体,它可以是与现实身体无关的形象符号,也可以是由人们的动作来控制的形象。在后一种情形下,现实身体与虚拟身体产生了直接联系。通过化身的方式,人的身体进入了虚拟空间,宣示了自己的存在。但这样的化身体验只存在于部分游戏玩家中,并且它并非真正的身体,它只是身体在某些维度的映射,在某些方面是对身体的再造。

移动互联网兴起后,带摄像头的手机及视频通话应用的普及使得一般人的身体开始直接进入互动。虽然是隔空相望,但身体的状态与姿态,以及其他身体性符号,都重新扮演起类似面对面交流中的身体符号的角色。

当身体可以在虚拟空间中直接展示时,身体就变成了社交互动中一种普遍的表演手段,例如,人们通过照片或视频对身体进行的展示。除呈现身体的状态外,这种展示有些时候是为了证明身体在某个现实空间的在场,以表达某种成就感,赢得数字空间的存在感。这样一种参与到日常生活互动之中的身体实践方式,如吉登斯所言,是维持一个连贯的自我身份认同感的重要构成部分[1]。

但摄像头下的身体,只是身体的二维展现。它并不能传达身体相关的其他体验,如触觉、嗅觉等。交流者之间的身体距离感也并没有消失。

---

1 吉登斯. 现代性与自我认同:晚期现代中的自我与社会[M]. 夏璐,译. 北京:中国人民大学出版社,2016:7.

技术的发展，推动了现实身体的全面数据化，从人脸、指纹、声音等身体"元件"，到身体动作、表情，甚至生理性状态，再到身体所处的空间位置及其他场景。身体作为一种媒介，传递与呈现着人的状态与需求，服务商通过身体数据来进行用户分析并提供相应的服务。但即使如此，在今天绝大多数的新媒体应用中，身体还只是一种工具，身体本身的体验并没有成为产品或服务的目标。

2. 虚拟空间中现实身体的体验增强

在元宇宙构建的新时空中，身体有可能被用全息方式（而非二维或符号方式）还原，身体在互动与传播中的参与是全方位的，除今天音视频交流中的声音、身体姿态、手势、面部表情、眼神等与身体有关的因素外，空间位置关系、距离等与身体相关的因素，也会重新成为交流中的重要元素。

更重要的是，元宇宙虚拟空间的互动将给身体感官更多的体验。身体不再是人机交互的工具，或传达信息的手段，身体的体验本身就是目的。虚拟技术可以带来对现实身体的体验增强。

人们对虚拟空间中身体体验的需要，很大程度上是基于突破现实身体局限的愿望。例如，体验戏剧表演式的多重人生，到达现实中无法到达的空间，挑战现实中不敢尝试的冒险，在不同时代穿越。当现实生活压力不断增大时，人们更希望通过虚拟空间的体验，逃避现实。

这些超出现实的体验要能真正对人产生诱惑，需要具备真实感或沉浸感。沉浸感是标识元宇宙这一互联网新阶段的关键标签之一，如刘永谋所说，元宇宙不过是赛博空间的高级阶段，元宇宙最重要的特征是全身沉浸。[1]

沉浸既对应于英文的"immersion"，也对应于"flow"。

"immersion"这一概念强调的是人们在虚拟环境中体验到的现实感受，既有空间上的真实感，也有人们对空间中的各种对象（包括人）的真实感知。在元宇宙应用中，这样一种沉浸感的提升，与VR、AR等技术的发展紧密相关，也与物理实体的"孪生化"特别是空间的孪生化相关。

从沉浸角度提出的"flow"也是一种理论，在国内被译为"心流理论"（另译"流畅感理论"）。这一理论由美国心理学家齐克森米哈伊（Csikszentmihalyi）在20世纪70年代提出。齐克森米哈伊所说的"flow"是指一个人完全沉浸在某种活动当中而无视其他事物存在的状态。他指出了处于"flow"状态中的个体的一些共同特征，如体验活动本身成为活动的内在动机、注意力高度集中、自我意识（如社会身份和身体状况）的暂时丧失、行动与意识相融合、出现暂时性体验失真（如感觉时间过得比平常要快）等。[2] 尽

---

1 刘永谋. 元宇宙的现代性忧思 [J]. 阅江学刊, 2022, 14（01）：53-58+172-173.

2 Csikszentmihalyi M, Abuhamdeh S, Jeanne N, et al. Handbook of competence and motivation[M]. New York: Guilford Press, 2005: 598-608.

管齐克森米哈伊最早是从对攀岩爱好者、国际象棋选手、运动员和艺术家等的访谈中提出 flow 概念的,但事实上,人们可以在很多其他活动中体会到这种感受。

元宇宙体验带来的沉浸感,既包含新技术下的 immersion 体验,也包含人们在此过程中产生的 flow 感受,从某个角度看,人们在此过程形成的 flow 程度有多深,取决于 immersion 体验有多真切。当然,在现在的条件下,这两个方面的沉浸程度都很有限,特别是当人们主要通过头戴式显示器来体验 VR 或 AR 的情况下,笨重的设备、没有完全克服的晕眩问题等,对人们的沉浸感一定会造成干扰。

如果未来的技术能解决这些困扰,使人们可以在无障碍甚至可以把设备看作"透明"的前提下进入各种体验,那么体验会给人们带来极大的满足。这也会改变未来的传播,体验不再只是内容的一个附加元素,很多时候体验本身就是传播的目的。未来甚至会出现一种可能,人们可以自由选择进入那些美好的体验,根据自己的需要定制不同的体验配方。但那时,人们是会真正获得享受幸福的自由,还是会失去对幸福的理解与感知呢?

人们在元宇宙中的沉浸,一个重要动力是寻找解决现实生活困惑与烦恼的解药,在某些时候,人们的确可能获得某种程度的缓解或慰藉,但就像游戏一样,这种解药是否在某些方面又会成为毒药呢?

研究者担心，全身沉浸性的元宇宙的出现和发展体现了技术现代性、工具理性对现实和意义、神圣和世俗的割裂。这种割裂正是技术现代性发生危机的核心和对自身的异化。[1] 虽然身体体验的增加未必只会带来异化这一种可能，但无疑，我们要警惕异化及其类似的风险。

3. 赛博格化的身体与身联网

身体体验的增强需要以相关设备为支持，这些设备有些存在于外部环境中，但未来会越来越多地与人的身体形成密不可分的关系，人的身体与设备共同构成"赛博格"，前文已对此进行了分析。

当身体上的智能设备越来越多时，身体数据本身将构成一种新的信息网络，身联网便代表这样一种趋势。

2020年7月，世界经济论坛WEF发布了研究报告《身联网已来：应对技术治理的新挑战》（*The Internet of Bodies Is Here: Tackling new challenges of technology governance*），报告中对身联网的定义是，通过联网的传感器连接的身体及其数据网络，联网设备包括通过非侵入式或部分侵入式部署，用于监测人体生物特征和行为数据的医疗设备、健康状况跟踪设备、部署在身体内外的智能消费设

---

[1] 刘永谋. 元宇宙的现代性忧思[J]. 阅江学刊，2022，14（01）：53-58+172-173.

备，以及在企业、教育、娱乐等场景中连接或嵌入身体的智能设备[1]。

身联网与元宇宙应用并非彼此独立的，可以预见的是在未来会进一步相互嵌入、相互融合。身体数据不仅成为健康监测的依据，还会成为化身应用、沉浸式体验的基础。

身联网虽然会带来一些便利，但也可能带来身体的新"物化"趋势。在身联网中，人的身体只是被作为像其他物体一样可以监测与计算的数据化对象，对身体的控制，也并非总是个体基于自我经验与愿望的自主选择，而是在很多时候成为流水线上、统一量化标准下的机械操作，甚至变成外在力量暗示或胁迫下的自我规训。量化的、精准的对身体的规训进一步被纳入身体的符号化、资本化的轨道。让·鲍德里亚（Jean Baudrillard）指出："如今，与其说健康是与活下去息息相关的生理命令，不如说它是与地位息息相关的社会命令，与其说它是一种基本的'价值'，不如说它是一种赋值，在赋值的神秘主义中，它就是与美直接结合在一起的'状态'。它们的符号在个性化范围内相互交流，那是对功能／身体符号的迫切至善论操纵[2]。"当身体处于数据网络的监控下不断接近某种健康或美的"标准"时，身体也会成为展示或换取社会资本、文化资本的"物"。

---

[1] World Economic Forum. The Internet of Bodies is Here: Tackling New Challenges of Technology Governance.

[2] 鲍德里亚. 消费社会 [M]. 刘成富, 全志刚, 译. 南京：南京大学出版社, 2014: 132.

与此同时，身体所面对的外部控制、安全风险必然会进一步加大。更有研究者担心，在身联网的前景下，当人与物、生命体与非生命体皆可被还原为信息网络节点时，世界也就由信息网络中的各个节点所共同构造，人的中心地位和核心价值将会受到前所未有的冲击[1]。这种担忧延续了赛博格、后人类、人工智能、人类增强技术等领域中一直存在的人类中心主义是否应该坚持这一主题。在以往的讨论中，研究者对此的态度各不相同，从中可以看出，人类中心主义这一曾经被认为亘古不变的真理，已经受到了挑战。

5.1.3 虚拟空间中虚拟身体的两种走向

元宇宙应用不仅使现实身体在虚拟空间的存在意义及体验得到增强，还会用各种方式映射现实身体，甚至构建虚拟的身体。虚拟身体一方面是对现实身体的分化，另一方面是对身体的再造。

1. 元件化、分身化：虚拟空间中身体的分化

当今，身体的映射主要体现为身体各种维度或各种"元件"的数据化，例如，身体状态、身体位置、情绪，以及声音、人脸、指纹等身体"元件"的数据化。对此，第 4 章已经进行了分析。

对于身体的元件化，人们在很大程度上是被动的，从人的身体分离出去的数字元件，会脱离当事人的控制，甚至在人离世以后，

---

[1] 刘铮."身联网"：发展状况与哲学反思[N]. 中国社会科学报（2022-4-19）.

这些元件还可以继续独立地存在。

身体元件化，使得人作为一个整体的意义被削弱。人的背景、经历与经验、情感等因素更是被简化。身体变成了可拆解的物化对象，变成一段段的"代码"。不同的管理者或服务者只是按需提取人的某个元件用于特定目标，对这些代码进行计算、分析。

现实身体虚拟化后的另一种分化，是"衍生"出代表自我的数字形象，这种形象往往也被称为"分身"。

数字分身往往是对真实身体整体的模拟与仿真，现今所谓的数字人、虚拟人便是在二维空间里对人进行的复制。未来这种复制将向三维方向发展。因此，一些研究者也将数字孪生这一概念应用到身体上，但在当下，与真人完全一致的三维虚拟身体对绝大多数人来说还是无法实现的，即使未来解决了身体仿真的问题，甚至可以直接复制人们的行为，但要完全用数字化方式复制人的意识，可能在相当长时间内也是不现实的，甚至是永远无法完成的任务。脱离了人的意识的虚拟体，能否称为数字孪生人，这是存疑的。

人们之所以会接受分身，除分身带来的新奇感受外，未来更多的理由可能是把它当作一种应对多任务挑战的策略，当作分解工作或社交压力的替身。分身可以脱离人的身体独立去实施某个任务，如参加会议、聚会，分身也可以帮助人们积攒与收割各种资源。

但就像今天的真人视频录像一样，这样的分身应用是否会脱离本人的控制，被他人用于其他目的，甚至被他人操控？在元件化、分身化的前景下，人们是否应该拥有对自己各种元件及分身的个人权利，如同今天的肖像权？对于类似这样的问题，我们也需要有前瞻与准备。

2. 数字化身：虚拟空间中身体的再造

今天人们讨论元宇宙下的分身时，往往会提到另一个词——"化身"。"化身"（Avatar）通常是指以数码的方式呈现的感知形象。[1] 也可以说是人为自己所选择的一种数字化的形象。狭义的化身则是指行为动作由人控制的虚拟人。[2]

虽然分身与化身听上去相似，但两者还是有必要进行区分的。分身是人们为了应对多任务挑战而进行的自我繁殖，因此，它们往往尽力模仿或复制人的身体原貌。而化身则是在不同情境下的表演躯壳，化身并不一定在外表上复制身体原貌。与分身常常用于逃避现实任务、分解工作压力的情境不同的是，化身常常是人们主动选择的、具有享受性与娱乐性的存在形式，化身更多地折射出了人们的内在心理。

---

1 Bailenson J, Blascovich J. Avatars [M]. In W. S. Bainbridge（Ed.）, Encyclopedia of human-computer interaction. Great Barrington, MA: Berkshire Publishing Group, 2004：62-64.

2 任利锋，潘志庚，朱杰杰，等. 虚拟环境中化身技术的研究与进展 [J]. 计算机工程与应用，2008，605（10）：1-5+12.

尽管今天化身体验还不普遍，但游戏领域对化身的研究，为我们理解未来化身普及时代人与化身的关系，提供了很多基本线索。

以往的研究指出了人们需要化身的内在动因：化身会有意或无意地反映出个体真实的自我，可以反映人们所幻想的、想象的或者希望成为的人。虚拟世界允许个体塑造另一个或者多个自我，而化身是高度控制的信息传送器，非常适合于策略上的自我呈现，可以被用于表达任何类型的自我。[1]

以往的研究还提出了人们选择网络化身时的两种倾向。一种倾向是选择的化身是符合理想自我的形象，另一种倾向是选择的化身是现实生活在虚拟空间里的延伸。两者都是个体在虚拟空间中进行人格表征与重塑的重要过程。[2] 无论是哪一种倾向，人们选择的网络化身，都揭示出了人们的现实处境与现实动因。

现实自我与数字化身会形成什么样的关系？研究表明，游戏玩家在虚拟环境中创建了许多不同于现实自我的化身，个体喜欢和与他们相似的角色形成亲密的关系。使用与自我相似的化身，不仅使个体在虚拟环境中感到自我与化身之间身体与心理距离的缩小，而

---

[1] Bélisle, Bodur. 2010 Avatars as information: Perception of consumers based on their avatars in virtual worlds[J].Psychology & Marketing, 2010, 27(8): 741-765.

[2] 罗婷，周治金. 网络化身对青少年身份认同构建的影响 [J]. 中国青年研究，2013, 203（01）: 84-87.

且可以增加两者的融合。[1] 在虚拟环境中用户会参考化身外表所预期的性情，然后表现出遵从这些预期的态度和行为，这一现象被称为普罗透斯效应。[2] 化身也会带来化身认同，在游戏中的人物角色就是玩家的自我化身，玩家将化身的特征融入自我。[3] 在认同发生时，化身会替代个体的真实自我。[4]

元宇宙方向下，化身将变得更为普遍，通过化身的方式，人们可以加入各种虚拟空间。除借鉴游戏研究的相关思路外，我们尤其需要关注，在有了多元的虚拟身体建造技术的前提下，人们会如何通过化身这一方式来进行身体的再造，这种再造又会如何影响人们的社会互动。

吉登斯指出，当身体发展和生活方式存在一种一体化的联系时，身体变成了以反身性来进行自我动员的实体[5]。化身既能表达人们对身体状态及相关的生活方式的追求，又不需要付出现实生活

---

1 衡书鹏，周宗奎，孙丽君. 视频游戏中的化身认同 [J]. 心理科学进展，2017, 25（09）：1565-1578.

2 Yee N, Bailenson J N. The Proteus effect: The effect of transformed self-representation on behavior[J]. Human Communication Research, 2007（33）.

3 Klimmt C, Hefner D, Vorderer P. "The videogame experience as 'true' identification: a theory of enjoyable alterations of players 'self-perception'. Communication[J]. Theory, 2009（10）.

4 Cohen J. Audience identification with media characters[J]. Psychology of entertainment, 2016（1）.

5 吉登斯. 现代性与自我认同：晚期现代中的自我与社会 [M]. 夏璐，译. 北京：中国人民大学出版社，2016：7.

中的实质努力。可以想见,化身将成一种新的身体建构方式,就如自拍、美图,沿袭自我美化的取向一样。同样,这种身体的建构也会时时处于他人的凝视下,并非是完全自主的。

虽然化身身体会带有真实身体的浓重印迹,但或许人们并不愿意在所有化身中都采用自己的真实形象。从社交角度看,人们的匿名需求普遍存在,目前各种实名社交模式带来的社交压迫与倦怠与日俱增,逃离这样的社交的动力也会不断增加,元宇宙应用中匿名社交的需求仍然会广泛存在。

受到现实身体控制的化身是否也具有"具身性",或者说化身会如何传递现实身体的具身性,将成为一个新的身体研究话题。

如果元宇宙应用普及,那么人们有可能在不同的空间中使用不同的化身,正如人们在今天各种不同的社交空间里有不同的"人设"一样。有关于游戏的研究认为,人们在游戏情境中,可能使用多重化身,而多重化身有可能带来自我认同感混淆[1]。可以预见的是,元宇宙时代人们如果采用多重化身,也可能带来自我认同感的混淆,甚至产生错觉、焦虑、人格分裂。人们的真实身份与化身之间可能产生冲突。在这样的困扰下,人们会采取逃避、弃用化身等方式来保护自己。

---

1 张自中,彭兰. AR 情景下的游戏玩家线下化身认同及其模式研究[J]. 新闻界,2018(6):64-72+100.

除关注化身对自我的影响外，化身会如何影响人和人的交往质量，影响人与社会的关系，将是一个深远的话题。

元宇宙的各种应用设想，在很大程度上都是试图拓展人们的生存与交往的自由度，这正如人们最初对赛博空间的期待一样。但赛博空间并非我们直观理解的那般自由，它把实在的僵局彻底暴露在我们面前，最终形成了一种无法忍受的禁锢[1]。当元宇宙深层引入了空间与身体这两个重要的现实"变量"时，也意味着与两者相关的各种影响因素被编织进来，现实与虚拟的纠缠变得更为复杂。元宇宙是能真正地解放空间与身体的现实约束，还是反过来，在更多方面为空间与身体加上束缚？现在我们还无法做出准确断言，但以往互联网的实践告诫我们，新技术在打破一些旧枷锁的同时，也会给我们套上一些新镣铐，元宇宙会是例外吗？

5.2 元宇宙之路的近虑与远忧

判断元宇宙构想能否实现，如果实现会带来什么影响，最终都需要落实到用户行为与需求上。用户的行为与需求既有一些"常量"，也有一些"变量"。这些常量、变量与技术的互动，影响着技术的应用前景，也影响着人自身的生存。

---

1 何李新. 齐泽克的赛博空间批判[J]. 外国文学，2014（2）：135-142.

用户需求与行为对技术应用空间的影响是"近虑";而长期的技术浸染对人的生存境遇与状态的影响是"远忧"。面对元宇宙的发展之路,我们需要同时关注近虑与远忧。

5.2.1 元宇宙应用将如何争夺有限的"生理带宽"?

今天对元宇宙应用的设想,大都在强调人在虚实相融空间中的"沉浸",沉浸意味着人们的全身心投入,也就是在某一时间段独占人的身体与注意力的"生理带宽"。人的一天24小时内恒定的"生理带宽"有多少能分配给元宇宙应用?显然,不同的人会有不同的答案。但相比当下可以"多道运行"的移动互联网应用来说,元宇宙应用的发展,一定会受到人们"生理带宽"的限制。

哪怕人们把基本工作、生活之外的时间全部投入元宇宙应用,他们也会根据需求对不同类型应用进行排序,那些属于"常量"的需求,往往会获得更高的优先级。

社交需求是人除生存之外最基础的需求之一,是核心"常量"。互联网的发展证明,最容易获得人们"生理带宽"的往往是社交应用。因此,以社交为内核的元宇宙产品有可能占据用户在虚拟时空中主要的"生理带宽"。当然,并非所有社交产品都能获得这样的优先级,要形成足够市场规模的社交产品还需要与人们在社交需求上不断摇摆的节奏合拍,相关问题在后文我们将进一步分析。

除对现有的聚焦于人与人关系的社交产品的继承与发展外，元宇宙技术还会推动人与各种智能物体的互动。借助这些物，人对自我状态的监测、控制将进入新的层面，人与环境之间也会产生新的关系。杜骏飞指出，元宇宙或未来的智能应用，会营造出人与万物交往实践的"交流－行动网"。[1] 人与万物的新关系，对人会有新的诱惑，对未来人们的生存产生影响。基于人－物新关系的新应用也会部分迎合人的刚需，甚至诱导出刚需。因此，这类应用有望在有限的"生理带宽"中占据一定的份额。

虽然新技术的确可能带来体验的提升，并因此在某些方面吸引用户，但在人们的"生理带宽"分配中，它们可能很难占据太大的分量，就像绝大多数人不会天天看电影一样，除非某些特别的题材在元宇宙环境下有异乎寻常的、极致的体验。要实现内容的元宇宙化，一方面需要挖掘那些适合于沉浸形式的题材，另一方面需要将社交元素引入内容呈现中，以社交为动力驱动人们对这些内容的体验。

对于购物特别是在服装类、家居类的购物场景中，元宇宙可以在很大程度上改变人们的线上购物体验，产生接近甚至超出实体店购物的体验。线上购物需求已经成为人们的日常刚需，因此，可以预期的是，在这一领域中元宇宙应用对人们的"生理带宽"的占据份额会越来越大。在娱乐（特别是游戏）、旅游、教育这些元宇宙

1　杜骏飞.数字交往论（2）：元宇宙，分身与认识论[J].新闻界，2022，346（01）：64-75.

应用的重要领域,则可能因人而异,在某些人群中,它们可能会占据较重要的位置。

即使人们愿意把全部生理带宽都交给元宇宙应用,他们也不可能完全脱离现实世界。这意味着,两者之间可能会产生冲突,就像今天网络用户常常面临的线上与线下生活的冲突一样。

当然,未来或许不存在线上与线下的绝对界限,作为赛博格的人,全天候地生活在现实与虚拟共同编织的时空中,元宇宙应用在很大程度上占据人们有限的"生理带宽"。然而这真的是人类所期待的一种生活吗?我们暂时无法判断未来,但可以从历史中反思:互联网发展至今几十年,全方位改变了人们的生活,人们花在互联网上的时间越来越长,对互联网的依赖也越来越大,但人们的生活、生存也面临越来越多的纠结。技术在给予我们很多便利甚至超能力的同时,也在夺走我们原本的一些生活乐趣和生活能力。互联网的发展,加速了韩炳哲(Byung-Chul Han)所说的"倦怠社会",在海量信息的刺激下,人们的深度注意力日益边缘化,让位于一种超注意力,即一种涣散的注意力——不断在多个任务、信息来源和工作程序之间切换。人们没有能力抵挡刺激的作用,无法拒绝刺激反应。社会中产生了一种普遍的以"疲惫、燃尽了的心灵"为特征的倦怠综合征。[1] 虽然元宇宙应用在某些时候无法多道运行,但它给人们的信息刺激会不断加强,人们可能会用有限的生理带宽去追

---

1 韩炳哲. 倦怠社会 [M]. 王一力, 译. 北京:中信出版集团, 2019:18-23.

逐无限的刺激，心灵也可能更快地被燃尽。

在当下，元宇宙应用如何去争夺用户有限的时间与注意力，决定着它们的发展空间；而如果元宇宙时代真的到来，那么未来元宇宙应用如何克制对人们"生理带宽"的占用，让人们释放更多的"带宽"去享受不被技术缠绕的质朴、本真的生活，是一个今天就需要思考的长远问题。

5.2.2　元宇宙社交能否兼顾连接与反连接的需求？

在互联网发展历程中，创新扩散最快、用户规模最大的往往是社交产品，包括游戏这样的社交产品。因此，元宇宙的设想能不能在社交领域落地，在一定程度上决定着元宇宙的未来前景。而用户能否接受元宇宙应用，并不在于开发者、投资者能否被元宇宙的种种"叙事"诱惑，而在于元宇宙应用能否顺应现阶段人们的社交需求方向。

今天人们说到元宇宙，总会提到多年前风靡一时的"第二人生"（Second Life），它是总部位于旧金山的林登实验室（Linden Lab）于 2003 年推出的一款大型 3D 模拟现实网络游戏。在这个游戏中，每个人可以用 3D 方式建立虚拟的"第二人生"，与同在这个虚拟世界中的其他人发生各种各样的联系，实现自己在第一人生中没能实现的梦想。人们还可以在这通过各种方式赚到虚拟的"林登元"，而这种林登元可以兑换为真正的美元。许多世界著名企业，也曾纷纷在"第二人生"安家落户。

"第二人生"既有社交的基因,又有3D游戏的架构,这是它吸引用户的主要原因。但是在当时的技术条件下,其体验不能达到极致,并且人们在完全虚拟的环境下的互动,并不能解决现实生活中的社会资本积累等问题,因此逐步走向疲软。2008年开始,"第二人生"的活跃度不断下降,而此时正是Facebook快速上升的阶段。

Facebook因其实名、强关系的社交模式,逐步构建了互联网中巨大的"王国",其用户总数超过了世界上任何一个国家,但这种社交模式给用户带来的压迫感与压力也与日俱增。这一"王国"近几年来颓势渐显,在这样一个时期,它力图用元宇宙应用赋予社交平台新的活力,因此成为元宇宙概念与应用最急迫的鼓吹者与推动者之一。

而关于元宇宙的讨论,又使得"第二人生"重新回到人们的视野,唤起人们关于社交与元宇宙结合的再想象。

"第二人生"与Facebook起起落落的背后,是人们社交需求的摇摆性。

网络社交应用的核心是人与人的连接。一代又一代社交产品,在探寻着不同的连接模式。在连接模式的演变中,存在着远距离与近距离、弱关系与强关系、匿名与实名等关系属性的摇摆。

早期的网络社交应用力图帮助人们突破传统地域束缚，发展出"远距离"的关系，这样的关系大都属于弱连接。突破了传统社交范围限制、可以随机切换、没有太多负担的社交，曾令当时的网民着迷。但后来在人们现实生活与工作需要的驱动下，一些网络社交应用开始向近距离、强关系倾斜。

早期的网络社区是以匿名为基本特征的，匿名可以让人们无所顾忌地释放自我。但是，匿名社区越发展，人们对实名的需要就变得越迫切。因为人们不仅需要通过互动获得心理释放，还需要通过互动获得更多的现实社会资源，那么实名就是其基础。

远距离、弱关系、匿名的社交帮助人们在一定程度上逃离现实，但很难解决现实生活之需；近距离、强关系、实名的社交可以为人们提供现实支持，如社会资本的积累，但这是以人们的现实投入和现实负担为代价的。

近年来，由于微信等应用在各个人群中的普及，近距离、实名、强关系的应用成了多数用户的社交重心。但与此同时，人们也在面临着过度连接的重负。于是我们可以看到新一轮摇摆的开始。在微信之后有影响力的社交平台，如抖音、快手等短视频平台或者像小红书这样的生活分享类平台，又部分转向了弱关系、远距离、匿名的方向。往这一方向的摆动动力至今也没有消失。对于那些不适应短视频平台或生活分享类平台的用户来说，他们仍然需要将自己从连接重负下解放出来的新社交平台。

因此，在目前这个阶段，元宇宙如果要在社交应用中落地，不仅需要开辟新的社交版图，营造新的社交体验与乐趣，还需要建立一种令人轻松、自由的社交关系架构，减少连接带来的压力与束缚。化身式的匿名元宇宙社交，在当下正顺应这一方向的发展。

但另一方面，一些元宇宙应用的卖点是临场感、真实感、亲近感的诱惑，例如，用VR、AR等技术将远方的人带到面前。在这样的情境下，人们仍然会面对强关系、近距离，甚至比语音、视频连接更大的压力。对此，最初人们可能因新鲜感而兴奋，就像早期微信等应用的视频聊天给人们带来的兴奋感一样。但从既往经历来看，久而久之，临场感、真实感、亲近感可能会变成负担与压力，使用户感到倦怠，想要逃避。因此VR、AR社交未来可能也会遭遇同样的变化曲线。

作为社会性动物，社交是人的生存需求的核心常量之一，但人们对社交的需求也在追求连接与反抗过度连接中摇摆，这又为社交应用带来了一些变量。社交产品不可能是完全反连接的，元宇宙社交应用也需要寻找到适合当下的连接模式。但从长远看，它需要给予用户少连、断连的"可选项"，使用户在连接与反连接中找到平衡。

5.2.3 人能否与数字化身长期共存？

"化身"这个词频频出现在今天关于元宇宙应用的各种叙事中。而我们需要追问的是，化身究竟是一种技术性诱惑，还是真的出自人们的本能需要？人需要化身吗？人为什么需要化身？

虽然今天基于元宇宙的化身应用还只在萌芽阶段，但对于互联网应用来说，化身式的体验并不陌生。

在各种虚拟游戏中，游戏玩家一直在与化身"共舞"，像"第二人生"这样的应用，更是营造了一场全面的"化身运动"。虽然多数人不是游戏玩家或"第二人生"的用户，但在互联网匿名社区中人们设置的各种 ID（包括头像），在某种程度上可以说是化身的萌芽阶段，形成"类化身"。人们尝试在自己的 ID 里突破现实的约束，如时空约束，去寻找新的社交环境，以扮演不同于现实身份的新角色。当然，这样的 ID 缺乏化身的具象性，在这样的 ID 下人们只能用文字的方式去幻想与描绘自我，用文字的方式去与他人产生碰撞。因此体验也只在有限维度，并且很多时候获得的满足也是虚拟的。但是 ID 同样为人们建造了虚拟的"面具"与"外壳"，帮助人们营造新的自我。虽然这些 ID 并非严格意义上的化身，但人们在这些"面具"与"外壳"下的活动及其内在心理动因，已经为化身的普遍应用埋下了伏笔。

逐渐走向实名、近距离、强关系的社交平台，让这种化身扮演变得越来越困难。虽然在社交平台中，人们还是在进行着表演，但这种表演有着太多现实线索的羁绊，那些被称为"人设"的表演，更多是在现实生存压力下对自我的压抑，而不是化身那样的放飞自我、再造自我。

在这样一轮压抑之后，人们对化身的需求会再次爆发，这为元宇宙的应用提供了现实基础。

作为虚拟自我的化身对现实自我的意义在于，它给人们提供了对理想人生的追求、对现实的逃避与转移、对自我的延伸、对体验的增强等可能。

人生来就有很大的被动性，人们不能选择出身、家庭，也很少有人能完全决定自己人生的道路，更没有可以借鉴此生经验、不走此生弯路的"下辈子"。但人们又希望能有某种方式让人生重新来过，或者能为自己的人生做主、规划，而在化身之下，人们可以去体验自己向往的理想人生。

对于处于现实压力下的人来说，依托化身或许可以获得一种暂时的转移与安慰，人们可以为自己的化身寻求更理想的生存环境，设置更理想的角色。当人们将注意力放在自己的化身上，并苦心经营它时，会暂时从现实境遇中转移。化身获得的成就，在某些方面转化为人本身的成就感。

有时，人们也可以通过化身来延伸自己，让自己通过化身分化出多种能力、多面性格，以获得不同的体验，完成不同的任务，应对不同的挑战。此时化身意味着多重人生。

以往的实践和研究表明，对化身的需要早就存在，只是过去的技术对人们化身需求的满足能力有限，今天的 VR、AR 等技术为一种"全真"式的化身提供了可能。化身与身体体验有了更直接的结合，化身成为人们获得真实及超现实的体验的基础。因此化身在网络用户中会更加普及。

当化身变得普遍，并且承载着人们的多种现实需求时，对化身的经营就不再是一件简单的事了。

相比早期互联网中以昵称方式建构的数字化自我形象，元宇宙应用中的化身需要更持久的稳定性和更多的维护。当人们在不同的元宇宙应用中建立多重化身时，维护多个化身会让人们顾此失彼。这些化身之间的冲突可能会带来人对自我认同的困惑，如我是谁？究竟哪个是我？类似这样的问题会更多。

化身与现实自我之间并非总能和谐共存。有时，人们通过化身过上了理想生活，但在现实生活中仍然是一地鸡毛，那么此时化身就可能成为一种毒品，让人上瘾，却于现实无补。

化身不仅是一种自我的表达，还会带来反馈和自我调适。胡泳等认为,化身是网络自我的一种可视化自反。元宇宙会带来基于化身的自反传播。[1]化身获得的反馈不仅来自自身,也来自社会关系。这种自反传播,既可能利于人们的自我形象建构与维护,也可能给人们带来个体自我、关系自我、集体自我三者之间的冲突,给人们带来更多的心理压力。

化身体现了现实自我在虚拟自我上寄托的愿望,体现了现实自我与虚拟自我的对话。虽然化身需求普遍存在,但与化身(甚至是多个化身)共存带来的成本、压力及自我认同困惑等问题也将普遍存在。化身会增加虚拟自我与现实自我的冲突。未来人们是会选择长期与化身共存,还是选择将化身作为生活的调剂,又或是拒绝化身呢?这些都是影响未来元宇宙发展的变量。对此我们还不能做出准确预测,但我们不能在化身上寄托过多的希望,也不能简单断言,由"芸芸化身"构成的元宇宙一定是"互联网的尽头"。

5.2.4 沉浸式体验是否会成为元宇宙"黑洞"?

化身不仅是自我表达的方式,还是体验的载体。当然,即使没有化身,元宇宙技术也会带来人的"体验增强"。体验是当下元宇宙应用的重要卖点之一,这呼应了人们的诉求。

---

[1] 胡泳,刘纯懿.元宇宙作为媒介:传播的"复得"与"复失"[J].新闻界,2022,346(01):85-99.

虚拟时空可以帮助人们营造逃离或超越现实的梦境体验。梦境的特点是超越时空，以无意义关联的叙事性、象征性和描绘性的意象碎片显现，梦将主体记忆、幻想的不同事件、意象、符号组织成一次别样的叙事和表现。[1] 早期互联网匿名、弱关系的社交有时便有梦境的感觉，只是那种梦幻叙事是由文字构成的，是一种意识上的飘浮。元宇宙会用更丰富的手段营造梦境，梦境中的意象碎片、叙事和表现形式会逐步在感官体验上呈现，形成一种既超现实、又具有真实感的梦境。

戏剧体验是另一种元宇宙应用的体验增强方向。近几年，在国内年轻人中，"剧本杀"这一社交方式开始流行，人们在戏剧性的角色扮演中完成游戏与推理过程，并以此进行社交互动。剧本杀的流行，体现了人们对"戏剧化人生"的向往，戏剧角色与化身有着异曲同工之处，但它的体验更全面、更真实，有更完整的故事与情境依托。以往普通人体验戏剧角色的可能性极小，而在剧本杀中，人们不需要太多表演能力，就可以沉浸式体验不同的戏剧角色。虽然剧本杀有线上与线下两种形式，但线下剧本杀更具吸引力，这种吸引力很大程度上来自真实的环境体验。但线下剧本杀的成本较高，难以维持，这就为元宇宙应用提供了机会。

除梦境、戏剧体验外，要到达现实中无法到达的空间，挑战现实中不敢尝试的冒险，在不同时代穿越，类似这样的增强的体验将

---

[1] 占跃海.从"梦境叙事"到"梦境制造"[J].南京艺术学院学报（美术与设计），2018，176（02）：77-86+210.

是人们愿意进入元宇宙应用的理由。

在一些研究者看来，元宇宙带来的新体验，可以为个人感知的极大拓展，打开一个超现实、超历史的可能性时空。[1] 在虚拟的世界里，符号成为建造房子的材料，想象成为打拼人生的驱动力。对现实人生丛林规则的恐惧使人们一往无前地化身为厮守虚拟体验、沉浸梦境的"漫游者"。[2]

但技术营造的体验并非无中生有，它或多或少来自人们的现实经验与欲望，人们对元宇宙的体验需求总是伴随着各种现实动因。如有学者指出，或许元宇宙是这样一种构成物，人人都在贡献着自身的欲望、记忆和体验。[3] 一开始，元宇宙时空中体验的设计可能更多带着设计者的主观判断与理想描绘，但在市场的检验过程中，用户的现实经验与需求会得到凸显，这些现实线索会越来越多地进入所谓的"超现实"时空中。因此，未来也许不存在真正的"超现实"时空，而是把现实的"切片"一层又一层地叠加到新的时空中。当然，在这个过程中，人们会试图将现实中那些痛苦的、不美好的体验剥离，只留下愉悦、快感。

---

1 沈湘平.元宇宙：人类存在状况的最新征候[J].阅江学刊，2022，14（01）：44-52+172.

2 周志强.元宇宙、叙事革命与"某物"的创生[J].探索与争鸣，2021，386（12）：36-41+177.

3 杨庆峰.元宇宙的空间性[J].华东师范大学学报：哲学社会科学版，2022，54（02）：47-58+174-175.

从体验角度看，元宇宙提供了一种可能，让人们可以自由选择那些美好的体验，甚至人们可以根据自己的需要定制不同的快乐配方，就像阿道司·伦纳德·赫胥黎（Aldous Leonard Huxley）在《美丽新世界》中所描绘的"飘飘欲仙的、麻醉性的、欢愉地幻觉"的"索麻"（完美的药物）一样，让人随时离开现实去度个假[1]。但是，当人们在这种可以自由控制的体验中沉浸，甚至发展到沉迷、成瘾时，他们将如何面对难以控制的现实世界的生存呢？

另一方面，当沉浸体验过多地暴露了人们的现实线索使人们失去现实安全感时，人们是否会因此产生抵抗？或者，人们就根本没有能力对此进行抵抗呢？

在哲学领域，有研究者担忧，当沉浸性发展到极端，体验无比真实时，彻底的沉浸能够满足所有世俗世界生人所需要的现象需要、经验需要和感官需要。在全身沉浸性中，绝对的现实摧毁了它自身，走向绝对的虚无[2]。如果这样的情形发生，那么就意味着元宇宙中的沉浸会变成一个吞噬人们的"黑洞"。虽然这不是未来唯一的可能，但无疑我们要警惕这一风险。

在某种意义上，今天关于元宇宙的讨论，只是互联网发展初期

---

1 赫胥黎.美丽新世界[M].李黎，译.广州：花城出版社，1987：48-49.

2 刘永谋.元宇宙的现代性忧思[J].阆江学刊，2022（1）：53-58+172-173.

讨论的一次重现与延续。它所探讨的很多问题,在互联网刚刚兴起时已经有所涉及。虽然技术的发展使得当初的一些问题有了现实的答案,但仍有一些根本问题挥之不去,始终在我们头顶盘旋,而最核心的主题,依旧是虚拟与现实的关系。

有人将元宇宙看作与现实世界平行的虚拟世界,也有人将它看作虚实交融、虚实相生的世界,但无论怎么去定位元宇宙的属性,从用户角度看,他们对于元宇宙的需求都来自现实世界。因此,元宇宙应用能否满足人们当下的需求,决定着它们能否获得足够的市场空间。这是元宇宙发展中的近虑。

元宇宙技术可以编织很多新的时空,但它们并不是真正与现实时空"平行的",而是与现实时空相互纠缠的。甚至更进一步,如赵汀阳指出,元宇宙将是试图操纵真实世界的一个叠加世界。它由真实世界所创造,却又对真实世界构成统治性的反身关系。[1] 这样一种反身性统治,会对身在其中的个体产生影响,虚拟世界不断折射着现实世界的欲望,积淀着现实世界的压力。因此,未来一方面人们在追求虚拟世界中得到超脱,另一方面被其越来越深地捆绑,由此产生的反抗张力会不断增加。到那时人们也许又会开始追求新的技术与新的可能。当然,另一种可能是,人们被技术奴役而不自知,最终被技术吞噬。对于元宇宙的未来,我们依然需要保持这样的远忧。

---

1 赵汀阳.假如元宇宙成为一个存在论事件[J].江海学刊,2022,337(01):27-37.

元宇宙在今天受到瞩目有着现实的理由，但它未必是一个新宇宙，也未必是一个新世界，只是在当下，它寄托了我们对新世界的向往。但未来无论它如何发展，我们都希望人类不会因它而走向赫胥黎笔下的那个"美丽新世界"。

结语：
从涌现的智能传播到不确定的人机文明

本书开篇即指出，传播不只决定着我们的信息环境，也决定着我们的生存。

智能传播带来的"涌现"，意味着未来的生存环境甚至生存本身将出现深刻的变革，这在一定意义上意味着人类文明出现了新的走向。

从人类文明的发展历程来看，我们经历了从原始文明到农业文明、工业文明再到信息文明的历程。在工业文明和信息文明的发展中，机器的发明与大规模运用尤为关键。但在人与机器的关系中，一直都是人处于绝对的支配地位，机器只是一种工具。而随着人工智能、大数据、物联网、生物技术和其他技术的发展，机器的能力正在发生本质的跃进，人与机器的边界被打破，其关系也将被深刻改写。

智能时代新的人机关系或许会使今天以人主导的"信息文明"

演化为人与机器共同作用下的"人机文明"。这种新文明既可能延续与丰富人类文明，又可能在一些方面偏离人类文明的既有轨道。因此，未来人类将面临巨大的不确定性。

以下几个方面的不确定性尤其值得我们关注：

不确定性方向之一是，人在机器思维主导下将走向何方？

人机文明的基础包括数据与算法等支持的技术及相应的思维，它们是智能时代的必然产物，并的确在某些方面极大地提升了人的能力。但如果万物皆被机器"量化""算法化"，甚至连艺术创作都成了一种数据计算，那么人是否会陷于单一的计算思维与工具理性而导致人文思维与人文精神的萎缩呢？如果没有高度的数据文明支持（这不仅体现在数据的基础设施、应用能力上，还体现在数据伦理、数据治理、数据文化等方面），人是否会被数据技术所奴役？进一步讲，如果情感、道德等专属于人类的本质属性都可以被计算化，并可以移植到机器上，那么是否意味着"人"在逐渐丧失其作为人类的地位？虽然提出这些担忧是为了阻止它们变成现实，但最终的结果取决于人类对于技术应用尺度的拿捏，相比以往的各种技术，未来的拿捏要复杂、困难得多。

不确定性方向之二是，人被机器增强的限度何在？

人机共生的赛博格、后人类，目标都是人类增强，虽然争论一直存在，但机器和其他技术对人类的增强已经开始，机器与人的融合也已开始。因此，我们不得不面临一种新的生命哲学。"这种新生命哲学的首要问题恐怕是：自然人类被技术化（非自然化）的限度何在？"[1] 技术的进一步发展，必然会使关于"限度"的问题的讨论变得更为重要。例如，人的意识是否可以脱离身体而存在？人类是否应该实现永生？虽然像海勒这样的后人类主义者认为，理想的后人类是体现各种技术的潜力，而不是幻想无限的权力和无形的永恒。人的生命扎根于复杂多样的物质世界，人的延续离不开物质世界。[2] 但并非所有实践者与研究者都持这样的观念，技术开发者更是可能为了探索技术的极限而不断突破人类伦理的原有边界。

不确定性方向之三是，机器"拟人化"发展的限度何在？

从机器这端看，人们越想探究机器被开发的潜力，特别是越想让机器向人靠拢，就会越多承受这种探索带来的不确定性。

今天的机器不仅在智能上向人接近，在情感上也在模仿人，并通过与人的协同、互动，不断提高智能与情感水平。可以预见，机器的"拟人度"会越来越高，尤其对机器人而言。那么，适用于人类的权利、地位与规范等，是否可以同样适用于机器人或其他智能机器呢？

---

1 孙周兴. 我们需要一种新的生命哲学[J]. 探索与争鸣, 2018, 350(12): 6-8.

2 海勒. 我们何以成为后人类：文学、信息科学和控制论中的虚拟身体[M]. 刘宇清, 译. 北京：北京大学出版社, 2017: 4-8.

虽然在这一问题上存在争论,但赋予机器人及其他智能机器相应权利的呼声在与日俱增。与权利类似,机器能否具有像人一样的主体地位,在伦理领域、法律、哲学等领域,也引发了广泛的讨论,本书也做了介绍。

显然,对机器权利与主体地位的赋予,是伴随着对机器责任的期待的。但今天的讨论都只是代表人类的愿望,这些愿望是否可以通过相应技术真正加载到机器身上?具有智能的机器,是否会脱离人为它们设定的轨道?未来技术发展中的变数,技术的创造者、垄断者与政治、经济权力之间的博弈,使我们对这个答案并没有把握。

在这方面,一个最大的不确定性恐怕是,如果有一天人工智能发展到超出人类智慧,成为超级智能时,它将给人类带来什么。虽然有些学者断言:超级人工智能的存在、升级,实际上是人类的自我否定和自我了断,这意味着人类在世界存在系统中失去了地位,人类不再重要,历史将失去意义,人类文明将成为遗迹。[1] 但或许其他研究者有不同的判断。

不确定性方向之四是,人将如何重新认识人类自身的地位?

以往,人类中心主义这一核心从未被动摇,但是当机器具有了类人的能力、超人的能力,甚至反过来对人进行控制时,人类中心

---

[1] 赵汀阳.人工智能"革命"的"近忧"和"远虑"——一种伦理学和存在论的分析[J].哲学动态,2018(04):5-12.

主义能否坚守、是否应当坚守？我们的回答或许不再那么坚定。

过去我们总是习惯地说，人是万物的尺度。而今天，在很大程度上，机器也成了人的衡量尺度。

面对人与机器的新关系，人能否胜任其新角色？面对机器的新"可供性"，人是借机器释放自己的创造力还是靠机器作弊或"躺平"？如果靠机器"躺平"，我们是否会被机器取代？这些都是衡量人的新标尺。进一步讲，人在哪些方面可以被机器取代？在哪些方面的特质永远不会被机器拥有？更是衡量人类本质的关键尺度，但对这种尺度的认识，我们才刚刚开始。

在机器支持下，人类为了突破自己的局限向未知领域发起一次次冒险。作为一种后人类文明，人机文明会不断挑战我们过去坚信不疑的某些观念。坚守我们所认为的人之为人的本质属性，或许也不像今天这样理所当然。文明的走向变得不是那么明了。

人类是否会因此放弃智能机器的开发，以消除未来的不确定性？或许并不能，无论是习惯性的自信、对技术潜力本身的好奇，还是享受僭越限度的欲望[1]，或是商业利益的驱动，恐怕人类都难以在看到一种新可能时停下脚步。

1　张霖源.后人类的奇观情境与文明的终结幻想——精神分析结构中的AI电影[J].文艺研究，2020，336（02）：100-110.

面对机器这一新的变量,是坚持人类文明按照它的既有轨道前行,还是创造人机和谐共生的新文明,或是让机器将我们带向一个未知的新世界?今天不同的学者基于不同的立场做出了不同的主张,有些人坚持人类中心主义,有些人反对人类中心主义,有些人则走向调和、折中的道路,甚至有人认为未来所有中心主义都会消失[1]。但无论是哪种立场、哪种主张,都只是今天的设想。一个人机边界被打破的未来正在各种不确定性下慢慢展开。

---

1 冉聃,蔡仲.赛博与后人类主义[J].自然辩证法研究,2012(10).

后记

本书是以我 2016 年来发表的 10 多篇相关论文为基础梳理、修订形成的。

十年前，我开始关注传媒业的智能化趋势。2015 年，我做出了智能趋势下"万物皆媒"这一判断。2016 年，在我和腾讯网第 4 次合作发布的《网络媒体发展趋势报告》中，我们提出了"智媒"这一概念并对智媒化带来的变革以及相应的风险、挑战进行了系统分析。在此之后，我又从新内容革命、算法社会、人机协同、人机共生、人机交流、元宇宙构想、AIGC 等不同角度，对智能时代传播的可能走向及其影响，进行了多层面的探讨。

在这个过程中，我意识到智能传播带来的不仅是媒体的技术变革、方法变革、思维变革、生态变革，也是人的生存环境与生存状态的变化。算法的风行，以及 ChatGPT 等 AIGC 技术的面世，更是确证了这一点。

"智能传播"的图景是在我们的面前一点一点铺展开来的，过去的每一次研究都只是对其中一角所进行的观察，视野必然受到局限。当看到这个图景中更大的局部时，我会对此前的思考进行反思、修正，或在新的视角下进行再诠释。目前呈现出来的这本书，正展现了这样一个认识不断丰富、深入的过程。

因为是一个累积的研究过程，所以某些话题会在不同篇章重复出现，尽管我努力让每一次的认识有不同的视角或有所深化，但结果未必理想。

在智能传播这个可能超出我们想象的广阔领域，当下要对每一个问题都做出明晰的、终极的回答，是不现实的。我们可能要不断地否定与批判自己过去的认识，但这样的否思也会让我们不断前行。

面对智能机器这样一个开始与人类比肩甚至抗衡的行动者时，是将它作为伙伴，还是敌人，或者其他，同样也很难一下找到终极答案。但我们要努力不偏离人类进步的主航道。

感谢电子工业出版社编辑官杨提议将我这些论文整合成书，让我有一个反思与修订的机会，让以往局部的观察在一个整体框架下呈现其意义。

感谢责任编辑为本书出版所做的辛勤工作。

彭兰

2023.5.31